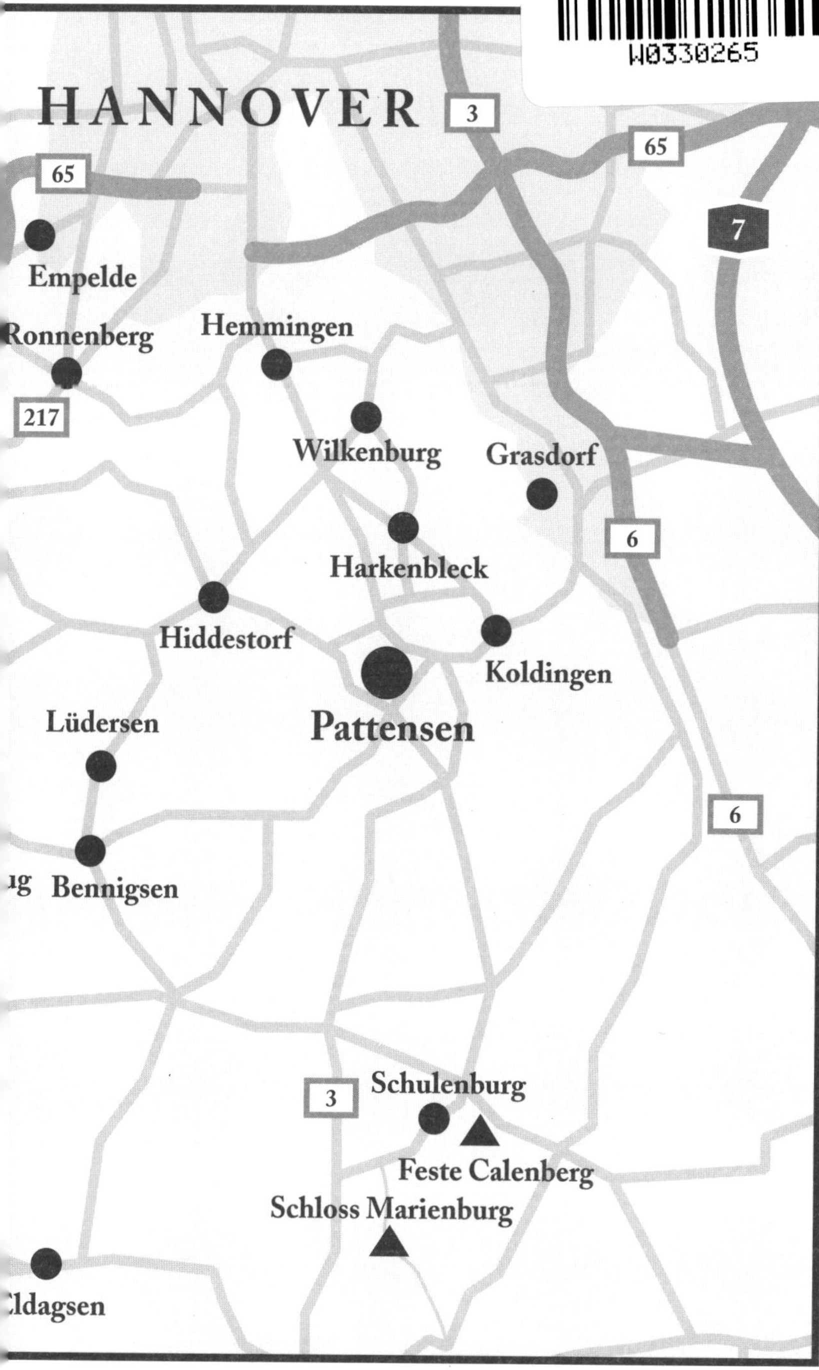
HANNOVER
3
65
65
7
Empelde
Ronnenberg
Hemmingen
217
Wilkenburg
Grasdorf
6
Harkenbleck
Hiddestorf
Koldingen
Pattensen
Lüdersen
6
Bennigsen
3
Schulenburg
Feste Calenberg
Schloss Marienburg
ldagsen

Hans Werner Dannowski

Unterwegs im Calenberger Land

Dörfer, Kirchen und alte Gutshöfe zwischen Deister und Leine

schlütersche

Bibliografische Information der Deutschen Nationalbibliothek
Die Deutsche Nationalbibliothek verzeichnet diese Publikation in der Deutschen Nationalbibliografie; detaillierte bibliografische Daten sind im Internet über http://dnb.ddb.de abrufbar.

ISBN 978-3-89993-651-3

Anschrift des Autors

Hans Werner Dannowski
Kaiser-Wilhelm-Straße 18
30559 Hannover

Umschlaggestaltung: Kerker + Baum GbR, Hannover
Gestaltung: Schlütersche Verlagsgesellschaft mbH & Co. KG, Hannover
Satz: PER Medien+Marketing GmbH, Braunschweig
Druck und Bindung: Druckhaus »Thomas Müntzer« GmbH, Bad Langensalza

Inhalt

Einleitung

»Es ist mehr von der Vergangenheit in der Gegenwart, als man ahnt.« Hugo von Hofmannsthal

Wir haben einen Lieblingsweg. Meine Frau und ich sind ihn immer wieder gegangen und werden ihn, so hoffen wir, noch oft gehen. Es ist der Weg über den Gehrdener Berg. Er beginnt am Trafo-Häuschen, führt an den Tripschen Anlagen entlang und dann, tiefer unten, in den Wald hinein. Es ist nicht der Weg an sich. Wege wie diesen gibt es viele. Es ist der Blick. Weit geht der Blick über das Calenberger Land. Der Stemmer Berg ist rechts zu sehen. Unten die Dörfer: Leveste, Redderse, Degersen links auf der Höhe. Im Hintergrund Barsinghausen, »Basche«, wie die Calenberger sagen. Dahinter steigt der Deister hoch mit seiner gewellten Linie. Manchmal ist der Höhenzug glasklar zu sehen und nahe wie zum Greifen. Dann ist er wieder verschwommen, wie verschleiert. Und es gibt Tage, an denen ist vom Deister überhaupt nichts zu sehen.

Es war auf einem dieser Spaziergänge, dass ich auf einmal spürte: Ich liebe dieses Land. Ich liebe die Weite des Blicks, aber auch die Begrenzung des Horizonts. Jahrelang habe ich davon geträumt, wir beide würden im Ruhestand eine Wohnung an einem Berg über einem See haben. Ich würde dort stundenlang am Fenster oder im Garten sitzen und einfach nur schauen. So wie wir früher manchmal in das »Hotel Seehof« nach Sierksdorf gefahren sind, nur wegen des wunderbaren Blicks über die Lübecker Bucht. Jetzt fahren wir eben manchmal ins Calenberger Land und genießen den Blick in die Weite von diesem oder jenem Berg. Der Blick in die Ferne ist schön, aber auch die Begrenzung ist wichtig. Eben: Der Horizont, der immer unbegreiflich bleibt. Das ist dann auch eines meiner Lieblingsworte aus der Bibel, der Psalmvers: »Du, Gott, stellst meine Füße auf weiten Raum.« (Psalm 31, 9).

Als Hannoveraner ist man oft im Calenberger Land. Allein, weil es die wunderbare Erholungslandschaft ist, die direkt vor der Tür liegt. Über drei der dortigen Klöster habe ich bereits an anderer Stelle ausführlich berichtet. Barsinghausen, Wennigsen und Wülfinghausen kommen in meinen *Klosterfahrten* vor, das wird hier nicht wiederholt. Aber es ist doch immer ein erheblicher Unterschied, ob man zur Erholung in eine Gegend fährt oder um darüber zu schreiben. Der Wochenendtourist hält sich gerne an das Bekannte und Bewährte, der Mann mit dem Notizbuch sucht das Neue. Auch wenn die subjektive Auswahl bleibt. Am Ende weiß man selbst am besten, dass das, was man übersehen und ausgelassen hat, weit umfangreicher ist als das, worüber man geschrieben hat.

Ein spezielles Problem hat sich mir gleich am Anfang gestellt. Das »Calenberger Land« ist nicht eindeutig begrenzt. Eine politische Konstellation hat es einmal gegeben, da gehörte sogar das südliche Niedersachsen noch dazu. Eine der bemerkenswertesten Regentinnen, die dieses Land je gehabt hat, Elisabeth von Calenberg, hat ihre Residenz in Münden gehabt. Auch heute zählen manche sogar Wunstorf und Nienburg noch zum Calenberger Land. Da diese Grenzen offensichtlich vielfach nach Lust und Laune gesetzt werden, habe ich meine eigene Grenzziehung vollzogen. Calenberg ist für mich das Land zwischen Deister und Leine: Der Deister im Westen, die Leine im Süden, Hannover (und die Leine) im Osten, die Autobahn (A 2) im Norden. Für Entdeckungen mannigfacher Art ist ein solches Calenberg immer noch groß genug.

Die Reihenfolge der Kapitel folgt keinem ausgeklügelten Reiseplan. Sie ist so zufällig, wie einen die Lust zu den Ausfahrten packen kann. An einem Tag hat man mehr Lust zu Wanderungen, an Regentagen eher zur Besichtigung von Kirchen oder Schlössern. Dann wieder hat man gelesen, dass in jenem Dorf ein interessantes Fest stattfindet oder dieser Park an jenem Tag besichtigt werden kann. Dass sich die einzelnen Kapitel oftmals stark um einen thematischen Schwerpunkt gruppieren wie Wasser, Feuer, Raum, Licht, Park – das hat sich erst beim Schreiben so ergeben.

Damit bin ich bei den Danksagungen. Ich danke den vielen Gesprächspartnern in den Dörfern und Städten des Calenberger Landes, von denen viele (in Abkürzungen) in diesem Buch erwähnt werden. Ohne ihre Bereitschaft, mir ausführlich Auskunft zu geben und mir oft Stunden ihrer Zeit zu opfern, kann man ein solches Buch überhaupt nicht schreiben. Einen will ich namentlich erwähnen, weil er sonst – ungerechtfertigterweise – gar nicht vorkäme. Mit Victor Jürgen von der Osten auf Gut Edelhof in Hannover-Ricklingen habe ich die ersten Gespräche über dieses Projekt geführt. Sein Werk über die *Rittergüter der Calenberg-Grubenhagenschen Landschaft*, das er für die Publikation intensiv bearbeitet hat, hat mir gleich zu Anfang meiner Fahrten mit einem leisen Schrecken die Augen geöffnet für den Umfang des Unternehmens, das ich mir vorgenommen hatte. Seine Edelhof-Stiftung, die sich neben der Kranken- und Altenpflege und dem Denkmalschutz vor allem die Förderung junger Künstler zum Ziel gesetzt hat, zeigt exemplarisch, wie man mit einem anvertrauten Erbe umgehen und es in die Zukunft führen kann.

Meiner Frau Edith Dannowski danke ich herzlich für ihre aufmerksame Begleitung auf vielen Fahrten und für ihre Geduld, wenn ich wieder einmal stunden- oder sogar tageweise hinter dem Schreibtisch verschwand! Die Gespräche mit ihr unterwegs oder hinterher haben viele Eindrücke vertieft und weitergeführt. Meiner Lektorin bei der Schlüterschen, Petra Heyde, danke ich für ihr waches Interesse am Entstehungsprozess dieses Buches. Ich hoffe, ich habe ihr im Großen und Ganzen nicht allzu viel Mühe gemacht. Linde Sturm hat wieder einmal am Computer meine Aufzeichnungen in druckreife Disketten verwandelt. Die Entstehung meiner Bücher ist immer wieder ähnlich: Am Anfang geht es in Ruhe und Gelassenheit, am Ende überstürzt sich alles. Dass Linde Sturm jedes Tempo mitgehen kann, ist wirklich wunderbar. Ich danke ihr sehr herzlich!

»Old men ought to be explorers«, habe ich bei T. S. Eliot in seinem Gedichtzyklus der *Four Quartets* gelesen. »Alte Männer müssten stets Kundschafter sein.« Die Verbindungslinien zwischen dem Sichtbaren und dem Unsichtbaren auskundschaften, meint Eliot damit. Ich habe mich in diesem Buch mehr an das Sichtbare gehalten. Ich denke aber, der Hintergrund des Unsichtbaren ist immer wieder auch zu spüren. Ich hoffe, die Leserinnen und Leser werden Freude daran haben, den Spuren solcher Entdeckungsreisen in kleinerem oder größerem Abstande zu folgen.

Hannover, im April 2009 Hans Werner Dannowski

Am Anfang war das Wasser

Die Leineauen zwischen Grasdorf und Harkenbleck, Hemmingen, Wilkenburg und Koldingen

Einer der ersten Philosophen der abendländischen Geschichte, Thales von Milet, soll um das Jahr 600 vor Christus das Wasser als den Ursprung der Welt betrachtet haben. Die Erde schwimme wie Holz auf dem Wasser. Ähnlich sah das Weltbild der Bibel aus. Die Erdscheibe taucht dort wie eine Insel aus dem Wasser auf, das sie von allen Seiten umgibt. Ein schönes Bild stammt von einem anderen griechischen Philosophen, Empedokles: Das Wasser sei der Schweiß der Erde. Diese große Aufmerksamkeit für das Wasser ist nicht übertrieben. 71 Prozent der Erdoberfläche bestehen aus Wasser. Die Abschmelzung des Eises an den Polen durch die Erderwärmung wird diese Fläche eher noch vergrößern. Und die Verteilung und Sicherung von Trinkwasser wird eine der schwierigsten Zukunftsfragen der Erde sein.

In einer Stadt wie Hannover merkt man von all dem nicht viel. Die kulturelle Leistung des Menschen hat die Urkraft des Wassers gezähmt. Dass Hannover »an der Leine« liegt, stammt aus einer Zeit, in der man noch um die Bedeutung des Wassers und der Wasserläufe wusste. Heute ist die Leine ein Fluss, den man in der Stadt kaum bemerkt. Als Nebensache, als Quantité négligeable, hat man ihn in der Stadtplanung auch behandelt. Dabei könnten wir es alle besser wissen. Ich habe mit meiner Familie 18 Jahre lang in der Waterloostraße, in der Nähe des Maschsees, gewohnt. Meine Frau und ich sind unzählige Male am Feierabend die Seufzerallee, die »Straße der Verliebten«, entlanggegangen. Ohne zu realisieren oder es auch nur im Entferntesten zu wissen, dass dieser kleine Weg mit den Kopfweiden am Sportgelände des

Bundesleistungszentrums Nord an der Papageienbrücke auf den Schnellen Graben stößt, der eine der kühnsten und aufwendigsten Rettungsmaßnahmen der Stadt vor der Urgewalt des Wassers war. Erst in den Tagen, an denen ich an diesem Buch geschrieben habe, bin ich mit dem Wissen um die Pioniertat dieser Leistung die 700 Meter zwischen der Leine und der Ihme am Schnellen Graben entlanggegangen. Über die Breite des Flussbettes und die Höhe des Ostufers habe ich gestaunt. Und habe das Kraftwerk besucht, das seit 1922 am Anfang des Schnellen Grabens steht.

1737/38 hatte einer der bedeutendsten Bürgermeister, die Hannover je gehabt hat, Christian Ulrich Grupen, den Ausbau des Schnellen Grabens großzügig in Angriff nehmen lassen. Schon 1449 ist das Wehr des »Snellegrave« bezeugt; aber die Ableitung der Wassermassen der Leine über die Ihme hatte offensichtlich nur ungenügend funktioniert. Jetzt sollte endgültig Schluss mit den ständigen Hochwasserkatastrophen sein. Aber die Arbeiten waren weit schwieriger als gedacht. Zweimal durchbrachen die Leinefluten den Damm und unterspülten die frisch errichteten Mauern, 1739 musste man noch einmal von vorne anfangen. Noch 1740 setzte das Dezemberhochwasser die ganze Neustadt unter Wasser. Als 1745 die Arbeiten endlich abgeschlossen waren, hatten die Kosten den Haushalt der Stadt Hannover völlig ruiniert: Im Juli 1748 überreicht Grupen im Namen der Stadt König Georg II. bei dessen Ankunft in Herrenhausen eine »inständige Bittschrift«, spricht von der »erschöpften Cämerey« und dem »fast unvermeidlichen Ruin der Alt-Stadt Hannover« – »Der Schnelle-Graben-Bau und andere kostbare Gebäude haben ohnsägliche Summen weggenommen.« Kopf und Kragen hatte der Bürgermeister anscheinend riskiert, um die Wassermassen von Hannover fernzuhalten. Lange hat sich diese Bastion, im Großen und Ganzen jedenfalls, bewährt. Erst spät, 1968, kam dann noch ein zweites Wehr dazu.

In der Leineniederung des Calenberger Landes weiß man von der Bedeutung des Wassers und der Flussläufe mehr. Ein kurzer Blick auf die Landkarte genügt. Von der Mündung der Innerste in die Leine bei Ruthe bis zum Schnellen Graben und zum Maschsee von Hannover erstreckt sich eine Flussauenlandschaft der Leine mit einer Breite von 1,5 bis 2 Kilometern. In Hannover ist diese Niederung durch einen Geestrücken und durch Dünen auf eine Breite von 500 Metern zusammengedrückt, um sich dann hinter Hannover wieder auszuweiten. Diese Verengung ist die geologische Voraussetzung für die Entstehung des Ortes und dann später der Stadt Hannover geworden, begreife ich. Aber hier, am Ostrand des Calenberger Landes: Wasser über Wasser. In der Saale-Eiszeit, in der die Gletscher bis hinunter an die deutschen Mittelgebirge reichten, soll diese Landschaft entstanden sein. 200 000 Jahre etwa ist das her. Für mich, dem schon die 2 000 Jahre seit der Geburt Christi ein nahezu unendlicher Zeitraum sind, eine unvorstellbare Zeit vor aller Zeit. Kalte und warme Zeiten sollen sich damals abgewechselt haben. Immerhin soll die Temperatur in einer Wärmeperiode im Januar zwischen –14 und –22 Grad gelegen haben, und die Julitemperatur zwischen +10 und +5 Grad Celsius. Was die wissenschaftliche Erforschung der Vorgeschichte doch alles herausbekommen hat! Als die Gletscher zurückwichen, war die Gegend dann von einer Tundrenlandschaft geprägt, in der das Mammut, der Höhlenbär, das wollhaarige Nashorn, das Wisent, das Reh, der Eisfuchs, die Lemminge und andere kälteunempfindliche Tiere zu Hause waren. Stoßzähne, Oberkiefer und Oberarmknochen eines Mammuts, auch der Schädel eines Wollhaarnashorns sind denn auch in den Kiesgruben von Hemmingen gefunden worden. Das alles ist dann auch »nur« 10 000 Jahre her. Wie dieser ausgestorbene, bis zu vier Meter hohe Riesenelefant von Mammut mit den langen Stoßzähnen durch die Steppen und Sümpfe streift, kann ich mir nun sogar vorstellen. Vollständige Exemplare des Mammuts sind inzwischen auch, wie in Sibirien, ausgegraben worden.

Aber vor Augen habe ich eine ausgedehnte Auenlandschaft am Mittellauf der Leine, der – bildlich gesprochen – das Wasser bis zum Halse steht. Immer wieder heißt es »Land unter«, und das Wasser gewinnt die Oberhand. Die Bedeutung des Wassers auch und gerade im Großraum Hannover merke ich an der Fülle der Behörden und Institutionen, die sich damit beschäftigen. Das fängt mit der Wasser- und Schifffahrtsdirektion an, die am Waterlooplatz in Hannover sitzt. Geht weiter über das Niedersächsische Landesamt für Wasserwirtschaft und Küstenschutz (NLWK), das für den Nordbereich und damit auch für die Region Hannover seinen Sitz in Hildesheim hat, bis hinunter zu den Unteren Wasserbehörden und den Unteren Naturschutzbehörden, von denen es allein in der Region Hannover acht gibt, weil sieben der 21 Gemeinden bestimmte Bereiche des Naturschutzes an sich gezogen haben. Wolfgang F. vom Team »Naturschutz West« der Unteren Naturschutzbehörde ist mein einfallsreicher Führer, der mich sicher durch den Behördendschungel leitet. Am Ende habe ich eine Liste mit 30 oder 40 Namen an der Hand, die ich überhaupt nicht alle kontaktieren kann. Von den Wassergewinnungsgebieten über die Wasserqualität bis zum Tier- und Pflanzenschutz in den Leineauen reicht die Palette.

Aber wie das mit dem Hochwasser ist, das will ich doch genauer wissen. Oft genug habe ich, wenn ich am Dienstagabend auf dem Weg zum Training meiner Herzsportgruppe in Hemmingen war, am Ausgang von Döhren die Sperrung der Brückstraße wegen Hochwassers erlebt. Die Gegend um Wilkenburg scheint davon besonders betroffen zu sein. Auch wenn die extreme Situation, die Pastor Mirow am Ende des 19. Jahrhunderts beschreibt, heute wohl nur noch selten einzutreten scheint: »Es hat bis zum Jahr 1880 in Wilkenburg Zeiten gegeben, wo wochenlang aller Zugang zum Ort und zur Kirche abgeschnitten gewesen ist. Es ist Weihnachten gewesen und nicht einmal ein Glockenklang erschall, geschweige denn ist die große Freudenpredigt der Weihnacht erklungen. Jetzt sind es nur noch die Bewohner von Harkenbleck, die, von der Kirche abgeschnitten, sich mit einem Lese-Gottesdienst in der Kapelle, vom Lehrer gehalten, begnügen müssen.« Aber noch aus den 20er-Jahren des vergangenen Jahrhunderts kenne ich Aufnahmen, auf denen Teile von Hemmingen unter Wasser stehen. Ganz zu schweigen von der Jahrhundertflut des Frühjahrs 1946, als man mit Booten auf der Dorfstraße von Hemmingen fahren konnte und selbst Hannover »Land unter« meldete.

Wie entsteht ein Hochwasser der Leine, und wie begrenzt man seine Auswirkungen, frage ich Harald W. von der Unteren Wasserbehörde. Ein sorgfältig ausgearbeitetes und durchdachtes, auch sicher durch Erfahrungen perfektioniertes System breitet dieser daraufhin vor mir aus. Der Regen ist die häufigere Ursache eines Hochwassers, nicht die Schneeschmelze, erfahre ich. Die Dichte des Schnees verhält sich zur Dichte des Wasservolumens im Verhältnis von 10:1 oder von 7:1; der Schnee müsste also schon eine erhebliche Höhe erreichen, um die Pegelstände der Leine spürbar zu verändern. Bei lang anhaltendem Regen ist das deutlich anders. Ein Hochwasser entsteht, so die Faustregel, wenn die Niederschläge größer sind als das Abflussvermögen der Flüsse und der Bäche. Zunächst nehmen die Blätter der Bäume und Sträucher das Wasser auf. Mulden sind wichtig, und ein versickerungsfähiger Boden. Aber der Bodenspeicher ist nur ein Zwischenlager, gibt bald das Wasser an die Abflüsse und Bäche wieder ab. Wenn es dann sehr lange und heftig regnet, ist der Fall des Hochwassers abzusehen. Eine Alarmierungskette wird in Bewegung gesetzt: Ausgangspunkt ist der Deutsche Wetterdienst mit seinen Warnungen. Diese werden vom Überregionalen Hochwasserdienst verwertet, in dem das Niedersächsische Landesamt für Wasserwirtschaft und Küstenschutz Nord und die Wasser- und Schifffahrtsdirektion zusammenarbeiten. Die laufenden Messungen der Flusspegel der Leine in Göttingen, Hildesheim, Poggenburg und Herrenhausen vervollständigen das Bild. In drei Meldestufen vollziehen sich die Warnungen. Stufe 1 ist eine Vorwarnstufe. Stufe 2 meldet die ersten, aber geringfügigen Überflutungen. Stufe 3 tritt in Aktion, wenn das Wasser großflächig über die Ufer tritt. Diese Meldung geht breitflächig heraus: An die Leineanliegerkommunen, an Land und Bund, die entsprechend der Zuordnung der Straßen für Straßensperrungen sorgen müssen. An Polizei und Feuerwehr, die für Ordnungsdienste und Pumpsysteme bei volllaufenden Kellern und überfluteten Ortsstraßen sorgen müssen. Im Durchschnitt läge die Häufigkeit der Hochwasser nach Meldestufe 3 im Jahresmittel unter zehn, erzählt mir Harald W. Aber im Jahre 2007 habe es im Durchschnitt jeden Monat ein entsprechendes Hochwasser gegeben. Zum Glück seien, bei einem Normalpegel der Leine von zwei bis drei Metern über dem Meeresspiegel, Hochwasser wie das von 1946 mit einer Maximalhöhe von 6,44 Metern selten. Aber immerhin habe es 1947 ein Hochwasser von 5,78 Metern, 1981 von 5,89, 1987 von 5,88 m und 1998 von 5,87 gegeben. Schnell kommt eine solche Flutwelle – von Göttingen bis Hannover besteht nur eine Auflaufzeit von 30 bis 36 Stunden. Landwirte erzählen mir in diesen Wochen immer wieder, wie sie bei den Arbeiten auf dem Feld plötzlich vom Wasser umzingelt gewesen seien. Wie das Vieh auf einmal bis zum Bauch im Wasser stand und es schnellstens, auch mit dem Einsatz von Feuerwehr und Hilfsdiensten, von den Wiesen heruntergeholt werden musste.

Dann stehe ich wieder einmal am Eingang der Brückstraße mit meinem Auto. Wegen Hochwasser ist die Straße gesperrt, habe ich in der Zeitung gelesen, und so ist es auch. Aber ich bin gerade deswegen gekommen, stelle meinen Wagen am Eingang von Döhren in der Frobösestraße ab und gehe in den Sperrbezirk hinein. Bald bin ich an der Stelle, wo es auch zu Fuß nicht mehr weitergeht. Eine weite Wasserfläche zu beiden Seiten der Straße, nur die Zäune und die Bäume ragen heraus. Es sieht so ruhig und still aus, und es wirkt doch so bedrohlich. Da gibt es kein Halten, wenn das Wasser steigt. Die Naturgewalt eines Flusses ist anscheinend nicht zu bändigen. Die Ohnmacht des Menschen ist zu spüren. Das uralte Gebet kommt mir in den Sinn: »Vor Feuer und vor Wassernot behüt uns, lieber Herre Gott.« Wie oft mögen Menschen auch

© Achim Beinsen

Die Leine im Gebiet der »alten Leine«

in dieser Gegend dieses Gebet gesprochen haben. Immer wieder ist das Erschrecken groß, weil man mit der Naturgewalt der Wasserströme dann doch nicht mehr gerechnet hat.

Aber dies ist nur die eine Seite der Sache. Andererseits nämlich sind die Leineauen eine wunderbare Naturlandschaft, die in der Erfahrung der physischen Natur der Welt den Menschen auch ein Stück über seine eigenen Grenzen hinausheben kann. Sicher ist es eine Form des Idealismus, die wir heute kaum noch nachvollziehen können, im Sinne Goethes und Alexander von Humboldts von einer »Harmonie der physischen Natur mit der moralischen« zu sprechen oder sogar von einer »Harmonie von Natur und Geschichte«. Als ob alles, was wir in den Turbulenzen der Zeitgeschichte erfahren, sich im Naturerlebnis auflösen ließe. Aber woher kommt es, dass man sich in der Natur »erholen« kann und sich beim Gehen und Schauen durch Wiesen und Wälder oft so sehr angenommen und zu Hause fühlt? Vielleicht ist es doch eine Ahnung von der »Harmonie des Universums«, die – trotz des geahnten Kampfes ums Dasein – gerade durch die Vielfalt und Fülle der Erscheinungen den dafür empfänglichen Menschen mit Staunen und Bewunderung erfüllt. Der kategorische Imperativ Kants fällt mir dabei natürlich ein mit dem »gestirnten Himmel über mir« und dem »moralischen Gesetz in mir«. Aber die Erfahrung der Natur ist ein weites Feld. Ziehen wir uns lieber festes Schuhwerk an und machen uns auf den Weg.

*

Ich habe mich mit Peter S. an der »Alten Feuerwache« in Grasdorf verabredet. In Eigenarbeit hat der Naturschutzbund (NABU) Laatzen das alte Feuerwehrhaus zu einem Naturschutzzentrum ausgebaut, das an drei Tagen, vor allem auch an Sonntagen, stundenweise (sonntags von 11.00–16.00 Uhr oder 17.00 Uhr) geöffnet ist. Zwei Dauerausstellungen sind dort zu sehen. Die größere zum »Naturraum Südliche Leineaue«, die kleinere zum Thema »Nachttiere«. Peter S. gehört zu den Gründungsmitgliedern des Nabu Laatzen, der inzwischen an die 900 Mitglieder hat. Hinter dem Agnes-Karll-Krankenhaus in Laatzen geht der Weg dorthin von der Hildesheimer Straße rechts in die Straße Langer Brink hinein, und da, wo alles beim Sportverein zu enden scheint, geht es noch ein kleines Stück weiter.

Mit Fernrohr und Rucksack steht der Siebzigjährige vor mir. Ich ärgere mich wieder einmal, dass ich mein eigenes Fernglas zu Hause gelassen habe, man denkt einfach immer wieder nicht daran. Ehrenamtlich macht Peter S. die Führungen, bittet aber mit Nachdruck um eine Spende für die Arbeit seines Vereins. »Mit dem Herzen« ist er eben dabei. »Wenn ich die Brücke über die Leine überschreite, bin ich in einer anderen Welt«, sagt er. Die Leine ist hier breit und liegt tief unten. Der Rand ist unter dichten Büschen verborgen, der Fluss fließt ruhig und stetig dahin. Es ist ein sonniger Herbsttag im Oktober. Spaziergänger, Jogger und Radfahrer sind in Mengen unterwegs. Ich beginne zu ahnen, weshalb vielen, die sich in dieser Aufgabe engagieren, der Naturschutz als ein Spagat erscheint zwischen den Zielen eines Erholungsraumes für den Menschen und eines Schutzraumes für die Tier- und Pflanzenwelt. An den Ricklinger Teichen in Hannover herrscht oft eine richtige Partystimmung, die wenig Rücksichten kennt. Hier in den Leineauen hält sich alles im normalen Rahmen. Man grüßt sich sogar gelegentlich. Zwei bedeutende Naturschutzgebiete gibt es am Nordostrand des Calenberger Landes. Das Naturschutzgebiet »Alte Leine«, auf das wir zugehen, und das Gebiet »Leineauen« zwischen Ruthe und Koldingen, das sogar noch etwas größer ist. Hier bewegen wir uns noch im Bereich des Landschaftsschutzgebietes, durch das viele Wege gehen, die man aber nicht verlassen sollte. Ein natürliches Überschwemmungsgebiet ist die gesamte Leineaue. »Hannover kann froh sein«, sagt Peter S., »dass es diese Überlaufgebiete gibt. Sonst wären die Situationen oft so katastrophal wie 1946.« 270 Vogelarten dient die Leineaue als Rastplatz, 70 bis 80 Vogelarten brüten hier. Auch der Weißstorch ist seit 1989 wieder hier zu Hause.

Der Gang an diesem Nachmittag wird zu einer Einführung in die Vogelkunde, in die Botanik und in die Insektenkunde. Gleich, als wir losgehen, schwärmt Peter S. von der Gebänderten Prachtlibelle, die im Juli und August hier zu sehen ist. Er erzählt mir von der Rohrweihe, die am Boden brütet. Dessen

Männchen geradezu waghalsige Balzflüge vor dem Weibchen macht. Das aber dann, bei der Brut und bei den Jungweihen, das Männchen nicht mehr an das Nest lässt, sondern die heruntergeworfene Beute auffängt und an die Jungen weitergibt. Solche Geschichten hat er in Mengen parat. »Hier öffnet sich mir das Herz«, sagt er. Das Herz von Peter S. schlägt dabei ebenso für die einheimischen Hölzer: »Esche, Eiche, Ahorn, Erle«, daraus wird der richtige Mischwald. Die Pappeln sind, weil sie so schnell wachsen, überall dazwischengepflanzt. Auch der Nussbaum gehört eigentlich nicht hierher. Da regt sich bei mir zum ersten Mal Kritik. Woher nimmt er die Kriterien, was »hierher gehört«? Werden Urteile einer vergangenen Zeit über »deutsches Wesen« unreflektiert weitergereicht? Ich behalte derartige kritische Gedanken bei mir. Ich will nicht streiten, ich will lernen. Auch die Abneigung von Peter S. gegen Kunst in der Landschaft kann ich nicht teilen. »Wenn hier jeder anfangen würde, seine Kunst in die Landschaft zu stellen.« Ich finde die blauen »Sensenvögel« rechts vom Weg einfach anregend und auch schön.

Dann stehen wir vor dem Beobachtungsturm, an dem das Naturschutzgebiet beginnt. Das man nicht betreten darf. Mit einer Eule wird es angezeigt. »Die haben wir von der DDR, vom Müritzhof übernommen. Früher hatten wir den Weißkopfseeadler, den es aber bei uns gar nicht gibt.« Oben auf dem Turm fallen uns als Erstes die asiatischen Marienkäfer auf und an, die in Massen auf der Brüstung herumkrabbeln. Schnell sind sie in unseren Hemdausschnitten und in unseren Haaren. Aus Japan und China kommen sie, die Globalisierung ist hier perfekt. In den USA und in Europa wurden sie zur Schädlingsbekämpfung eingesetzt. Nun erobern sie sich alles, vermehren sich unglaublich. *Harmonia axyridis* ist ihr lateinischer Name, aber von Harmonie ist bei dem Gekrabbel wenig zu spüren. Eine höhere, meist zweistellige Punktzahl unterscheidet sie von den deutschen Exemplaren. Schon wieder kämpft man für die Artreinheit unserer Natur. Höher gelegene Plätze suchen sie gegenwärtig auf, um zu überwintern. Dann wird Peter S. auf einmal ganz aufgeregt, reißt das Fernglas hoch, holt bald auch die Kamera aus dem Rucksack. »Sehen Sie dort den Silberreiher?« Ein einzelner Reiher stakt durch den linken Teich, der offenbar ganz flach ist und den mein Führer den »Hüttenteich« nennt. »Graureiher gibt es hier zu Hunderten«, und wie um das zu beweisen, fliegen gleich einige Graureiher hinter den Bäumen auf. »Aber der Silberreiher ist selten.« Sogar gezählt werden die selteneren Vogelarten im Nabu, 29 Exemplare des Silberreihers hätten sie registriert. Wir biegen in den Weg rechts Zu den Äckern, den die Bezirksregierung hat pflastern lassen. Vor einem wunderbar gefärbten Ahornbaum bleiben wir stehen. Die Sonne spielt in seinen Blättern. Es sieht geradezu aus, als ob der Baum brennt. Wenn es den Ahorn am Berg Horeb gegeben hätte, dann wäre er sicher Moses' Baum der Gotteserscheinung gewesen (2. Mose 3). Zu meinem Lieblingsbaum wird der Ahorn an diesem Nachmittag, und dass der Ahorn im Herbst am schönsten ist, wenn er die Farben seiner Blätter ins Goldgelbe verwandelt, will ich gerne glauben. Noch einmal nimmt es mich für den Ahorn ein, als ich bei einem Winterurlaub im Geigenort Mittenwald erfahre, dass – dank der Härte des Holzes – der Boden, die Seitenwände (Zargen) und der Hals der Streichinstrumente aus Ahorn gefertigt werden. Peter S. zeigt mir, wie sie im Zeichenunterricht die Umrisse des gefächerten Ahornblattes nachgezogen haben. Die Kleingartenkolonie »An der Leine Laatzen« taucht links auf, über die Spörlbrücke geht es auf die andere Seite der Leine. Auf der Wiese vor dem Agnes-Karll-Krankenhaus hat ein Mäusebussard »aufgebaumt«, die Naturleute haben ihre eigene Sprache. Dann ist plötzlich wieder die Aufregung groß. Direkt vor der historischen Brücke des Wasserwerks fließt aus einem kleinen Bach eine scheußliche Brühe in die Leine. Peter S. ist außer sich. Wieder einer dieser Umweltsünder, das darf es doch überhaupt nicht geben! Wie eine Reinigungslauge sieht die Brühe aus. »Morgen wird das wieder in der Zeitung stehen.« Hoffentlich, kann ich da nur sagen. Deshalb hat das Boot des Anglervereins, das wir vorhin sahen, Wasserproben aus der Leine genommen …

Mit erfreulicheren Dingen soll dieser Rundgang enden. Peter S. erzählt von seiner Vogelstimmenführung, die morgens um 4.30 Uhr beginnt. Bei der oft an dieser Stelle, im Frühjahr und im Frühsommer, die Nachtigallen singen. Den Ort zeigt er mir, wo an einem Dach der Zaunkönig sein Nest hat. Am Steilufer der Leine, nicht weit von der Ohebrücke, über die wir anfangs gegangen sind, ist an den Kotflecken die Stelle zu sehen, wo der Eisvogel brütet. Im Nabu-Zentrum sehe ich mir später das Modell der Höhle dieses schönsten der farbenfrohen Vögel an, die er in den Lehm bohrt und in dem dann die kleinen weißen, runden Eier liegen.

*

Zwei Stunden hat der Rundweg gedauert; aber das nur, weil wir zwischendurch immer wieder stehengeblieben sind, geschaut und geredet haben. Mein Lieblingsweg aber, den ich oft mit meiner Frau gehe, verläuft zur anderen Seite und dauert länger. Kurz vor dem Aussichtsturm ist links ein schmaler Weg, der als »Harkenblecker Furth« bezeichnet ist. Sicherlich führte er früher auf eine Furt durch die Alte Leine hin. Bald wird im Hintergrund auch Harkenbleck auftauchen. Schön ist gerade von dieser Seite aus zu sehen, wie klug das Dorf auf eine Anhöhe gebaut ist, die es vor den Wassern der Überflutungen schützt. Von rechts kommt, in einer verwegenen Schlängellinie, eine Doppelreihe von Weidenbäumen heran, in deren Mitte sich offenbar ein Bach oder ein Fluss befindet. Auf eine Brücke geht die Harkenblecker Furth zu. Es ist in der Tat ein Bach, der von rechts kommt und links weitergeht. Die Alte Leine ist es. Und es ist die Begegnung mit ihr, die diesen Weg für mich so interessant, geradezu aufregend macht.

Ich versuche herauszubekommen, was es mit der »Alten Leine« auf sich hat. Die Alte Leine ist das frühere Flussbett der Leine, das scheint mir klar. Man schaue sich nur einmal den Flusslauf der Alten Leine auf der Landkarte an. Wie von einem Kind hingeworfen, das seine ersten schwungvollen Schreibübungen macht, so sieht der Flussverlauf aus. Die Natur kennt keine geraden Linien, hat ein bekannter Geologe vor langer Zeit gesagt. Der Flusslauf der Alten Leine ist geradezu eine Demonstration dieser klugen Beobachtung. Vor jedem Hindernis anscheinend ist das Wasser ausgewichen, um einen anderen Weg zum Ziel zu finden. Schon der Vergleich zwischen den Flussläufen der »Alten« und der »Neuen« Leine zeigt, wo der Mensch – offenbar begradigend – eingegriffen hat, weil er nicht die Geduld der Natur, den langen

Atem des langsamen Wachsens hatte. Aber: Wie lange ist die Leine durch das Bett der Alten Leine geflossen? Wo lagen die Schwierigkeiten, die Probleme des alten Bettes? Wo und wann hat der Mensch regulierend eingegriffen, wann wurde das jetzige Leinebett entworfen und nach welchen Gesichtspunkten wurde es gebaut? War die Begradigung des Leineverlaufs ein wesentlicher Grund oder waren es andere Anstöße? Der Mensch hat in das Bild der Landschaft eingegriffen, hat Auwaldrodungen, Aufstauungen der Leine, Flusslaufveränderungen, Auskiesungen, Renaturierungen und andere Veränderungen der Natur herbeigeführt. Aber im Zusammenhang ist darüber wenig zu erfahren. Es gibt eine Geschichte der Dörfer, der Städte und der Menschen. Aber eine Geschichte der Landschaft gibt es offenbar nur ansatzweise. Gerade diese aber ist es, die mich beschäftigt, wenn ich an einem Buch über die Calenberger Landschaft schreibe. Was mich interessiert, ist das, was hinter, über und unter der Welt der Erscheinungen liegt. Die Mehrdimensionalität unserer Wirklichkeit ist mein Interesse. Das Sichtbare und das Unsichtbare. Woher wir gekommen sind und wohin wir gehen. Die Geschichte einer Landschaft wäre ein wichtiger Baustein. Ich suche danach mit großen Hindernissen. Stundenlang telefoniere ich herum. Meine hilfsbereiten Gesprächspartner von den Wasserbehörden und den Naturschutzverbänden müssen sich versagen. Nein, über die »Alte Leine« sei ihnen nichts Näheres bekannt. Dreimal, sagt mir Andreas B. vom Niedersächsischen Landesamt in Hildesheim, taucht der Begriff »Alte Leine« im Hydrografischen Flächenverzeichnis von Niedersachsen auf: In der Nähe von Koldingen, von Schwarmstedt und von Ahlden. Das sind sicherlich die Reste des alten Leinelaufes. Ich erinnere mich daran, dass mich die Alte Leine in der Nähe der Leinemündung schon einmal genarrt hatte, als ich die Hademstorfer Schleuse für die Mündung der Leine in die Aller hielt. Aber so schnell gebe ich nicht auf.

Endlich bin ich bei Helmut F. in der Straße Langer Brink in Grasdorf gelandet. Helmut F. ist Architekt und als Historiker Autodidakt, hat aber Bücher über Grasdorf und die Brücken in der Leineaue geschrieben. Hat Forschungen über die Retburg und über das Schloss von Koldingen publiziert. Wenn einer über die Alte Leine Bescheid weiß, dann muss er es sein.

Da bekomme ich auch reichlich Auskunft. Aber nur, dass alles wahrscheinlich noch viel komplizierter ist, als ich es mir vorgestellt habe. Helmut F. legt mir einen Kartenausschnitt des Amtes Ruthe vor, den er in der Schrift über das verschwundene Schloss von Koldingen publiziert hat und den er auf die Zeit um 1600 datiert. Da gibt es schon die »Leine« und die »Alte Leine«. Aber die Bezeichnungen sind überraschenderweise vertauscht. Die damals so bezeichnete »Leine« fließt in dem Bett der heutigen »Alten Leine« und ist ein breiter Fluss. Daneben gemalte Kähne deuten an, dass sie zumindest in Teilen schiffbar war. Daneben fließt die »Olde Leine« in dem Bett der heutigen Stromleine und ist offenbar ein Nebenarm des Flusses. Hinter Koldingen vereinigen sich dann – wie heute noch – die beiden Geschwister wieder. Wenn dies kein Fehler des Kartenzeichners ist, was – bei der Sorgfalt der ganzen Zeichnung – kaum anzunehmen ist, dann legt sich nur ein Schluss nahe: Die Leine hat seit alter Zeit nicht nur ein breites Flussbett, sondern ist auch immer wieder ein Fluss mit mehreren Armen gewesen, die von Zeit zu Zeit ihre Rolle und Funktion gewechselt haben. Die »Kurhannoversche Landesaufnahme« von 1781 zeigt dann schon das uns heute geläufige Bild. Daran hat sich bis zur Gegenwart nur geändert, dass nach 1820 verschiedene Schlingen der Leine beseitigt, die Leine damit begradigt und die Fließgeschwindigkeit erhöht wurde. Dass die Alte Leine uns heute in ihrer frühen Zeit als der Fluss der Wassermühlen erscheint, wird dadurch noch plausibler. Lange Zeit war sie eben das Bett der eigentlichen Leine, die damit auch die Kraft hatte, die Wassermühlen zu betreiben. Seltsamerweise beruhigt mich dieser Tatbestand. »Ein Fluss will sich immer verändern«, sagt Helmut F. Das ist mir sehr plausibel. Die Geschichte der Veränderungen wird so komplex sein, dass es der Arbeit einer Generation von Historikern bedarf, um Licht in die Geschichte dieser Landschaft zu bringen. Mir genügen die Ergebnisse einstweilen, um meine Fantasie in Gang zu halten, und so kann ich weiter durch die Leineaue wandern.

Ich erinnere mich an den Tag, an dem wir den Weg zur Alten Leine zum ersten Mal gingen. Es war ein 1. Januar. Die Temperatur war um den Gefrierpunkt, es wehte ein kalter Wind. Selbst den Vögeln war es zu kalt, nur ein paar Graugänse waren zu sehen und einige Schwäne, die auf einem Grünkohlfeld fraßen. Durch das Grasdorfer Holz führt der Weg zur Harkenblecker Furt, das einst – wie es im Erbregister der Ämter Ruthe und Koldingen von 1593 heißt – nicht nur zum Schlagen des Feuerholzes und zur Jagd, sondern den »Gebrüdern und Gevettern von Alten« aus Wilkenburg auch zur Schweinemast diente: »Wann der liebe Gott vulle Mast bescheret, kann es mitt 200 Schweinen betrieben werden.« Die Furt selbst, über die heute die Brücke führt, wurde offenbar schon zur Völkerwanderungszeit benutzt. Eine römische Geldmünze des Kaisers Crispus (317–326 n. Chr.), den »Follis« mit dem Bildnis des Kaisers, hat man an dieser Stelle vor einigen Jahren gefunden. Einhundert Meter nach der Brücke geht es nach links auf einen schmalen Feldweg, bei dem nicht abzusehen war, ob wir wieder zu unserem Ausgangspunkt würden abbiegen können, oder ob wir uns zu viel vorgenommen hatten. Aber dann ging es doch links weiter. Der Pfad läuft eine Weile parallel zur Alten Leine, an deren Ufern jetzt auch andere Bäume stehen. Das Storchennest auf dem Telegrafenmast kommt in Sicht, auf einer Tafel ist die Zahl der gebrüteten Jungen seit dem Jahr der Rückkehr der Störche präzise angegeben. 2008 waren es drei. Bis zur Ohebrücke geht es direkt an der Leine entlang, mit einem schönen Blick auf das alte Grasdorf mit seiner gedrungenen Kirche. Ein richtiger Rundweg war dies dann also noch geworden. Weit in die Geschichte dieser Landschaft führte er immer wieder. Übrigens: Einen Wasser-Lehrpfad gibt es im Wassergewinnungsgelände Grasdorf, und die Stadtwerke Hannover haben einen interessanten Führer *Wanderung in der Leineaue* dazu herausgegeben. Den könnte man sich doch besorgen.

*

Es reizt mich aber schließlich auch noch, die Alte Leine an einer anderen Stelle in Augenschein zu nehmen. Auf der Landkarte sehe ich, dass sie auch direkt hinter dem Wilkenburger Gut, an der Wilkenburger Kirche entlangfließen muss. Noch hellhöriger werde ich, als mir Burchard von C. am Telefon erzählt, bei niedrigem Wasserstand tauchten hinter ihrem Hause die Reste einer alten Wassermühle aus der Alten Leine auf. So mache ich mich mit Michaela von C. und ihren beiden Hunden vom Gut aus auf den Weg. Über den Reitplatz geht es und über die Wiese, die dahinter liegt. Da ist sie auch schon, die Alte Leine, und der »Kolk«, die Ausbuchtung des Flusses, die wie ein kleiner Hafen ist. Jetzt kann ich es auch sehen. Aus dem Wasser ragt ein Stück der in der Literatur immer wieder beschriebenen Laatzener Wassermühle. Ein Teil des Sandsteinfundaments hat sich hochgeschoben. Direkt unter der Wasseroberfläche liegen große Felsen, die ein Kreuz zu bilden scheinen. Rechts davon sind Holzreste zu erkennen, die entweder den früheren Ort der Wasserräder anzeigen oder die Eichenholzüberreste der Spundwände sind, die die Stauwirkung erzeugten. So sehen die Vermutungen des Burchard von C. über die Geschichte der alten Wassermühle aus. Der Kolk war der Mühlenteich, in dem das Wasser zum Betreiben der Mühle aufgestaut wurde. Die Boote der Bauern, die das Getreide zum Verschroten heranbrachten, kamen aus Laatzen oder auch aus Wilkenburg. Im Dreißigjährigen Krieg wurde ganz Wilkenburg, mit Ausnahme der Kirche, zerstört und abgefackelt. Auch die Mühle hat diese Zeit nicht überlebt. Nach dem Krieg wurde sie nicht wieder aufgebaut, gegen die Konkurrenz der Windmühlen kamen die Wassermühlen nicht mehr an. Oder war doch der Wassermangel der Grund für das Ende der Mühlentradition an diesem Ort? Die Koldinger Wassermühle, deren Gebäude – ohne Wasserräder und bis oben hin zugenagelt – man noch heute rechts hinter der großen Ampelkreuzung samt Mühlenteich sehen kann, hat immerhin bis etwa 1930 noch gearbeitet. Ich vermute, wir werden das alles nie mehr mit Sicherheit erfahren.

Ich schlendere mit Michaela von C. dann noch ein Stück an der Alten Leine entlang. Über Zäune und Gräben geht es. Die Alte Leine ist hier ein richtiger Fluss, auch wenn sie jetzt ein stehendes Gewässer ist. Mit dem kleinen Bach in der Grasdorfer Gegend ist sie überhaupt nicht zu vergleichen. Gleich hinter dem Kolk stehen die Pfeiler einer früheren Treidelbrücke noch im Wasser, auf der das Vieh auf die Wiesen des anderen Ufers getrieben wurde. Da sich immer wieder Baumstämme und anderes sperriges Material an den Pfeilern festsetzt, versuchte man, mit Treckern die Pfeiler aus dem Wasser zu ziehen. Es ist vergeblich gewesen, erzählt meine Führerin. Die Eisenketten zerrissen und die Pfosten bewegten sich nicht einmal. – Steilufer und Flachufer wechseln sich hier ab. Den Eisvogel beobachtet Michaela von C. an dieser Stelle, und die Zaunkönige vermisst sie selbst an diesem Tag im Januar. Einen Ast zeigt sie mir, den offensichtlich ein Biber zernagt hat. Wir gehen noch bis zu der Stelle am flachen Ufer, die im Sommer das Vieh gerne aufsucht, weil es unter den Bäumen so schön schattig ist. Ein Jungschwan zieht majestätisch vorbei, lässt sich durch das Gekläffe unseres Spitzes überhaupt nicht stören. In eleganten Windungen verläuft die Alte Leine auch in diesem Bereich, meine Begeisterung kann ich nicht verbergen. Im Sommer soll der Wasserstand noch niedriger sein. Aber auch das Hochwasser kennt man natürlich zur Genüge. Von Oktober 2007 bis März 2008 seien alle Wiesen unter Wasser gewesen. Rechts und links leuchten die Wasserflächen der Kiesseen und Kiesteiche herüber.

Dann sitze ich lange mit Burchard von C. in seinem Wohnzimmer mit dem schönen Blick in den Park hinein. 1900 hat sein Großvater das Gut von den Grafen von Alten gekauft, deren Familie seit dem Mittelalter in Wilkenburg sesshaft war. Dr. Hans von Campe war Gynäkologe. Hat die Frauenklinik in der Warmbüchenstraße gegründet, in dem Haus, in dem heute das »Landvolk« sitzt. Eine einträgliche Tätigkeit muss das gewesen sein. Als Großmutter Sarah Elisabeth, die Amerikanerin war, nicht auf einen Bauernhof ziehen wollte und etwas »Repräsentativeres« wünschte, baute er ihr ein Schloss im Park des Gutes von Wilkenburg. Mit 56 Zimmern, samt Zentralheizung und fließendem Wasser. Eine Loge im Opernhaus musste auch sein, ganzjährig, versteht sich. Man saß jedoch nicht jeden Abend in der Oper, sondern ging gelegentlich zu einem Akt oder zu einer Arie, wie nach Hause und wie nebenbei. Die Loge stand natürlich auch der ganzen Familie zur Verfügung. Da ist bei dem kleinen Burchard der Keim für seine Opernbegeisterung gelegt worden. Viele Jahre später wird er der Vorsitzende der Gesellschaft der Freunde des Opernhauses. Heute Abend noch wird er – obwohl es ihm nicht gut geht – zur Premiere des »Idomeneo« gehen. Bis zur Pause werde er hoffentlich durchhalten, meint er. Das Wilkenburger Schloss ist übrigens im September 1943 durch Brandbomben zerstört worden, samt dem »Steinernen Haus«, in dem früher der Graf Carl von Alten wohnte.

Einem interessanten Wirtschaftskreislauf komme ich in diesem Gespräch noch auf die Spur. Das Gut, das mit seinen 300 ha jetzt von seinem Neffen bewirtschaftet wird, umfasst Grasland und Ackerland. Als sich die Viehwirtschaft nicht mehr lohnte, habe man darüber nachgedacht, was man mit den 20 Prozent des Weidelandes machen solle. Man entdeckte, wenn man es nicht schon längst wusste, dass sich unter der Grasnarbe bis zu acht Metern Kies lagerte. So verkaufte man das Land an Kieswerke, und als die Auskiesung vollzogen und die Seen und Teiche mit Wasser gefüllt waren, habe man das Land zurückgekauft und die Wasserflächen an Anglervereine verpachtet. Man muss helle Ohren und wache Augen haben, merke ich, um in der Landwirtschaft heute zu bestehen.

*

Die hatte der berühmteste Vorbesitzer des Gutes in Wilkenburg auf einem ganz anderen Gebiet. Graf Carl von Alten hat meinen Weg schon früh gekreuzt, ohne dass ich es recht wahrgenommen hätte. Am Waterlooplatz haben wir fast zwei Jahrzehnte lang gewohnt. Jetzt lese ich, dass am 17. Juni 1832 bei der Einweihung der Waterloosäule, die Laves entworfen hatte, verständlicherweise von Alten der Mittelpunkt der Feierlichkeiten war. Am Denkmal des Grafen von Alten vor dem Hauptstaatsarchiv, das Heinrich Kümmel geschaffen hat, bin ich – auf der anderen Straßenseite – jeden Tag mehrfach vorübergegangen. Habe gelegentlich einen Blick zu ihm hinübergeworfen. Lässig steht der General da, die linke Hand am Säbel, den linken Fuß vorgestreckt, der Mantel liegt locker auf seiner Schulter. Der Blick geht in die Weite. Die hohe Stirn, die alle aus der Alten-Familie, die ich kenne, haben. Eine große strategische Begabung soll ihn ausgezeichnet haben. Das hat der Bildhauer sicher bei der Gestaltung der Figur des Grafen einzufangen versucht. Das abgebrochene Friederikenschlösschen auf dem freien Grundstück nebenan soll ihm zeitweise gehört haben.

Es fällt mir schwer, mich in das Denken und Empfinden eines Militärs des 18. und 19. Jahrhunderts einzufühlen. Aber eine Figur von europäischem Format ist C. von Alten sicherlich gewesen. Sein Leben liest sich wie ein Abenteuerroman. 1764 in Hannover geboren, in der Neustädter Hof- und Stadtkirche getauft, besucht von Alten mit zwölf Jahren das Georgianum, eine Art Kadettenanstalt. Die militärische Laufbahn ist damit vorgegeben. Fähndrich, Leutnant, Capitain. Die Beteiligung an den Befreiungskriegen führt ihn in die habsburgischen Niederlande. Bei dem legendären Ausbruch der hannoverschen Truppen aus der Festung Menin gegen eine zehnfache Übermacht der Franzosen ist er dabei, schreibt seine Erfahrungen nieder in den *Vorschlägen für die Ausbildung der Leichten Truppen im zerstreuten Gefecht.* So kurios ein solches Buch und ein solcher Titel heute scheinen, vielleicht sollte ich es doch einmal lesen, um wenigstens ein wenig von den Hintergründen dieses Soldatenlebens zu begreifen. Er wird Major, wird Oberstleutnant. Auch Niederlagen gegen Napoleon sind dabei, wie die in der Kapitulation von Sulingen. 1803 stellt König Georg III. von Großbritannien und Hannover seine »Kings German Legion« auf, von Alten wird als Oberst Heerführer der »Leichten Brigaden«. Er kämpft mit seiner Truppe in Kopenhagen, Spanien, Portugal und vor Toulouse. Dann ist seine große Stunde da. Am 18. Juni 1815 kommt es zur Entscheidungsschlacht mit Napoleon bei Waterloo in Belgien. Von Alten befehligt als Generalleutnant die britische 3. Division und mehrere hannoversche Truppenteile. Am Ort Mont-Saint-Jean steht von Alten direkt Napoleon gegenüber und hält mit seinen Truppen den in ständig neuen Wellen erfolgenden Sturmangriffen der Franzosen stand. Siehe Blücher: »Ich wollte, es würde Nacht oder die Preußen kämen.« Eine der verlustreichsten Schlachten der neueren Kriegsgeschichte ist es, 25 000 Franzosen fallen und 20 000 Hannoveraner, Engländer, Holländer, Preußen. Carl von Alten wird schwer verwundet. Nach dem »Sieg von Waterloo« wird von Alten hoch geehrt, zum General befördert und in den Grafenstand erhoben. Sein Porträt hängt neben denen von Blücher und Wellington in Schloss Windsor. Von Alten wird später noch Generalinspekteur, Leiter der Generalstabsakademie, Kriegsminister, Außenminister.

Da sind dann schon, seit 1818, die ruhigeren Zeiten seines Lebens angebrochen. Und es kommt schließlich auch wieder das Gut in Wilkenburg ins Spiel. Carl von Alten hat sich offensichtlich immer wieder gerne nach Wilkenburg zurückgezogen. Die Bewirtschaftung des Gutes hatte zunächst sein Neffe, dann sein Bruder übernommen. Dem Familienbesitz ging es in dieser Zeit nicht gut. Nach dem Tod seines Bruders 1823 übernahm Graf Carl von Alten nun selbst das Gut. Hannover hatte nach 1837 wieder einen eigenen König, und der Graf führte unter König Ernst August das Kriegsministerium weiter. Carl von Alten war unverheiratet geblieben. Wie hätte das bei diesem jahrzehntelangen Wanderleben auch anders sein können. Im Spätsommer 1839 bricht er mit seinem Neffen Georg zu einer lange geplanten Romreise auf, verbringt den ganzen Herbst und Winter in der Stadt auf den sieben Hügeln. Es muss von Alten doch auch der Sinn noch nach etwas ganz anderem gestanden haben als nach Krieg und Militär. Auf der Rückreise erleidet er in einem Bozener Gasthaus einen Schlaganfall und stirbt in der Nacht zum 20. April 1840. Der Leichnam wird einbalsamiert, in einer Sonder-Postkutsche nach Pattensen und in einem großen Trauerzug nach Wilkenburg gebracht. Ob die Anekdote zutrifft, der Neffe Georg habe ihn angezogen und aufrecht sitzend wie einen Lebenden durch die vielen Grenzkontrollen gebracht, sei dahingestellt. In Wilkenburg indes ist das Familienmausoleum in der Nähe des Gutes Sundern noch nicht fertig gebaut, das Carl von Alten selbst noch in Auftrag gegeben hatte. Er wird vorläufig beigesetzt, und dann zwei Jahre lang in dem kleinen Schuppen aufgebahrt, der noch jetzt – gleich links am Eingang zum Gut Wilkenburg – zu sehen ist. Der vielbeschäftigte Georg Ludwig Friedrich Laves als Architekt des Mausoleums wird und wird nicht fertig. Sein begabtester Schüler, Conrad Wilhelm Hase, baut es schließlich zu Ende. Das Wilkenburger Mausoleum wird, wie Hase in seiner Autobiografie schreibt, der »erste Anfang der hannoverschen Backstein-Architektur«, mit großen Terrakottasteinen, die Hase teilweise selbst modellierte. Ende 1842 ist der Bau endlich fertiggestellt, und Graf Carl von Alten wird – auch nur wieder vorläufig, wie wir heute wissen – in dem Mausoleum beigesetzt.

Ich habe mich mit dem früheren Pastor von Hemmingen-Westerfeld verabredet, der im Ruhestand auch noch zwei Jahre Bürgermeister von Hemmingen gewesen ist. Günter B. ist der jetzige Vorsitzende des Fördervereins Mausoleum Graf

Carl von Alten e.V., der sich die Rettung des Mausoleums auf die Fahnen geschrieben hat. Der Förderverein betont: Diese Grabkapelle hält nicht nur das Andenken an wichtige und konfliktreiche Jahrzehnte unserer europäischen Vergangenheit wach – im Jahr 2015 wird Waterloo 200 Jahre her sein. Das Mausoleum ist auch als erster Backsteinbau der Neugotik ein aufschlussreicher Teil der Bau- und Kulturgeschichte unseres Landes. Aber die Gegenwartsgeschichte des Mausoleums ist nicht nur ein Trauerspiel in mehreren Akten. Sie wirft nicht nur ein dunkles Schlaglicht auf einen Vandalismus, der keine Grenzen und keine Totenruhe mehr kennt. Ans Tageslicht kommt auch die Ambivalenz der Gefühle, die viele von uns bei der Betrachtung dieser Epoche der europäischen Kriege und damit auch angesichts unserer eigenen Vergangenheit befällt. Und die mich vor einer anerkannterweise bedeutenden Gestalt wie Graf Carl von Alten so ratlos stehen lässt.

Das Mausoleum hatte beide Weltkriege unbeschädigt überstanden. Nach dem Zweiten Weltkrieg brachen Plünderer die massive Eichentür auf, entwendeten die Uniform des Generals, die Ehrenzeichen und den Degen. Die Vermauerung des Eingangs hatte keinen Erfolg: Die Diebe stiegen über das Dach in das Mausoleum ein. 1958 wurde die Eingangsmauer ein-

© I. Wittkopf-Büchner

Die Ruine des Mausoleums

gerissen, die Zinksärge zerschnitten und als kostbares Material verkauft. Daraufhin wurden die Gebeine des Generals in seine Taufkirche überführt, im Eingangsbereich der Neustädter Hof- und Stadtkirche haben sie einen neuen Ort gefunden. 1966 schien die äußere Gestalt des Mausoleums noch weithin unverändert zu sein. Dann setzte ein anscheinend unaufhaltsamer, aber durchaus vielfach geförderter Verfall des Baus ein. Die Einsamkeit des Ortes begünstigte Beschädigungen jeder Art. Zeitweise scheint es für viele Hemminger zum sportlichen Ehrgeiz gehört zu haben, einige der schönen Formziegel des Mausoleums in eigenen Besitz zu bringen. Es gibt eine ganze Reihe von Ortsansässigen, die mir dieses in einer ruhigen Minute gestanden haben. – Günter B. macht sich mit mir auf den Weg zum Mausoleum. Allein hätte ich den Ort der Grabstätte nie gefunden. Ein Waldgebiet ist der Sundern dicht bei Hemmingen, der zu einem Landschaftsschutzgebiet erklärt worden ist. Am Kulturzentrum geht es rechts in den Bürgermeister-Bormann-Weg. An einer kleinen Kreuzung, von der links ein Fahrradweg nach Wilkenburg angezeigt ist, ist ein Waldweg einzuschlagen. Eine früher sicherlich schöne Allee führt zum Mausoleum. Es ist alles zugewachsen. Durch die Bäume hindurch ist das Mausoleum aus einiger Entfernung zu erahnen. Dann stehen wir vor einer Ruine. Von dem, was gut erkennbar früher ein großer und stattlicher Bau war, sind nur noch Reste da. Die Schmalseiten sind völlig heruntergebrochen; man kann über Geröllhalden in das Innere gelangen. Die Seitenwände stehen noch, vielleicht drei Meter hoch, Backsteine sind vor eine Wand von Felssteinen gemauert. Einer der Ecktürme ragt noch in die Luft. Ornamente sind am Turm zu sehen. »Bis zum Waterloo-Jubiläum 2015 wird auch der heruntergekommen sein«, sage ich. Der Zerfall und die mutwillige Zerstörung gehen nahezu täglich weiter. Wieder liegt ein Ziegelhaufen da, den Günter B. noch nicht gesehen hat. Unterstützung bekommt der Förderkreis wenig. Immer war anderes wichtiger. Zudem verfolgen Naturschutz und Denkmalschutz oft verschiedene Ziele. »Naturschutz geht vor Denkmalschutz«, manchmal ist auch schon die Polizei angerückt. Denkmaltourismus und lautstarke Arbeiten sind hier unerwünscht. Auf einer Halbinsel lag das Mausoleum früher, aber längst ist alles verlandet und zugewachsen. Ob es gelingt, das Mausoleum noch vor der endgültigen Zerstörung zu retten? Der Förderkreis betreibt den Plan einer »Translokation«, einer Umsetzung des Baus auf den Hemminger Friedhof. Wir schauen uns später den dafür vorgesehenen Platz auf dem Friedhof an. Daneben steht die alte Kapelle, die sich als Ausstellungshalle nutzen ließe. Wir schmieden Pläne. Wissen nicht, ob sie realistisch sind.

*

Da bin ich nun also auf Kapellen und Denkmale eingeschworen. Tage später mache ich mich auf eine ausgedehnte Kirchen- und Kapellenfahrt. Die Mutterkirche dieser Gegend hat den Vortritt. Alt ist die St. Vitus-Kirche in Wilkenburg, aus dem 12. Jahrhundert stammt sicherlich der Ursprungsbau. Die Lage der Kirche ist eine Idyllle. Mitten auf dem alten Friedhof mit einzelnen Grabsteinen steht sie. Rechts das Pfarrhaus, hinter der Kirche das Gut. Die älteren Grabsteine sind in zwei Reihen unter einem schützenden Dach auf dem Friedhof aufgestellt. Innen: Das doppelstöckige Patronatsgestühl mit den vielen Namen, die man kennt. Von Alten, Reden, Bennisen (!). Rechts im Altarraum das hinreißende Epitaph der Anna von Alten, in einer eigenartigen Mischung von Frau und Mädchen ist sie dargestellt. Ist es die intensive Beschäftigung mit dem Thema »Wasser«, dass mich der farbig gefasste Taufstein des hannoverschen Bildhauers Tönnies Blome von 1643 so besonders anspricht? Die Taufe Christi ist dargestellt. Riesig Gottvater über dem Täufer und Christus mit segnend erhobenen Armen. Das Wort aus Johannes 3 gehört dazu: »Es sei denn, dass jemand geboren werde aus Wasser und Geist …«. Eine neue Variante meines Themas: Die Wiedergeburt des Menschen aus dem Wasser der Taufe. Draußen an der Kirchenwand ein Meisterwerk des Jeremias Sutel, der 1631 in Hannover ermordet worden ist. Das Epitaph des Pastors Haller mit der Auferstehung Christi. Ein Engel wuchtet geradezu die Grabplatte weg, der andere hält die Siegesfahne des Auferstandenen. Unten das markante Gesicht des Pastors mit seiner tief verschleierten Frau. Pastor Haller ist allerdings erst 1636, nach dem Tod Sutels verstorben. Der unterschiedliche Schriftzug seines Todesdatums weist aber darauf hin, dass der Grabstein wohl schon zur Beerdigung seiner Frau im Jahre 1622 gefertigt wurde. Das Bild des Pastors ist also nach dem

Leben gemeißelt, geradezu ein Porträt ist dieser Stein. Auch ein anderes, viel späteres Sterbedatum ist in der Gemeinde Wilkenburg noch sehr lebendig. Am 12. Juni 1988 hat sich eine große Gemeinde eingefunden, um die beiden bisherigen Pastoren zu verabschieden und den neuen zu begrüßen. Nach dem Gottesdienst feiert man an langen Tischen auf dem Platz neben der Kirche weiter. Da zerbricht plötzlich, ohne jede Vorwarnung, ausgerechnet der in der Mitte stehende Stamm des Christusdorns, die mächtige Baumkrone erschlägt eine Frau und verletzt acht weitere Gemeindeglieder. Die ausbrechende Panik und das Entsetzen ist mir noch nach 20 Jahren immer wieder lebhaft beschrieben worden.

Die Kirchenfahrt geht über in eine Kapellenfahrt. Das ist ein wirklich auffälliges Phänomen: In den Nachbarorten um Wilkenburg herum gibt es vier Kapellen, von denen drei aus der gleichen Zeit stammen. Und die alle vier ein fast identisches Aussehen haben und wohl auch eine vergleichbare Funktion ausübten. Da ist jeweils ein rechteckiger Bau ohne die halbrunde Apsis vorne. Innen ein einheitlich großer Raum, in den später Emporen eingebaut sind. Aber überall ist deutlich zu sehen, dass die Ursprungsgestalt der Kapellen je eine Zwischendecke hatte. Doppelstöckige Kapellen also sind es gewesen. Doch wozu diente der obere Raum? Sind die Kapellen Sakral- oder Wehrbauten, sind sie Zufluchtskirchen gewesen? Ulfrid Müller hat in dem schönen Band von Anke Sawahn über den Ort Arnum den nachdenkenswertesten Artikel über diese Kapellen geschrieben. Die Diskussion ist in vollem Gange.

Meine Rundreise beginnt in der Kapelle von Harkenbleck. Dem Förderverein Kapelle Harkenbleck e.V. gehört diese Kapelle, für 30000 DM hat die Gemeinde Hemmingen 1983 die Kapelle dem Patron, der Familie von Reden, abgekauft und dem Förderverein übergeben. Die Kapelle wurde in den Folgejahren erst einmal grundlegend saniert und präsentiert sich heute in einem hervorragenden Zustand. Im Schaukasten sind die Namen und Telefonnummern der Mitglieder des Fördervereins angezeigt, die für Öffnung und Führung zur Verfügung stehen, und es klappt hervorragend. Auf die Minute ist zur verabredeten Zeit Ingrid H. zur Stelle, das

Licht in der Kapelle brennt schon. Über dem Eingang ist, in gotischen Minuskeln, das Baujahr der Kapelle eingemeißelt: 1412. Die Reste des Auflagers für die Zwischendecke sind in gut drei Metern Höhe erkennbar; das Obergeschoss muss mit 2,50 Metern sehr niedrig gewesen sein. Ein Altar mit einem davorgesetzten Kruzifix vorne an der Querwand: Welche Stadt in dem Jerusalem-Gemälde abgebildet ist, beschäftigt uns einen Augenblick. In einem späteren Ziegelanbau befindet sich der – jetzt versperrte – Zugang zur Gruft mit den Särgen der früheren Patronatsfamilie. Evangelische und katholische Gottesdienste finden in der Kapelle statt, auch Kulturveranstaltungen verschiedener Art. Ein Zukunftsmodell könnte die Situation in Harkenbleck sein. Vergnügt fahre ich weiter.

Die Kapelle im alten Dorf Hemmingen ist größer. Das frühere Obergeschoss aber muss mit 2,10 Metern schon den Eindruck einer großen Enge hervorgerufen haben. Der spätgotische Altar hat ein ähnliches Jerusalembild wie das in Harkenbleck; der Harkenblecker Maler hat sich vielleicht das Hemminger Bild zum Vorbild genommen. Auch sonst sind die Ähnlichkeiten groß. Gleiche Erbauungszeit des Grundbaus, gleiche Ausbauzeit des Dachstuhls im frühen 17. Jahrhundert. Insgesamt aber wirkt die Hemminger Kapelle wuchtiger als die in Harkenbleck. Für Trauungen und Taufen ist sie sehr beliebt, höre ich. Vor dem Eingang ist jetzt der rätselhafte, sehr alte »Ritterkreuzstein« aufgestellt. »Kreuzstein« gefällt mir besser; die Ritzzeichnung der Vorderseite erinnert mich kaum an einen Speer oder Dolch, eher an die Umrisse der am Kreuz hängenden Person. – Nur ein paar Schritte sind es von der Kapelle bis zum »Kulturzentrum Bauhof«, in dem – auch hier durch einen Förderkreis gestützt – ein umfangreiches und weit ausstrahlendes Kulturprogramm stattfindet.

Danach geht es nach Devese und Arnum hinüber. Die Deveser Kapelle muss ich eine Weile suchen, in einer Nebenstraße finde ich sie. Ein Fachwerkbau auf einem Steinsockel, geradezu elegant sieht die Kapelle aus. Um 1600, also später als die anderen, soll sie entstanden sein. Auch in Arnum fahre ich an der Kapelle, obwohl sie an der Hauptstraße liegt, zunächst vorbei. Ein Stück von der Straße zurückgesetzt ist sie, als wollte sie sich vornehm verbergen. Innen eine Renaissanceempore, aber auch hier ist die frühere flache Balkendecke an den Konsolsteinen noch zu erkennen. Später eingebrochene Fenster und Türen machen heute die früher sicher sehr dunkle Kapelle hell. Auch hier hat sich ein Förderverein gegründet, der sich intensiv um die Kapelle und ihr Programm bemüht.

Aber was waren die vier Kapellen nun eigentlich? Dass sie vor allem Sakralbauten waren, in denen Gottesdienste, Trauungen, Taufen, Trauerfeiern abgehalten wurden, ist unbestritten. Aber wofür waren die oberen Räume da? Als »Wehrkirchen« werden die Kapellen im Volksmund oft bezeichnet, in Arnum ist sie sogar im Schaukasten so benannt. Aber wer sollte sich in und mit ihnen »zur Wehr« setzen? Die kleinen Lichtschächte waren weder für Armbrüste noch für Feuerwaffen, auch nicht für Pechnasen oder andere Verteidigungsinstrumente geeignet. Nur die Türen und Tore verrammeln konnte man. Dass die Bevölkerung der Dörfer während der vielen kriegerischen Auseinandersetzungen und räuberischen Überfällen, die über die Menschen kamen, in den Kapellen Zuflucht suchte, steht außer Zweifel. Auch dass man in den oberen Räumen lebenswichtige Vorräte lagern konnte, liegt auf der Hand. Die Bezeichnung »Schutz- und Zufluchtsräume« (U. Müller) scheint also die allein geeignete zu sein. Aber könnte es nicht sein, und ist es nicht auch außerordentlich wahrscheinlich, dass – zumindest in Harkenbleck und Hemmingen – auch in den Zeiten der Hochwasserkatastrophen Menschen in den Kapellen Zuflucht suchten? Wenn alles unter Wasser stand, lagen allein die oberen Räume der Kapellen hoch genug, um einige Tage lang, bevor das Wasser wieder fiel, die Wasserfluten zu überstehen. Mehr als drei Meter hoch über dem Erdboden ist das Hochwasser auch in den schlimmsten Zeiten nie gewesen. So gehören dann wohl auch die Kapellen in der Leineaue in das Kapitel über das Wasser zentral mit hinein. Auch die Naturkatastrophen sind Teil der Menschheitskatastrophen, und die Kirchen und Kapellen sind noch heute dazu da, gerade auch in diesen Zeiten Menschen Beistand und Hilfe zu leisten.

*

Nun zum Abschluss doch noch einmal in die Weite der Landschaft hinein! Den zweiten Lieblingsweg auf unseren Spaziergängen will ich nicht verschweigen. Ein Weg in dem anderen Naturschutzgebiet dieser Gegend ist es, in der »Leineaue« zwischen Koldingen und Ruthe. Kurz vor Koldingen geht es, von Hannover aus gesehen, auf der B 443 links hinein. Ein Gebiet von Kiesseen ist diese Gegend. Aber ein Juwel ist sie, das die Hannoveraner anscheinend noch nicht entdeckt haben. »Rund um den großen Koldinger See« geht der Rundweg, der 3,7 km lang und vorzüglich ausgeschildert ist. Übersichtstafeln und ein Beobachtungsturm vermitteln alles Wissenswerte. Abenteuer der Natur noch und noch. Sogar einen Fischadler mit der weißen Unterseite, vor uns auf einem Baum sitzend, bekommen wir gleich bei unserem ersten Rundgang zu sehen. Die Menschen, denen wir begegnen, können wir zählen. Bei einer anderen Runde, am 1. März, ziehen die Kraniche in drei großen Formationen laut trompetend über uns hinweg. Dann ist der Frühling da. Anfang März ist der erste Storch zurückgekommen, nun wartet alles gespannt, was weiterhin geschieht, drei Paare könne die Leineaue verkraften, meint man. Das Grün kommt mit Macht, verwandelt Sträucher und Bäume. Die ganze Landschaft sieht auf einmal ganz anders aus. Und ich könnte dieses Kapitel gleich noch einmal und in vielen Teilen anders schreiben. Aber so ist das eben mit der Natur und den Jahreszeiten: Die Veränderung ist die Regel. Und das stimmt zumindest im Frühling optimistisch und hoffnungsfroh.

Stadt an den drei Bergen

Ronnenberg – Kalihalde Empelde – Benther Berg

»Kali und Salz, Gott erhalt's«, so lautete eine der industriellen Umdichtungen des alten Segensspruches »Brot und Salz, Gott erhalt's«. Ich muss gestehen, ich war drauf und dran, nach einer eindrucksvollen Besteigung der Kalihalde in Empelde das Kapitel über die Stadt Ronnenberg mit der Überschrift »Kali und Salz« zu versehen. Den Zorn der alteingesessenen Ronnenberger hätte ich mir mit Sicherheit zugezogen, die wieder einmal – durch die literarische Hintertür – die »Empeldisierung« Ronnenbergs vermutet hätten samt der Missachtung der ehrwürdigen Geschichte dieser Stadt. Ich hatte mir auch schon Verteidigungsstrategien ausgedacht, die auf die Erinnerung hinausliefen, dass doch auch Ronnenberg 70 Jahre lang vom Kaliabbau erheblich profitiert habe und die Zeugnisse der Industriegeschichte doch unübersehbar in der Stadt selbst zu finden seien. Aber dann dachte ich, dass es eigentlich ungerecht sei, die Freude zu vergessen, die mich jedes Mal erfasst, wenn ich von der B 65, an der Benther Abzweigung, links auf Ronnenberg zufahre und die St. Michaelis-Kirche dort oben so wunderbar auf dem Berge liegen sehe. Die Kirche wächst geradezu aus dem Ort heraus. Während ich die Kalihalde Empelde, an der ich soeben vorbeigefahren bin, von unten her eher als ein urweltliches Kuriosum empfinde. Und dann gibt es ja auch noch, unübersehbar, den Benther Berg. So ist am Ende die salomonische Überschrift von den »drei Bergen« entstanden. Ganz zufrieden werden doch nicht alle sein. Die Weetzener werden mir vorhalten, dass es völlig unverständlich sei, dass ich den Bettenser Berg an der B 217 anscheinend völlig übersehen habe, und einen fünften Berg wird es vielleicht auch in der Gegend noch irgendwo geben. Aber völlig recht kann man es nie allen machen, und so belasse ich es bei den dreien, um die ich mich besonders kümmere.

Ich will aber gestehen, dass ich sehr überrascht war, als ich zu einem Gespräch mit dem Bürgermeister der Stadt Ronnenberg nach Empelde, in die Hansastraße 38, eingeladen wurde. Den Bürgermeister hätte ich nun wirklich auf dem Kirchenhügel in Ronnenberg vermutet. Die Antwort auf meine Eingangsfrage hätte ich mir allerdings selbst geben können. Was macht man, wenn zwei Brüder (sprich: Ronnenberg und Empelde) sich das gemeinsame Erbe (sprich: Benther Salzstock) teilen sollen, ohne dass von vornherein klar ist, was wem gehört, und sie darüber zu feindlichen, zumindest zu heftig konkurrierenden Brüdern werden (sprich: Alkaliwerk Ronnenberg mit dem Schacht Albert und Kaliwerk Hansa Empelde mit den Schächten Hansa I–III). Dass die wechselseitige Abneigung der Industriewerke auch, zumindest zu Teilen, auf die Bevölkerung beider Orte überspringt, ist da nicht völlig zu vermeiden. Also: Wenn man das alles wieder zusammenführen will, dann legt man das Rathaus in die eine, die größere Hälfte der Stadt (Empelde) und benennt die Gesamtstadt nach der anderen, kleineren, aber geschichtlich bedeutenderen Hälfte (Ronnenberg). Und hofft auf die Zeit, die alles angeblich heilt. Aber man arbeitet auch dafür. So sitze ich im ehemaligen Verwaltungsgebäude des Kalibergs Empelde dem Bürgermeister der Stadt Ronnenberg, Wolfgang W., gegenüber. Ohne einen Blick in die Geschichte geht es natürlich nicht. Aus sieben ehemals selbstständigen Gemeinden besteht die Stadt Ronnenberg (Motto: »7 Richtige …!«), ein Landtagsabgeordneter aus Empelde, Ernst-Georg Hüper (»Egon«) spielt bei der Zusammenlegung der Gemeinden die entscheidende Rolle. Aber das ist dann eher Lokalhistorie. Die Rede von einem »Kunstgebilde« der Stadt Ronnenberg will Wolfgang W. nicht gelten lassen. Sicher werde es irgendwann eine »Großregion Hannover« geben, aber als Zwischenstufe sei die Städte- und Gemeindebildung logisch und konsequent. Auch die Kommunalisierung, die wesentliche Aufgaben – von der unteren Bauaufsicht über die Kindergärten bis zur kompletten Schulträgerschaft – von der Regionsebene heruntergebrochen hat, ist aus seiner Erfahrung sinnvoll. Das Verhältnis zum »Oberzentrum Hannover« sieht er ganz entspannt: »Wir profitieren alle davon. Gehen in die Oper, ins Theater, in den Zoo oder nach Herrenhausen.« Die Finanzprobleme sind ein eigenes Thema, darauf lasse ich mich nicht weiter ein.

Aber das Verhältnis zur jüdischen Vergangenheit der Stadt trifft auf ein gemeinsames Interesse. Ronnenberg sei die erste Stadt in der Region, die die sogenannten Stolpersteine zur Erinnerung an die ermordeten jüdischen Mitbürger verlegt hat, erzählt Wolfgang W. Und eine CD gibt er mir mit nach Hause, die es in sich hat. Ein Motto von Erich Fried steht über dem Datum des 9. Mai 2005, an dem die ersten Steine gesetzt wurden: »Wenn die Nacht keine Spuren hätte, woher käme der Tag?« Ronnenberg sucht jüdische Spuren, das wird offenbar mit Leidenschaft betrieben. Der Germanistikprofessor Fritz Cohn, der 1938 mit seiner Familie aus Ronnenberg vertrieben wurde, war aus den USA dabei und zog für sich einen Schlussstrich unter die Vergangenheit, als der »Stolperstein« für seine Großmutter in der Erde lag: »Ab heute bin ich wieder ein Ronnenberger.« 2009 will man ihn zum Ehrenbürger dieser Stadt ernennen.

Dann lädt mich Wolfgang W. einfach in sein Auto und fährt mit mir zwei Stunden durch »seine« Stadt. »Empelde ist früher eine klassische Bergbaustadt gewesen«, sagt er, »1973 kam die Stilllegung unserer Schächte, 1975 der Wassereinbruch in Ronnenberg, das war die totale Katastrophe.« Zu einem Wohn- und Schlafort für die Hannoveraner scheint Empelde inzwischen geworden zu sein. An dem »Wohnpark am See« fahren wir vorbei, wo früher eine »Zündhütchenfabrik« stand. Der Boden war verseucht, wie man erst spät entdeckte, die Aufregung war groß. Ich erinnere mich, dass meine Frau und ich uns 1979 dort auch einmal nach einer Wohnung umgeschaut haben. Jetzt ist anscheinend alles geklärt. Nur ein Grundstück liegt noch brach; das ist so verseucht, dass die Brache billiger ist, als es die Sanierung wäre. Eine Eckermannstraße gibt es in Empelde und ein Haus, in dem Johann Peter Eckermann, der – als Maler, Registrator an der Hannoverschen Kriegskanzlei und als Philologiestudent in Göttingen – um 1822/23 herum, der spätere Goethe-Intimus, in der Nähe seiner Braut Johanne Bertram wohnte. Das neue Baugebiet »Am Wischacker« zeigt der Bürgermeister mir, am Ärztezentrum fahren wir vorbei. Benthe sparen wir aus, weil ich mich da gut auskenne. Nach Ronnenberg fahren wir hinüber. Das große Gebäude, nach dem ich ihn am Anfang von Ronnenberg frage, führte früher den schrecklichen Titel

»Tierkörperbeseitigungsanstalt«. Das alte Vermarktungsgebäude der Ronnenberger Kaligesellschaft ist noch da, auch der alte Schachtdeckel, den man nicht betreten darf. Die Kalihalde ist klein geworden, 66 Meter war sie einmal hoch. Dann wurden zwei Drittel abgetragen, und dann ging das Geld aus. Zur Bio-Gas-Anlage fahren wir hinaus. In Kooperation mit den Hannoverschen Stadtwerken wird sie betrieben, 1:1 wird das Gas in die Netze eingespeist. Aber in Ronnenberg schaue ich mich später noch einmal um.

Nach Weetzen geht es weiter. Jetzt merke ich erst, dass das der Bettenser Berg ist, an dem ich früher – als die B 217 noch durch Weetzen führte – unzählige Male vorbeigefahren bin. Die Kapelle vom Diedegrund schauen wir uns von außen an. Sie wird mit Lesungen und Konzerten vom Denkmalsverein betrieben. Die Zuckerrübenfabrik ist schon lange weg, und mit den häufig wechselnden Firmen auf dem Gelände komme ich nun überhaupt nicht mehr klar.

Über die Ihme fahren wir nach Vörie hinein. In Linderte geht es an der Kapelle vorbei, überall auf den Dörfern diese kleinen, massiven, eindrucksvollen Bauten. Schwarze Wolken ziehen über dem Deister auf. »Am Deister regnet es sich häufig ab«, sagt Wolfgang W., »und wir haben das bessere Wetter«. Ihme-Roloven: Ursprünglich waren das zwei Dörfer, wo das eine aufhört und das andere anfängt, begreife ich nicht so schnell. Den »roten Platz« schauen wir uns an, der »im Grünen« liegt und in »Schwarzarbeit« erstellt ist. An einem Riesenblumenfeld zur Selbstversorgung, das täglich (inklusive sonntags) von 8.00 bis 21.00 Uhr offen ist, machen wir einen Stopp. Die beiden Männer versorgen sich mit Blumen für ihre Frauen, eine Schachtel Brombeeren für mich fällt auch dabei ab. Die Inhaberin kennt mich von der Marktkirche her; aber ich denke, sie wird alle anderen Kunden auch so nett bedienen. Am Ortsausgang in Richtung Weetzen liegt Gut Bettensen, die Münchhausens sind dort zu Hause, der Eingangsbereich ist schön. Auf die Kirschblütenallee werde ich noch hingewiesen, die zum Bettenser Berg hinaufführt – zur Kirschblüte soll sie zauberhaft sein. Dann sind wir wieder in Empelde, und der Bürgermeister schärft mir ein, doch ja den Besuch auf der Kalihalde nicht zu versäumen.

Es dauert dann doch noch ein halbes Jahr, ehe ich den Absprung dorthin finde. An den Mitarbeitern dort liegt es nicht, selten bin ich so freundlich aufgenommen und begleitet worden wie in Empelde. Als ich Anfang April endlich Peter S. anrufe und um einen Termin bitte, sagt er mir: »Setzen Sie sich ins Auto und kommen Sie her!« Die Natur ist um Wochen zurückgeblieben in diesem Jahr, das werde ich an diesem Tag noch merken. Der März war hart. Aber schon seit drei Tagen scheint die Sonne ununterbrochen vom Himmel. Ideale Umstände sind das für einen langen Gang im Freien und zum Aufstieg auf diesen kleinen Berg. In der Hansastraße in Empelde geht es am Rathaus vorbei, weiter geradeaus, bis ich links auf das Deponiegelände abbiege. In dem kleinen Holzbürohaus rechts begrüßen mich Peter S. und sein Chef. Sofort geht es los. Peter S. ist von Haus aus Uhrmachermeister. Er hat 1992 sein Geschäft zugemacht und – da er sehr an Geschichte interessiert ist – das Niedersächsische Museum für Kali- und Salzbergbau in Empelde schräg gegenüber vom Rathaus aufgebaut. Das ist freilich im Augenblick nur an den Sonntagen geöffnet. »Richtig Bergmann« hat er dann gelernt, einschließlich Prüfung und Arbeit unter Tage. Seit drei Jahren ist er hier, mit einem kleinen Arbeitsvertrag und großem Einsatz macht er den Außendienst. Aber wo bin ich hier eigentlich? Die geschichtliche Einführung, die er mir gibt, ist knapp und präzise, gelegentlich rufe ich ihn hinterher auch noch einmal an.

Voraussetzung des Kaliabbaus, um den es hier einmal ging, ist die Existenz des »Benther Salzstocks«. Der Benther Salzstock hat einen eng begrenzten Umfang – im Norden bei Davenstedt beginnend, in nordsüdlicher Richtung am Benther Berg vorbeiführend, den Hügel von Ronnenberg liegen lassend und kurz vor Weetzen endend. Im Norden beträgt seine Breite ein km, im Süden 2,5 km, die Länge erstreckt sich über acht km. Durch viele Tiefbohrungen sind die Grenzen des Salzstocks gut ermittelt. Vor 250 Millionen Jahren, in der »Zechsteinzeit« der Entwicklung unserer Erde, im Oberen Perm, soll sich der Salzstock gebildet haben. Der Benther Salzstock ist also fast doppelt so alt wie das Steinkohlegebiet des Deisters. Die Ausgangslage war die gleiche: Weite Teile Nord- und Mitteleuropas waren von Meerwasser überschwemmt. Das

Meerwasser verdunstete, die Salzkonzentration stieg an, Mengen von Steinsalzen lagerten sich ab, wertvolle Kalisalze fielen aus. So entstanden mächtige Salzlager, Staubwinde und Erde deckten die Lager zu, Gesteinsformationen überlagerten sie und verhinderten die Auflösung dieses Salzes. In einer Tiefe von 2000–4000 Metern lagern normalerweise solche Salze. In der Tertiärzeit kam die Erde wieder in Bewegung, Risse und Sprünge bildeten sich, Salz kam hier und da bis an die Oberfläche hoch. So ist, wie Peter S. mir berichtet und auch an Skizzen zeigt, der Benther Salzstock »steil aufgerichtet und stark gefaltet«. Das Salzlager kommt gelegentlich dicht an die Erdoberfläche heran, reicht dann auch wieder steil in die Tiefe. Der Hauptbestandteil von Salzlagern ist im Allgemeinen das Steinsalz, das auf vielfache Weise: unter Tage, durch Salinen, auch durch Verdunsten gewonnen wird. Die Besonderheit des Benther Salzstocks ist aber das starke Vorkommen des Kalisalzes, das aus einer Mischung verschiedener Salzmineralien mit einem hohen Anteil an Kaliumverbindungen besteht. Um Interesse an der schwierigen Erschließung und dem Abbau des Benther Salzstocks zu wecken, bedurfte es dann noch entscheidender Schritte in der Entwicklung der chemischen Forschung. Justus von Liebig (1803–1873) arbeitete als Professor der organischen Chemie in Gießen und München auch über den Stoffwechsel bei Pflanzen und Tieren und entdeckte die entscheidende Bedeutung der Kalisalze für die Intensivierung der Pflanzenproduktion und der Ernteerträge. Düngemittel wurden entwickelt, bei denen Kalisalze eine wichtige Rolle spielten. Der Begründer der »Agrikulturchemie« gab so den idealen Anschub für eine gelegentlich geradezu hektische Suche der Industrie nach Abbaumöglichkeiten für Kalisalze. Ab der Mitte des 19. Jahrhunderts werden so überall in Deutschland die Salzlager angebohrt auf der Suche nach Kalisalzen. Der Benther Bergstock wird an fünf verschiedenen Stellen und durch verschiedene Gesellschaften angegangen. In Benthe muss die Förderung schon nach zwei Jahren (1901) wegen Laugeneinbruchs eingestellt werden, in Weetzen läuft sie bis 1927, in Badenstedt bis 1965. Die längste und intensivste Förderung der Kalisalze erfolgt in Empelde und Ronnenberg. In Empelde kommt die Kaliproduktion 1973 zum Erliegen. In Ronnenberg führen 1975 starke Laugeneinbrüche in den Schacht zu Erdfällen und Oberflächensenkungen und erzwingen die Einstellung auch dieser Grube.

Einen eher technischen Zusammenhang muss mir Peter S. noch erschließen, um das, was ich mit meinen Augen sehe, in seiner Entstehung zu begreifen. Das im Kaliwerk Hansa geförderte Kalirohsalz konnte nur zu 17 Prozent verwertet werden. Über 80 Prozent des geförderten Rohsalzes waren also Rückstände, zu riesigen Bergen türmten sich die nicht verwertbaren Fördermengen auf. Zum Teil konnten die Rückstände zum Verfüllen der leergeförderten Grubenbaue benutzt werden. Das deckte aber nur 25 Prozent der Gesamtrückstände ab. Der Rest wurde auf Kalihalden verbracht, die immer größer und immer höher wurden. Unbegehbar ragten die neuen weißen Berge in den Himmel. Immer neue Erweiterungsgenehmigungen mussten eingeholt werden, die am Ende bis zu sechs Millionen Kubikmeter Haldenkapazität reichten. Was fängt man nun mit einer solchen Halde auf die Dauer an? Erheblich salzhaltig sind die Rückstände immer noch, und eine ungefilterte Salzberührung vernichtet jegliche Vegetation. Auslaugung durch Regen und Verwehung durch Wind stellen eine latente Bedrohung der ganzen Gegend dar. Nach der Stilllegung der Schächte Hansa I–III in Empelde kaufte

Die Kalihalde von Empelde

schließlich der Bauingenieur Herbert Nickel die ganze Halde. In Zusammenarbeit mit einem Forstprofessor der Universität Göttingen entwickelte seine Erd- und Bauschuttdeponie eine Methode der Renaturierung, die – wie Peter S. mehrfach versichert – »auf der Welt einzigartig« sei und sich außerordentlich bewährt habe. Die Auslaugung von Salzen aus dem Salzkörper der Halde und die Verwehung von Salzen werden dabei verhindert durch eine mehrfache Ummantelung. Grober Bauschutt, der von diversen Abbruchfirmen aus der ganzen Umgebung laufend herangefahren wird, kommt auf den Salzkörper in dicken Lagen. Der bleibt so locker liegen, wie er ist. Eine Schicht feinen Bauschutts, etwa Ziegelschutt, wird an den groben Bauschutt angeschlossen und verdichtet. Dieser Teil dient zugleich als Fahrweg. Ich sehe es vor mir: In Terrassen schlängelt sich der Weg um die Halde herum nach oben. Als nächster Schritt wird Bodenaushub von etwa 30 Metern an den Bau- und Ziegelschutt angeschlossen. Den Abschluss bildet eine 2 Meter dicke Schicht von gutem Boden, auf dem Bäume und Pflanzen wachsen können. Die Vegetation ist jetzt weit genug von der salzhaltigen Halde entfernt. Der Berg kann grünen. Etwa 50 000 Bäume und Sträucher hat die Firma von Herbert N. seit 1981 gepflanzt.

Wir gehen langsam in Serpentinen nach oben. Immer wieder überholen uns Lastwagen mit grobem oder feinerem Bauschutt und hüllen uns in Staubwolken ein. Die Firmen müssen für die Ablagerung des Bauschutts zahlen, davon bestreitet Herbert N. zu einem Teil die Kosten seiner Firma und seiner Aufbauarbeit, Zuschüsse erhält er nicht. Dicke Betonklötze sind unter dem groben Bauschutt, die man nur mit einem Autokran heben und bewegen kann. Allmählich sind wir, auf der Ostseite des Berges, so hoch gekommen, dass wir weit auf Hannover blicken können. Es ist etwas dunstig an diesem Sonnentag, leicht verschleiert liegen die Hochhäuser vom Mühlenberg bis zum Ihme-Zentrum, liegen Rathaus und Nord/LB vor unseren Augen. Interessant ist die Perspektive: Von dieser Seite her taucht die Marktkirche hinter dem Lindener Berg auf und ist entsprechend in ihrer Größe herabgestuft. Weiter geht es bergan. Überall können wir die verschiedenen Stufen des Ausbaus und der Ablagerung von Schutt und Erde sehen. Noch etwa 15 Jahre wird es dauern, meint

Peter S., bis die Arbeit an der Kalihalde vollendet ist und der ganze Berg vom Salzberg zu einem Waldberg geworden ist. Wir wechseln die Seiten, die Südseite scheint schon weitgehend fertig zu sein. Der Stolz von Herbert N. und Peter S. ist das »Tal«. Bis 1988 war das die alte Zufahrt auf die Deponie, nach der Verlegung der Auffahrt auf die Nordseite hätte das alles mit Bauschutt zugedeckt werden können. Herbert N. entschied sich für eine sorgfältige Ausgestaltung, eben für ein »Tal«. Der Abhang wurde mit Wegen und Bänken ausgestaltet, ein Teich fängt das anfallende Oberflächenwasser auf. Längst haben Tiere und Vögel jeder Art von dem Berg Besitz genommen. Äsungsgebiet für die Rehe ist das Tal, Freifläche für die Greifvögel, Standort verschiedener Pflanzen, Veranstaltungsort von Konzerten und Aufführungen jeder Art. Schnell kann eine kleine Bühne aufgebaut werden. Der Teich ist Wasserspeicher für Tiere sowie Heimat für Fische, Frösche und Kröten. Viele Libellenarten sind hier zu Hause. Und daneben – ich glaube meinen Augen nicht zu trauen – ist ein ganzer Weinberg angelegt. So richtig mit Steinterrassen wächst der Wein den Berg hinauf, die Südlage und die Höhe sind der richtige Ort dafür. Verschiedene Rebsorten hat man hier seit 1988 angepflanzt, seit 2004 wird der Ertrag von einer Weinkellerei in Alsheim gekeltert, 320 Flaschen soll die Ausbeute des letzten Jahres gewesen sein, die Kellerei bescheinigt dem Wein eine gute Qualität. Zu mehr als für den Eigenbedarf und für Präsente reicht das natürlich nicht. Aber ich staune, was man hier alles machen kann.

Ein noch nicht zu Ende geführtes Projekt wird mir anschließend vorgeführt. Für einen »Sonnentempel« ist der Grundstein gelegt, die Genehmigung der Behörden steht aber noch aus. Ein Gartenpavillon soll es werden mit einem goldenen Dach, das von innen her beleuchtet wird und in einer Pyramide einen Salzblock enthält, auf den man von oben schauen kann. Nicht von ungefähr kommen wir auf den Vandalismus zu sprechen, unter dem die Anlagen immer wieder einmal zu leiden haben. Der Berg ist nicht öffentlich zugänglich, die Verkehrssicherheitspflicht könnte in keiner Weise eingehalten werden. Aber »Tage des offenen Berges« und ausgedehnte Gruppenführungen gibt es reichlich, sogar kostenlos sind sie und werden als Werksführungen eingestuft. Am »Bussestein« vorbei, dem Gedenkstein für den 1842 von Wilderern erschossenen Königlichen Hofjäger Wilhelm Busse, der früher im Empelder Holz stand, geht es hinauf auf den Gipfel. Dort stehen wir unter der Gipfelfahne mit den Werkssymbolen, 130 Meter über dem Nullpunkt sind wir jetzt, und nicht nur Hannover, auch das ganze Calenberger Land liegt zu unseren Füßen. Einen solchen Überblick über das ganze Gebiet von Nord nach Süd und Ost nach West habe ich noch nicht gehabt. Im Süden soll bei guter Sicht, über den Ith, den Süllberg und die Hildesheimer Berge hinweg an klaren Tagen der Brocken zu sehen sein. Mir genügt der Blick über das Land, über das ich im Augenblick schreibe. Die richtige Mischung von Nähe und Distanz hat man von dieser Stelle aus, ich genieße es rundherum und kann mich so schnell auch gar nicht von diesem Anblick lösen.

Dann geht es langsam, an der Westseite zunächst, wieder hinunter. Von unten hört man von der B 65 her die Autos, die Bäume und Sträucher sind noch unbelaubt und schirmen keine Geräusche ab. Peter S. gerät wieder einmal ins Schwärmen. »Wenn das alles belaubt ist, die Eichen, die Erlen und die Linden, der Bergahorn vor allem dann im Herbst, die Sonnenblumen und der Klatschmohn blühen, das ist einfach zauberhaft. Ich gehe oft abends mit meiner Frau hierher, wir sitzen und genießen den Sonnenuntergang.« Von oben her haben wir einen guten Blick auf die Recyclinganlage, auf der aus den Baurückständen die gute Erde wieder herausgefiltert und als Gartenhumus verkauft wird. Über das Unglück von 1975 im Kaliwerk Ronnenberg möchte ich noch etwas wissen. Peter S. erzählt mir den Hergang in aller Kürze. Ronnenberg hatte schon immer in seiner gesamten Betriebsperiode mit Laugenzuflüssen zu tun, die anzeigen, dass das Salzgebirge durch fließendes Grundwasser langsam oder schneller abgelaugt wird. Schon seit 1974 war eine Verstärkung der Laugenzuflüsse festgestellt worden, im Juni und Juli 1975 nahm der Zufluss katastrophale Formen an, die Pumpkapazitäten waren völlig überfordert, auch Entlastungsbohrungen halfen nichts mehr. Eine rapide Absenkung des Grundwasserspiegels war die Folge, die Erde senkte sich an verschiedenen Stellen. Vor allem in Ronnenberg, Benthe und Badenstedt trat eine Vielzahl von Erdfällen und Senkungen auf, auch Empelde war betroffen. Eine Reihe von Ortsteilen und Straßen war wochenlang abgesperrt. 62 Häuser mussten wegen Einsturzgefahr geräumt werden, einige Häuser und Industriegebäude wurden später abgerissen. Glücklicherweise gab es keine Personenschäden. Die Arbeit musste auch in Ronnenberg eingestellt werden. Neue Erdfälle und Senkungen sind seitdem nicht mehr aufgetreten. Aber die Zeit des Kaliabbaus am Benther Salzstock war damit endgültig zu Ende, und die Zeit der Nacharbeit und der Folgenbeseitigung konnte beginnen. Inzwischen sind wir unten angekommen. Ich bezeuge Herbert N. meinen Respekt für die bisher geleistete, gut durchdachte und konsequent durchgeführte Arbeit. »Meiner Frau müsste ich das unbedingt einmal zeigen«, sage ich. »Dann nehmen Sie sie doch einfach einmal im Sommer an der Hand«, meint Peter S., »rufen an und wir gehen zu viert mit einer Flasche Wein hinauf und genießen oben die Schönheit eines Sommerabends«. Eine gute Idee sei das, denke und sage ich. Man muss doch auch einen Vorteil davon haben, wenn man an einem Buch wie diesem schreibt.

*

Der Ort Ronnenberg ist eine andere Welt. Eine Weile muss ich, wie so oft, wenn ich von dieser Seite komme, vor den Eisenbahnschranken des Bahnhofs warten. Trotzdem bin ich, wie schon oft, viel zu früh da. Laufe noch ein wenig in der Stadt herum. In der Buchhandlung mit dem fröhlichen Namen »Der Buchfink« kaufe ich einen kleinen Führer für eine Fahrradtour in der Region von Ronnenberg. In einem imposanten Haus von 1869 ist das Heimatmuseum untergebracht, hat aber nur am Sonntagnachmittag auf. Doch schon zieht es mich auf den wunderbaren Kirchenhügel. In gebührendem Abstand stehen die Häuser um die Michaeliskirche herum. Dieses alte Ensemble von Pfarrhaus, Organistenhaus, Grundschule – schön ist das einfach. Ich laufe einmal um die Kirche herum. Das Epitaph des untersetzten Ritters in Rüstung mit Stiernacken hat es mir angetan. *Spes mea est Christus*, »meine Hoffnung ist Christus«, steht da auf dem Grabstein. Ich staune wieder einmal über die Präzision dieser Angaben eines Lebensalters: »Anno 1591 den 22. Oktober mittags um 1 Uhr ist der ehr- und achtbare Erich …« Die von Gott zugemessene Lebenszeit ist genau beachtet und gewürdigt worden!

Hermann de B. ist schon fünf Jahre Superintendent an diesem Ort und in diesem Kirchenkreis. In Ronnenberg habe man das Gefühl, sagt er, im Kerngebiet des Calenberger Landes zu sein. Es ist etwas Verbindendes da, aber es fällt dann doch wieder vieles auseinander. Die Identität der Orte wiegt schwerer als das, was sie zusammenhalten will. Man ist Weetzener, Ronnenberger, Empelder. Hat sich in den einzelnen Orten, soweit es die noch nicht gab, eigene Wappen zugelegt. So wie es früher beim Adel war. Ob man das eine Demokratisierung nennen kann, darüber kann man streiten. Ronnenberg, das früher ein reines Bauerndorf war, hat durch den Kaliabbau ein anderes Gesicht bekommen. Der Zuzug kam vor allem aus den alten Bergbauregionen, etwa aus Schlesien. Die Neubürger brachten ihre alten Traditionen in die ehemals protestantische Gegend mit, wie das katholische Barbarafest. 1975 war alles vorbei, eine große Katastrophe für die Arbeiter. Seitdem hat der Zuzug aus Hannover zugenommen, das Bauland war hier billiger. Auch die Russlanddeutschen kamen.

Die Michaeliskirche in Ronnenberg

Wir wollen gemeinsam zu dem kleinen jüdischen Friedhof hinter dem Rentamt, der kirchlichen Finanzverwaltung, auf dem Kirchenhügel gehen. Aber die Schwüle des Tages mit weit über 30 Grad entlädt sich gerade mit Sturm, Gewitter und Regen. So warten wir ab, und laufen dann schnell noch in die Kirche hinüber. Was er besonders liebt, frage ich den Kollegen. Das Mittelstück des Altars! Das ist ein Anknüpfungspunkt für die Ökumene, sagt er. Maria als Himmelskönigin, genauso groß wie Christus. Sie sitzen auf derselben Bank, fast wie ein Paar, nicht wie Mutter und Sohn. Die Katholiken sagen: Hier fühlen wir uns zu Hause. Links neben dem Altar das Epitaph des Superintendenten Wichmann Schulrabe. 1609 hat es, zu seinen Lebzeiten, der damalige Kollege aufstellen lassen, wie die lateinische Umschrift anzeigt. Völlig ungeniert bezeichnet er sich darauf selbst als »Hirten der Schafe Christi und als treuen Superintendenten, rechtmäßig vorgesetzt dieser und den benachbarten Ortschaften«. Das Selbstbewusstsein der lutherischen Amtsträger jener Zeit war offenbar nicht von den leisesten Zweifeln angegriffen! Das Epitaph eines anderen Superintendenten mit dem Namen Kotzebue steht oben auf der Empore. Ob er einer der Vorfahren des zeitweise sehr bekannten Dichters war? Übrigens hat der Sohn Kotzebues Ronnenberg in Brand gesteckt: »Pastors Kind und Müllers Vieh …«. Von der Empore aus kann man auch sehr schön sehen, wie stark Conrad Wilhelm Hase bei der Renovierung der Michaeliskirche 1876/77 das Mittelschiff der Kirche hochgezogen hat. Sodass man gerade von der Empore aus die Ausmalung Hermann Schapers aus dieser Zeit gut studieren kann. Die vier Medaillons mit den Evangelistensymbolen, in der Mitte Christus groß auf dem Regenbogen mit Maria und Johannes, darunter das Lamm. Lange stehen wir beide vor dem berühmten romanischen Eingangsportal der Kirche. Wahrscheinlich ist es das Tor in die Bonifatiuskapelle des 11. Jahrhunderts gewesen. Die Lebensbäume zu beiden Seiten kann man auch als Schlangen sehen, meint Hermann de B. Das Böse dringt ein in das Paradies. Der Kampf zwischen Gut und Böse ist doch auch ein wichtiges Element der germanischen Zeit gewesen. Am Lebensbaum die Vögel. Die Tiere unten wie auch die Tiere über dem Türsturz sind nur schwer zu entziffern. Ist das ein Drache, ein Hund, ein Löwe? Auf dem Tier sitzt seltsamerweise ein Vogel.

War das ursprünglich eine vorchristliche Darstellung, die später mit dem Lamm und dem Kreuz christianisiert worden ist? Eine großartige Skulptur voller Geheimnisse ist das Bonifatiusportal und unterstreicht noch einmal die Bedeutung, die die Michaeliskirche und der Ort Ronnenberg für die calenberger und niedersächsische Geschichte hat. An einem anderen Tag hole ich den Besuch des jüdischen Friedhofs nach. Klein ist der Friedhof, klein war auch die jüdische Gemeinde in Ronnenberg. Nur zehn Grabsteine sind es heute noch. Den Gedenkstein für Line Cohn schaue ich mir ganz besonders an. Auch wenn das alles nur ein winziger Flecken Erde ist: Eine ganze Epoche, die die ersten zwölf Jahre meines Lebens umfasst, zieht mit jedem jüdischen Grabstein an meinem inneren Auge vorbei. Das wird so bleiben, so lange ich bin und so lange ich mich erinnern kann.

*

Schließlich der dritte Berg. Der Benther Berg ist ein Stück Heimat für meine Frau und mich. Wenn wir uns einmal richtig auslaufen wollen, dann fahren wir zum Benther Berg. Rollen auf dem schrecklichen Kopfsteinpflaster am Hotel »Benther Berg« vorbei, stellen das Auto auf dem Parkplatz vor den ungepflegten Resten einer Waldgaststätte ab, die sicherlich einmal ein großer Anziehungspunkt für die Hannoveraner war. Ich mag nicht raten, wie oft wir den Benther Berg umrundet haben. Anderthalb bis zwei Stunden haben wir gebraucht, je nach Verfassung und Lust und Laune. Manchmal haben wir auch die Wege abgekürzt und sind quer über den Berg gegangen. Als ein letzter Vorposten des Mittelgebirges markiere der Benther Berg mit einigen anderen Hügeln der Umgebung mit seinen 173 Metern den Übergang vom Niedersächsischen Bergland in die Norddeutsche Tiefebene, heißt es. Also ein Nachzügler der südlicheren Berge ist er, und ein Nachzügler auch in der Entstehungszeit des Benther Salzstocks, der die Buntsandsteindecke mit seinen Erdbewegungen in die Höhe drückte. Auch den Naturlehrpfad kann man natürlich nutzen, um seine biologischen Kenntnisse aufzufrischen. Aber danach steht uns an solchen Tagen zumeist nicht der Sinn. Die 180-jährigen Buchen schon nach wenigen hundert Metern sind natürlich nicht zu übersehen, sie lassen vor Alter doch schon sehr die Äste hängen. Aber sonst schauen wir mehr in die Luft und in die Weite als auf den Boden und auf die Pflanzen. Selbst in die Waldgaststätte bei Northen sind wir noch nie eingekehrt. Wer sich mehr als wir für die Botanik interessiert, wird in dem Buch dreier Fachfrauen: *Hannovers Natur entdecken, erleben, verstehen* für die Wanderungen am Benther Berg umfassende Natur-Erläuterungen finden.

Es ist eigenartig, wie spät wir – trotz unserer häufigen Besuche, auch bei Freunden – in Benthe die »Sieben-Trappen-Steine« entdeckt haben. Sie liegen zwar relativ dicht an der B 65 (früher sollen sie direkt an dieser Straße ihren Platz gehabt haben), aber doch etwas abseits, an der Straße, die an der alten Holländerkappenwindmühle ihren Weg zur Bundesstraße nimmt. Dabei sind die »Sieben Trappen« ein derart denkwürdiger Ort, dass man ihn nie wieder vergisst, wenn man ihn einmal gesehen hat. Die Steine mit den Kreuzen sind unter einer großen Linde in einem Halbkreis aufgestellt. Kreuze in jeder Form, kein Stein gleicht dem anderen. Ein »Weihekreuz« entdecke ich, ein »Gamma-Kreuz« mit den doppelten Kreuzesarmen, ein »Tolosaner Kreuz« mit den verdickten Kreuzesenden. Verschiedene Legenden ranken sich um die »Sieben-Trappen-Steine«. Die schönste ist die alte Sage von dem Bauern, der schwor, seinem Knecht den Lohn bezahlt zu haben – wenn dies nicht wahr sei, solle er in der Erde versinken. Als er davonging, sank er jeden Schritt tiefer ein und beim siebenten Schritt versank er völlig in der Erde. Deshalb heißen die Kreuzsteine wohl auch die »Sieben Trappen«, obwohl es acht Steine sind, die in der Runde stehen. Und »Trappen« sind natürlich die Fußstapfen, von denen diese Legende erzählt. Aber auch, dass die Kreuzsteine ein Hinweis auf ein »Gogericht« seien, das im Freien unter einer Linde in Benthe von Zeit zu Zeit Recht und Urteil sprach, gehört wahrscheinlich in das Reich der Legenden. Es hat einen Go Pattensen, einen Go Gehrden, aber offenbar nie einen Go Benthe gegeben. Ein Gerichts- und Verwaltungsbereich war solch ein »Go« (Gau) seit dem Ende des 12. Jahrhunderts, als die Grafen allmählich ihren starken Einfluss auf diese Gegenden verloren. Lange hat die Einrichtung der Gogerichte allerdings keinen Bestand gehabt. Doch die Steine mit dem Kreuz haben wahrscheinlich einen anderen Hintergrund. Sühnezeichen seien die Kreuzsteine, sagen viele Historiker. Dort, wo jemand erschlagen worden war, wurde ein Stein mit einem Kreuz aufgestellt. Von verschiedenen Orten hat man irgendwann dann wohl die Steine hier zusammengeholt und in einen Kreis gestellt. Das vergrößert noch einmal ihr Geheimnis, geht mir durch den Sinn. Welch ein tiefsinniger Gedanke, der die Geschichte von Kain und Abel (1. Mose 4) zum Hintergrund hat: »Das Blut deines Bruders schreit zu mir von der Erde«, sagt Gott. Das musste gesühnt werden, das durfte man nicht auf sich beruhen lassen. So kostbar und einmalig war der einzelne Mensch und sein Blut. Das Kreuz aber auf dem Stein verwies auf den, der für die Sünden der Menschen am Kreuz gesühnt hat. Welche Geschichten werden sich also tatsächlich hinter diesen acht Steinen verbergen?! Ihr Geheimnis ist groß.

Liberalität und Enthusiasmus

Hiddestorf – Lüdersen – Bennigsen – Steinkrug

Das Galerie-Café »Webstuhl«, rechts zwischen Devese und Ohlendorf im Bürgerholz, muss man den Hannoveranern nicht extra empfehlen. Sie fahren sowieso dahin. Schön sitzt man bei gutem Wetter vorn oder hinten im Garten. Der selbstgebackene Kuchen ist (meist) auch nicht zu verachten. Schon vom Waldrand aus sieht man den spitzen Kirchturm von Hiddestorf. Die Straße in dem dichtbesiedelten Ort ist kurvenreich, links geht es in die Schulstraße hinein zur Kirche. Eine einschiffige romanische Kirche mit schweren Bruchsteinen und einer erstaunlich eleganten Apsis steht dort unter Bäumen. Das hohe Alter sieht man ihr sofort von außen an, die Vermutungen datieren auf das 12. Jahrhundert. Einige wenige alte Grabsteine als Rest des früheren Friedhofs rund um die Kirche kann man einzeln studieren. Der Stein des Pastors David Christof Heimann von 1761 mahnt ohne Rücksicht mit Totenkopf und Stundenglas: » Heute an mier – morgen an dier«. Der Kirchenraum innen ist schlicht, mit Rankenbemalung im Turm und einer Taufe von 1650. Eine leicht unangenehme Erinnerung überfällt mich in dieser Kirche, auch sie hängt an der Gebrechlichkeit des Lebens. Mein Stolz, noch in hohem Alter ohne Brille zu amtieren, erhielt einen argen Dämpfer: Ich hatte die Dunkelheit mancher Dorfkirchen unterschätzt, konnte mein eigenes Manuskript nicht mehr entziffern. Selten wird man einen so unsicheren ehemaligen Stadtsuperintendenten auf der Kanzel erlebt haben wie an diesem Ort.

Lüdersen, den kleinen Ort auf dem Wolfsberg, mag ich besonders. Ich weiß gar nicht recht, warum. Ich habe mich auch gar nicht intensiv mit dem Dorf beschäftigt. Carl-Hans Hauptmeyer hat in seinem Buch *Calenberg* Lüdersen zum Ausgangspunkt einer vor allem sozialgeschichtlichen Analyse des Calenberger Landes genommen. Das ist spannend zu lesen. Aber meine Sympathie für den Ort hängt wahrscheinlich einzig an der kleinen Kirche aus dem 12. und 13. Jahrhundert und ihrer beherrschenden Lage am Südosthang des Berges, auf dem das ganze Dorf liegt. Ich muss auch nicht in die Kirche hineingehen, die sowieso meist geschlossen ist. Ich gehe um die Kirche herum, blicke weit ins Land. Schaue auf die Gräber des Friedhofs. Gleich am Eingang ist der Grabstein mit der schönen Inschrift: »Der Glaube tröstet, wo die Liebe weint«.

In Bennigsen habe ich mich mit der Vorsitzenden des Kirchenvorstandes verabredet, der Pastor ist im Urlaub. Ilse K. wollte, nachdem die Kinder aus dem Hause waren, nicht wieder in den alten Beruf zurück, hat sich zur Lektorin und Prädikantin ausbilden lassen, hält häufig Gottesdienst. Sie gibt mir erste Hinweise. Am interessantesten sind für mich die unterschiedlichen Bezugspunkte der Dörfer. Die Gestorfer seien nach Hildesheim orientiert, die Völkser nach Springe. Die Bennigser kämen nie auf die Idee, woanders als nach Hannover zum Einkaufen zu fahren. Die gute Verbindung dorthin mag eine Rolle spielen. Aber schon früher sei man mit dem Pferdefuhrwerk nach Hannover gefahren. Sie selbst sei zur Realschule nach Springe gegangen, anschließend völlig selbstverständlich zum Gymnasium nach Hannover. Womit das alles zusammenhängen mag? Ob die Jahre, in denen der Oberpräsident von Hannover aus Bennigsen kam, noch eine späte Wirkung zeigen? Der neue Dorfteil über der Bahn, sagt Ilse K., der in den 1960er- und 70er-Jahren gebaut worden ist, sei weithin mit Leuten aus Hannover besiedelt. Mir fällt ein, dass die Patentochter meiner Frau, Maja V., die mit ihrem Mann in Herrenhausen wohnt, ihre Zahnarztpraxis ebenfalls in Bennigsen in der Nähe des Bahnhofs hat. Die Wege von hier nach dort sind manchmal kürzer als innerhalb einer Großstadt. Immerhin hat Bennigsen mit fast 5000 Einwohnern schon eine beträchtliche Größe. Über den Süllberg nebenan mit seinen 198 Metern reden wir dann noch und über die Reste der Wallanlagen auf dem Bennigser Berg. Dann schließt sie mir die Kirche auf und lässt mich allein.

Die gegenwärtige Kirche ist noch nicht alt. 1906/07 ist sie erbaut. Der Vorgängerbau ist bei einem Gewitter abgebrannt. Eine dramatische Geschichte ist das, und der damalige Pastor, Adolf Wilhelm Ferdinand Langelotz, hat den Brand der Kirche eingehend beschrieben. Es ist der 1. Juli 1905, ein Sonnabend. Ein heißer, geradezu schwüler Tag. Gegen 21.30 Uhr setzt ein Wetterleuchten ein, aber das Gewitter scheint fern zu sein. Um 23.00 Uhr kommt heftiger Regen dazu, das Gewitter scheint seine Kraft verloren zu haben, auch im Pfarrhaus geht man zu Bett. Sturm kommt auf, es gießt weiter in Strömen. Da kommt, etwa um 1.30 Uhr am Sonntagmorgen, »ein furchtbar schmetternder, zischender Blitz vom Himmel, der sogleich das Gefühl erweckte: Das hat eingeschlagen!« Das Licht geht sofort aus, Schwefelgeruch ist in der Luft. Nach kurzer Zeit Lärm auf der Straße: »Der Turm brennt!« Der Pastor läuft mit einem Kirchenvorsteher zur Kirche. Die Eingangstür liegt zu nahe am brennenden Turm, ein Feuerwehrmann sprengt mit einer Axt die Tür zur Gutsprieche auf, lässt sich mit einem Strick auf den Boden der Kirche hinunter und fängt an, die Kirche auszuräumen. Als nach 15 Minuten die Feuerwehr aus Bennigsen eintrifft, ist vom Turm nichts mehr zu retten. Das Feuer hat längst auf das Schiff der Kirche übergegriffen. »Es war ein besonders wehmütiger Anblick, als der Schreiber dieses Berichts die Kanzel brennen sah.« Gegen 5.30 Uhr sind Turm und Kirchenschiff bis auf die Umfassungsmauern niedergebrannt. Die Kirche war gerade vor einem Jahr neu versichert worden, das kam immerhin dem schnellen Wiederaufbau zugute.

Ich bin gespannt auf die architektonische Gestalt der Kirche, die von dem Hase-Schüler Eduard Wendebourg stammt. Ich habe 18 Jahre lang mit meiner Familie im ehemaligen Pfarrhaus der Schlosskirchengemeinde in Hannover an der Waterloostraße gelebt, das Eduard Wendebourg gebaut hatte: ein gut proportionierter, geradezu eleganter Villenbau. Ich kenne auch die Lister Matthäuskirche in Hannover, die Wendebourg als sein gelungenstes Werk bezeichnet hat, und das kompakte, seitlich an den Turm angebaute Kirchenschiff der Bothfelder Kirche in der Sutelstraße, das er entworfen hat. Bei den Kirchen liebte Wendebourg anscheinend manchmal die asymmetrischen Formen. Die kompakte Gestaltung hat Wendebourg mit Turm und Kirchenschiff in Bennigsen noch gesteigert, die Kirche sollte sich behaupten an diesem Ort, das ist zu spüren. Die Kreuzesform ist nur leicht angedeutet. Über dem Eingang an der Nordseite der St. Martinskirche befindet sich ein uraltes Tympanon, verblasst sind die Konturen, elf miteinander verbundene Köpfe überspannen das Kreuz des Heilands. Sind das die »elf Getreuen« am Kreuz, die sich biblisch freilich nicht verifizieren lassen? Oder ist eine Deutung in dem Bogenfeld verborgen, die wir nicht mehr kennen? Im Innern der Kirche dominiert der Jugendstil. Rankenwerk noch und noch. Allein deshalb lohnt sich der Kauf des Kirchenführers von St. Martin Bennigsen, der hinten auf drei Seiten die »Flora und Fauna in der Bennigser Kirche« in ihrer symbolischen Bedeutung sorgfältig entschlüsselt. Die Glasfenster der hannoverschen Firma Henning & Andres dominieren. Links das Weihnachtsfenster. Joseph hält die Lampe hoch, genügend Lokalkolorit ist mit der Calenberger Scheune und dem Kirchenbau von Bennigsen in die Geburtsszene Christi hineingebracht. Hat Eduard Wendebourg, als Hirte mit Käppi ganz rechts, sich nun selbst in die Geburtsgeschichte hineingesetzt oder hat ihn die Glasfirma dort hineinpostiert? Der Altar ist eindrucksvoll durch ein gutes Gemälde der »Beweinung Christi« nach van Dyck (*Durch seine Wunden sind wir geheilt*). Über dem Altar das Glasgemälde des Wiederkommenden: »Christus auf dem Regenbogen« mit blasenden Gerichtsengeln – die Zuckerfabrik von Bennigsen hat drei Köpfe beigesteuert. Zuckerrüben auch auf dem Tier- und Pflanzenmuster der gemalten Tapete, so ländlich ist das alles. An der Patronatsprieche das Wappen derer von Bennigsen: Auf blauem Grund ein Gegenstand, den ich zunächst für einen Schlüssel halte, der aber eine Armbrust ist. Auf der Prieche der barocke Prunksarg des Jacob Frantz von Bennigsen mit einer kleinen Figur des Corpus Christi obenauf, vom Beginn des 18. Jahrhunderts. Fünf Ledersessel und zwei Lederbänke stehen daneben. Ich setze mich für einen Augenblick zum Nachdenken dort hinein. Wer mag normalerweise darin sitzen?

Ich gehe zum Gut hinüber. Ich habe es schon gemerkt: Dorf und Gutsherrschaft scheinen es nicht immer leicht miteinander zu haben. Auf verschiedenen Kontinenten scheint man jeweils zu leben. Der Pastor steht dazwischen. Ich bekomme mit, dass Pastor Harald L. zu Gerüchten Stellung nehmen muss, die die Trauerfeier für den langjährigen Patron der St. Martinskirche, Walther von Bennigsen, im April 2008 betreffen. Der Pastor tut es couragiert und klar. Man muss sich offenbar im Dorf erzählt haben, die Trauerfeier für den verstorbenen Altpatron habe nur vor geladenen Gästen stattgefunden. Pastor L. macht deutlich, dass auf Wunsch bei jeder Trauerfeier Bankreihen für Angehörige und Freunde der Familie reserviert werden. Das bedeute aber nicht die Ausladung der anderen, die Anzeige in der Presse sei klar als Einladung zum Gottesdienst formuliert gewesen. »Hier etwas missverstehen zu wollen, mutet schon seltsam an.« »Dass unsere Kirche offen ist für alle«, müsse man nach 14 Jahren seiner Arbeit in der Gemeinde eigentlich begriffen haben. Im Übrigen bliebe ihm mit Blick auf den Gedenkgottesdienst »die traurige Feststellung, dass viel zu wenige Menschen dem Verstorbenen die letzte wohlverdiente Ehre erwiesen haben«. Die »Pflege von Animositäten« sei beim Tod eines Menschen nun wirklich völlig fehl am Platze. – Dabei höre ich, dass Walther von Bennigsen im Dorf durchaus anerkannt und wohlgelitten gewesen sei. Man habe aber in den letzten Jahren vom Gut her Äußerungen gehört, die man nicht so schnell vergessen habe.

Ich lege das alles für eine Weile beiseite und versuche mich zu erinnern, wodurch das Gut Bennigsen in mein Bewusstsein getreten und seitdem nicht mehr daraus verschwunden ist. Da ist der Name eines großen, bedeutenden Mannes: Rudolf von Bennigsen. Ich lese später zu Hause wieder einmal in seinen Reden und in seinen Briefen und bleibe beeindruckt von der geistigen Kraft dieser politischen Existenz. Rudolf von Bennigsen, am 10. Juli 1824 in Lüneburg geboren, ist zunächst Landschaftsdirektor, wird 1856 Führer der Nationalliberalen Partei in Hannover und 1857 in die »Zweite Kammer« des hannoverschen Parlaments berufen. Schnell reicht sein Ruf weit über Hannover hinaus, 1859 übernimmt er den Vorsitz des Deutschen Nationalvereins und wird damit ein leidenschaftlicher Kämpfer für die deutsche Einheit und für die »kleindeutsche Lösung«, also für den Zusammenschluss der deutschen Staaten unter der Führung Preußens. König Georg V., dem es in seiner Anlehnung an Österreich im

Grunde um den Erhalt der Selbstständigkeit Hannovers ging, hat es nie verwunden, dass einer der stärksten Kritiker seiner Politik aus dem eigenen Land und aus dem eigenen Adel kam. Als Preußen 1866 Hannover annektiert, gilt Rudolf von Bennigsen gerade bei seinen Standesgenossen als Verräter. Am 30. Januar 1867 schreibt er an seinen Schwager: »In Bennigsen leben die Verwandten diesen Winter im ganzen sehr still. Vati ist auch ab und zu unwohl, obwohl sein Befinden uns gerade keine Besorgnisse einflößt. Der Verkehr mit der Nachbarschaft, welcher ein sehr lebhafter war, hat seit vorigen Sommer ganz aufgehört wegen der so abweichenden politischen Ansichten und der sehr leidenschaftlichen Erbitterung, welche fast alle Mitglieder der hannoverschen Ritterschaften noch immer beseelt. Mir wird in diesen Kreisen nächst Bismarck die größte Schuld an dem Untergang Hannovers beigemessen.« Wenn diese Feindschaft sich primär aus »legitimistischen Gesinnungen«, d. h. aus dem Wunsch nach Erhalt der Standes- und Familieninteressen speise – die er freilich eher beim preußischen als beim hannoverschen König gesichert sah –, dann könne er das sogar verstehen: »Das kann ich auch als politischer Gegner anerkennen.« Wenn das keine Großherzigkeit und Liberalität der Gesinnung ist! – 1869 muss Rudolf von Bennigsen nach dem Tod des Vaters das Gut in Bennigsen übernehmen und hat es bis zu seinem Tod 1902 in sicherer Hand gehabt.

Da spielt sich aber dann schon ein erheblicher Teil seines Lebens in Berlin ab. Seit 1867 gehört er dem Reichstag und dem Preußischen Abgeordnetenhaus an, ist von 1873–1879 auch dessen Präsident. Als Führer der Nationalliberalen unterstützt er zunächst die Politik Otto von Bismarcks. »Klug ist er, aber schwerlich ohne Falsch wie die Tauben«, sagt Bennigsen über Bismarck. Als Bismarck jedoch nach dem Attentat eines Anarchisten auf Kaiser Wilhelm I. dem Reichstag 1878 die »Sozialistengesetze« vorlegt, die alle Organisationen verbieten wollen, »welche durch sozialdemokratische, sozialistische und kommunistische Bestrebungen die Untergrabung der bestehenden Staats- und Gesellschaftsordnung bezwecken«, gehören zwei Hannoveraner zu den eindrucksvollsten Rednern gegen diesen Gesetzentwurf. Der Osnabrücker Ludwig Windthorst, Führer der Zentrumspartei, und Rudolf von Bennigsen aus Bennigsen bei Hannover sind auf ganzer Linie dagegen. Bennigsen sieht durch ein solches Gesetz die Beziehungen von Regierten und Regierung in der Tiefe gestört und verweist auf die Ermordung des Schriftstellers Kotzebue durch den Studenten Sand und die Folgerungen, die man damals daraus gezogen hat. So äußert er: »Die Karlsbader Beschlüsse und das politische Regiment, welches sich auf sie gestützt hat, haben wie nichts anderes dazu beigetragen, den Gegensatz zwischen Regierung und Regierten in Deutschland hervorzurufen und das Verhältnis derselben zu vergiften.« Es sei keineswegs die Zeit gekommen, die bürgerlichen Freiheitsrechte einzuschränken. Die Anarchie werde durch solche Gesetze nicht eingedämmt, sondern nur gefördert. »Dann wird man sagen: Wenn die besitzenden Klassen zu solchen Mitteln greifen, die Hunderttausende von Mitbürgern außer dem Gesetz erklären, dann brauchen wir die Gesetze auch nicht zu respektieren.« Die Gesetzesvorlage Bismarcks fiel im Reichstag mit 214 gegen 57 Stimmen durch. Zwei Monate später geschah ein zweites Attentat auf den Kaiser, Wilhelm I. wurde verletzt, Bismarck löste den Reichstag auf, die Neuwahlen stärkten die Konservativen auf Kosten der Nationalliberalen. Nun machte man den Bock zum Gärtner: In der Kommission für eine Neufassung des Sozialistengesetzes führte Rudolf von Bennigsen den Vorsitz. Die Änderungen, die die Kommission einbrachte, waren nur geringfügig. Bei der Abstimmung im Reichstag wurde der Entwurf des Sozialistengesetzes mit 221 gegen 149 Stimmen angenommen, die Nationalliberalen stimmten dafür, die Linksliberalen dagegen. In der Folgezeit wurde die Spaltung der Liberalen immer stärker Rudolf von Bennigsen zur Last gelegt. 1883 legte er sein Reichstagsmandat nieder und zog sich ganz nach Bennigsen zurück. Von dort aus konnte er sehen, dass als Folge des Sozialistengesetzes vieles von dem eintrat, was er in seiner ersten Rede vorausgeahnt hatte. 1888 ernannte ihn der Kaiser zum Oberpräsidenten von Hannover, 1897 ging Rudolf von Bennigsen in Pension, am 7. August 1902 ist er auf Gut Bennigsen gestorben. – Auch er war also keine reine Lichtgestalt. Ein Mann mit klaren Standpunkten, mit politischer Leidenschaft, aber auch mit Irrtümern, an denen er zu tragen hatte. Gerade darin aber ist er eine Person, die nicht vergessen werden wird und den Namen eines Ortes im Calenberger Land mit der politischen Geschichte Deutschlands bleibend verbindet. Das bekannte Gemälde von Franz von Lenbach zeigt ihn schon als älteren Mann mit hoher Stirn und etwas schütterem Bart. Mit einem Blick, der mehr nach innen als nach außen geht und dem nachzusinnen scheint, was einem Mann des 19. Jahrhunderts auf der politischen Bühne Deutschlands alles widerfahren kann.

*

Ich habe mir einen guten Anzug angezogen und – trotz der Wärme – eine Krawatte umgebunden. Ich mache immerhin einen Honoratiorenbesuch in einem alten Schloss, das in seinem Grundstock sicher aus dem Mittelalter, in seinem Fachwerkobergeschoss aus dem 16. Jahrhundert stammt und insgesamt Zeuge einer ehrwürdigen Familiengeschichte ist. Die Sekretärin hat mich in das Wohnzimmer geführt. Ich schaue mich um. Fotografien des Hausherrn mit Rostropowitsch, mit Menuhin, Bilder einer jungen Frau auf Tisch und Kommode. Ein Gemälde eines Gartens an der Wand, das mir später als Blick in den Garten seines schweizer Großvaters erklärt werden wird. Dann folgt die Überraschung. Durch die Tür huscht geradezu ein jugendlich wirkender Mann, leichtfüßig, barfüßig, mit gelbem Polohemd und in Shorts. Er komme gerade aus dem Garten, ist die kurze Entschuldigung des Roderick von B., und schon sind wir mitten im Gespräch. Alle Feierlichkeit ist wie weggeblasen. Wir kennen einander schon flüchtig, an zwei Abenden hat er in der Marktkirche die sechs Solosuiten Bachs für Cello gespielt, Mitte der 80er-Jahre muss das gewesen sein, ich habe die Abende in guter Erinnerung. Aber ich muss es mir erst wieder bewusst machen: Ich bin zu Besuch bei einem Künstler, nicht bei einem steifen oder gar patriarchalisch-würdevollen Gutsherrn. Ein Mann, der wahrscheinlich mit seinem Großvater mütterlicherseits: John Knittel, dessen Romane *Via Mala* oder *El Hakim* ich als Jugendlicher geradezu verschlungen habe, mehr Ähnlichkeit hat als mit seinem Vater. Er leide an dem Zerfall der Selbstverständlichkeit der europäischen Kultur, sagt Roderick von B. Die zwanghafte Nivellierungsentwicklung greife rapide um sich. »Das Unbekannte wird nicht mehr aufgenommen, das Fremde abgestoßen.« Das Publikum für Konzerte lasse nach, er habe immer volle Häuser gehabt, diesmal zum ersten Male nicht. Aber ich spüre, er lässt sich nicht herunterziehen. »Mich packt ein kleiner Enthusiasmus«, sagt er auf einmal mitten im Gespräch, und ich habe den Eindruck, dass es schon ein großer Enthusiasmus ist. »Ich arbeite an dem Gedanken einer neuzeitlichen Renaissance«, sagt er. Ich verstehe nicht sofort, was er damit meint. Den Zerfall der Humanität aufhalten, die Kreativität des Menschen fördern, die nationalen Grenzen überspringen, Musik als die grenzenlose Sprache der Seele und der Welt begreifen, das kommt langsam deutlicher aus unserem Gespräch heraus. Und wie um das zu bekräftigen, springt er auf und führt mir auf dem Fernseher den Anfang der 1. Symphonie von Johannes Brahms vor, die er mit dem Russian Philharmonic Orchestra aus Moskau im Juni 2008 beim XIII. Musikfestival auf Rittergut Bennigsen dirigiert hat. Dirigiert wieder mit und singt dazu.

Dann gehen wir hinaus auf den Gutshof, Roderick von B. weiterhin barfuß, etwas vorsichtiger, aber nicht wegen der spitzen Steine, sondern wegen der Wespen, mit denen er offenbar schlechte Erfahrungen gemacht hat. Das Tor zur Konzert-Scheune schließt er auf, ein riesiger Saal mit Bühne und Holzverschalung (wegen der Akustik) liegt vor uns. Die Stuhlreihen sind abgedeckt, mindestens 650 Personen haben Platz. Ich vermute, Roderick von B. glaubt es nicht, dass ich es nie geschafft habe, bei einem der 13 Musikfestivals, die er bis 2008 auf dem Rittergut Bennigsen veranstaltete, wenigstens einmal dabei gewesen zu sein. Und wen hat er nicht alles nach Bennigsen geholt! Das Royal Philharmonic Orchestra London ist sein »Hausorchester«. Das Orchester der Mailänder Scala, das Korea String Orchestra, die Sinfonia Varsovic, die »12 Cellisten« und die »Solisten« der Berliner Philharmoniker. Einzelpersonen, Solisten wie Dirigenten, sollen da gar nicht aufgezählt werden. Ob man in der Breite der musikliebenden Öffentlichkeit der Umgebung wirklich wahrgenommen hat, was sich auf dem Rittergut Bennigsen ereignet hat? Was uns betrifft: Die Frage stellen, heißt die Frage verneinen. Ein Musikenthusiast, der oft nicht nach rechts und links schaut, ist da am Werk. »Ich habe die Kontakte nach Hannover vernachlässigt«, sagt er selbstkritisch. Er ist oft in London oder auf Reisen, da hat er anderes im Sinn. Ob es zu spät ist, das alles zu entdecken? Auch um Verbindungen neu aufzunehmen? Gar sie zu pflegen? Wir machen Pläne.

Auf einmal sind wir bei Glaubensfragen. »Man kann nicht Bach spielen und nicht gläubig sein«, sagt Roderick von B. Aber Luther mag er nicht. Der ist ihm zu plump und zu direkt. Erasmus ist ihm näher. Und Carl Jakob Burchardt, den er schon im Kindesalter gekannt hat, ist einer seiner geistigen Väter. »Aber ich lasse mich nicht bestimmen. Ich habe gelernt, mich weder durch Umstände noch durch Situationen leiten oder bestimmen zu lassen.« Wir gehen durch den Park, der vor den Konzerten und während der Pausen für die Besucher offen ist. Erstaunlicherweise kennt Roderick von B. auch hier jeden Baum, weist mich auf diesen oder jenen besonders hin. Die mexikanische Pyramideneiche soll ich nicht übersehen, zwei davon gäbe es im Park. Aber auch hier bevölkert seine Fantasie die Szene mit den Erinnerungen seiner Festivals. »Da oben auf dem ›Eiskeller‹, da hat das St. Petersburger Kirov Ballett getanzt.« Auch die erotischen Tänze des brasilianischen Balletts sind unvergessen. Wir gehen auf ein Gebäude zu, das Rodericks Vater das »Neue Schloss« genannt hat und das er selbst schlicht als »Villa« bezeichnet. Georg Ludwig Friedrich Laves hat das Haus als zweigeschossigen Putzbau mit Mittelrisalit 1863 noch entworfen und begonnen, aber nicht mehr selbst vollenden können. Walther von B. hat bis zu seinem Tode dort gewohnt. Im Augenblick wird die Villa renoviert. Im Park kommt uns auf einmal seine Frau entgegen. Jeanne Christée ist Geigerin, demnächst bricht sie zu einer Konzertreise nach Ungarn auf. Da ich selbst in jungen Jahren (recht mühsam) das Geigenspiel erlernt habe, verstehen wir uns auf Anhieb und sind sofort in lebhaftem Gespräch. Mich interessieren besonders die zeitgenössischen Komponisten, die ein Violinkonzert für sie geschrieben haben. Leider schaffe ich es dann doch nicht, zu einem Konzert nach Bad Münder zu kommen, auf dem sie ein ihr gewidmetes Violinkonzert eines russischen Komponisten, dessen Namen ich vergessen habe, spielt.

Dann stehen wir auf dem kleinen Familienfriedhof am Rande des Parks. Flache, schräge Grabsteine, darunter das Grab von Rudolf von Bennigsen und seiner Frau Anna. Einen Monat vor ihm ist sie gestorben. Auf seinem Grabstein, das dann doch noch durch einen großen Stein mit Kreuz hervorgehoben ist, steht 1. Korinther 15, 10 in einer eigenwilligen Übersetzung. Hat er sie selbst gewählt? Es heißt nicht, wie bei Luther: »Aber durch Gottes Gnade bin ich, w a s ich bin«. Auf Rudolf von Bennigsens Grabstein steht: »Aber von Gottes Gnade bin ich, d a s s ich bin«. Nicht die Leistung, die ganze Existenz des Menschen ist Gott gedankt. Ich schlage zu Hause noch einmal im griechischen Urtext nach. Luthers Übersetzung ist näher an dem, was Paulus meinte. Dass Gottes Gnade nicht vergeblich an ihm gewesen sei, dass er mehr gearbeitet habe als alle anderen, sagt Paulus schon im nächsten Satz. Aber die Version des Rudolf von Bennigsen ist eigenwillig, ist umfassend und ist schön. Sie passt zu dem Mann, der aus dem Rampenlicht der politischen Öffentlichkeit dann wieder auch zurücktreten konnte in die Stille eines Ortes im Calenberger Land und in die Einsamkeit eines Parks, in dem er nun ruht. Die Eigenwilligkeit derer von Bennigsen hat sich offensichtlich erhalten. Roderick von B. nimmt mich anschließend noch einmal mit ins Gutshaus und zeigt mir die oberen Räume. »Erinnere dich der Vorfahren, und eine Welt geht dir auf«, steht über einer Tür. Roderick von B. hat auch dazu seinen eigenen Kommentar: »Erinnere dich der Vorfahren, und eine Welt wird dir auf- oder untergehen.«

Monate später lese ich in den Zeitungen von dem Einbruch in das Gutshaus. Schmuck, Gemälde und die kostbare Stradivari der Geigerin stehen auf der Liste der Verluste. Ich habe das Ehepaar von B. danach noch nicht wieder sprechen können. Ein halbes Jahr später scheint noch absolut nichts geklärt. Und ein Sommerfestival 2009 wird es in Bennigsen wohl auch nicht geben.

*

Wenn man meint, einen Ort zu kennen, muss man besonders vorsichtig sein. Steinkrug war für uns das Gasthaus (mit wechselnden Namen), das damals noch direkt an der B 217 lag und in das wir gelegentlich eingekehrt sind. Dass es in Steinkrug eine Glashütte geben sollte, davon hatte ich noch nicht einmal in Andeutungen gehört. Aber jetzt hatte ich davon gelesen und mache mich auf die Suche nach den Überresten. In Steinkrug fahre ich von der B 217 ab, fahre am Lokal vorbei und parke ein Stück weiter hoch an einem Abhang. Der Weg hinauf führt vor einen Betrieb, »Krumsiek« steht dort angeschrieben, in die Mauer sind Grabsteine eingelassen. Die Jahreszahl 1868 lese ich und Teile aus Psalm 90: »Und wenn es köstlich gewesen ist, dann ist es Mühe und Arbeit gewesen«. Welch eine Bilanz eines Lebens! Ich frage einen Mann, der nebenan wohnt, ob noch etwas von der alten Glashütte zu sehen sei. »Doch«, sagt er, »der alte Turm ist noch da. Gehen Sie 100 Meter weiter hoch, er ist nicht zu übersehen. Er ist vor ein paar Jahren auch restauriert. Sonst ist nichts mehr zu sehen, in den Gebäuden nebenan waren die Maschinen.« Vor etwa 50 Jahren, meint er, habe die Glashüttentradition aufgehört. Die Firma solle es im Bückeburgischen noch geben. Ich weiß es genauer, habe mich zu Hause präpariert. 1809 hatten die Freiherren Knigge die Glashütte errichtet. Kohle kam aus dem Bergwerk nebenan, Hohlglas wurde angefertigt. Um 1839 entstand aus Sandstein der »Englische Turm«, ein etwa 20 Meter hoher Rauchgaskegel, der einen Glasofen enthielt. 1859 übernahm Kommerzienrat Heye aus Obernkirchen die Steinkruger Fabrik, und dann ging es richtig los.

© AxelHH

Alte Glashütte in Steinkrug, der sogenannte Englische Turm

»Säure-Ballons mit eingeschliffenem Stöpsel« für die chemische Industrie wurden hergestellt. Sogenannte »Demijohns« mit bis zu 50 und mehr Litern Inhalt. Etwa 50 Hüttenarbeiter arbeiteten im Betrieb, die auch nahe der Fabrik wohnten. Das Gemenge aus Mergel, Sand, Sulfat und Soda, aus dem das Glas bestand, musste bis auf 1400 oder 1800 Grad erhitzt werden, von 13 Uhr nachmittags bis 4 Uhr morgens dauerte das Anheizen. War die erforderliche Temperatur erreicht, gingen Lehrlinge durch das Dorf: »Upstahn, anfangen!« Die Glasbläser gingen mit ihren 1,50 Meter langen Pfeifen an die Arbeit. Neben den Ballons wurde auch Flaschen hergestellt: 1,5 Millionen betrug die Menge der Produktion. Der Bau der Bahn und des Bahnhofs in Bennigsen erleichterte enorm den Weitertransport der hergestellten Waren. 1928 wurde die Arbeit in der Glashütte Steinkrug aus Rentabilitätsgründen eingestellt.

So weiß ich davon genug. Aber mir fehlt die Anschauung. Ich gehe den Weg hoch, auf den mich der Mann gewiesen hat. Und da, in der Tat, er ist noch vorhanden, dieser wunderbare Glashüttenturm. Ein riesiger Bau, nach oben zulaufend. Mehrere große Höhlen hat die Wand. Auch oben an der Spitze ist ein großes Loch, da traten sicherlich die heißen Dämpfe aus. Eine große ebene Fläche innen. Ich laufe mehrmals um den »Englischen Turm« herum, beschaue ihn von allen Seiten, aus der Nähe, aus der Ferne. Suche eine Tafel, einen Hinweis, eine Erklärung irgendeiner Art. Es ist nichts zu finden. Einfach so für sich, ohne Hinweis auf seine frühere Bestimmung, steht dieser eindrucksvolle Turm im Wald. Ich habe gelesen, dass dieser konische Turm eines der bemerkenswertesten und erhaltenswertesten Industriedenkmäler Niedersachsens sei und dass es außer dem Glashüttenturm von Steinkrug nur

Die Glashütte von innen

noch ein einziges solches Industriedenkmal in Gernheim an der Weser gäbe. Davon scheint man hier nichts zu wissen. Ein wenig mehr Enthusiasmus für die Erhaltung der wenigen Zeugen der Industriegeschichte des Calenberger Landes wünsche ich mir dringend! Von den Bemühungen, an diesem Ort ein »Industriemuseum« zu errichten, von denen ich lese, höre und sehe ich vor Ort nichts. Verärgert gebe ich es auf, auf die Suche nach den Resten der alten Burg Bennigsen zu gehen, die nicht weit von hier entfernt sein sollen. Ich habe einen bemerkenswerten Zeugen der Vergangenheit in Steinkrug gefunden, und ich bin erschüttert darüber, wie wenig man daraus macht.

Am Anfang war das Feuer

Pattensen und Eldagsen

Eine hintergründige Geschichte hat uns die griechische Mythologie erzählt. Prometheus, einer der Nachkommen der Titanen, habe aus der Welt der Götter das Feuer entwendet und es gegen den Willen des Zeus zu den Menschen gebracht. Zur Strafe wurde er an einen Felsen geschmiedet, wo ihm ein Adler die ständig nachwachsende Leber zerhackte. Erst Herakles, der Sohn des Zeus und der Alkmene, der zur Entsühnung des Mordes an seinen eigenen Kindern die zwölf Herkulesaufgaben zu bewältigen hatte, befreite Prometheus von dieser Qual. Lange könnte man über diese Geschichte räsonnieren. Sie hält Grunderfahrungen des Menschen mit dem Feuer fest. Dass das Feuer etwas Besonderes, dass es »göttlich« ist, schlägt sich in dieser Erzählung nieder. Wer es besitzt, hat einen Vorteil vor den anderen. Erst seit die Menschen gelernt hatten, nicht nur das Feuer zu erzeugen, sondern es auch zu bewahren und kontrolliert einzusetzen, ergaben sich geradezu sprunghafte Veränderungen in ihrer technischen und sozialen Kompetenz. Das Feuer schützte vor den Raubtieren. Es wärmte in der Kälte, ließ neue, unwirtliche Siedlungsräume erschließen. Es diente zur Erzeugung und Bearbeitung der Handwerkzeuge. Das Feuer bildete den Mittelpunkt der Gruppe und förderte das Entstehen sozialer Lebensformen. Wer das Feuer besaß, hatte die Herrschaft über die Erde angetreten.

Auf der anderen Seite: Das Feuer ist Gefahr in Hochpotenz. Man kann vermuten, dass in der Prometheus-Geschichte – neben dem Neid und der Selbstsucht der Götter – auch dieses steckt: Die griechischen Götter haben dem Menschen die Beherrschung des Feuers nicht zugetraut. Im Feuer steckt eine geradezu ungeheure zerstörerische Kraft. Die Fantasie des Menschen reicht anscheinend nicht aus, in dem schönen, anheimelnden Licht einer kleinen Kerze die Möglichkeit einer

Feuerwalze zu erkennen, die nicht nur ganze Häuser, sondern die ganze Orte und Landschaften vernichtet. Das Feuer, einmal freigesetzt und losgelassen, ist kaum zu bändigen. Wie den Regen tragen es die Winde überall hin. Als Vernichtungskraft wird das Feuer auch gezielt eingesetzt. Das Niederbrennen einer eingenommenen Stadt wird zur sichersten Weise einer großflächigen Zerstörung. »Brandstiftung« wird zu einem eigenen kriminellen Tatbestand. Manche der großen Menschheitskatastrophen wie die Seuchen haben ihren Charakter und ihr Gesicht im Laufe der Zeit verändert. Die Brandkatastrophen sind dagegen bis heute nahezu gleich geblieben. Noch immer wüten zeitweise die Waldbrände und die Buschbrände in Australien, Amerika und in anderen Ländern. Mit meterhohen Flammenwänden und in rasender Geschwindigkeit vernichten sie alles, was ihnen in den Weg kommt. »Es war die Hölle«, dieser Satz kehrt immer wieder. Es ist kein Zufall, dass in der menschlichen Vorstellung von der Hölle in ihr ein nie ausgehendes, ein verzehrendes und vernichtendes Feuer brennt.

In den Orten und Städten sind durch das weitgehende Verschwinden der leicht brennbaren Baumaterialien, auch durch die sorgsamen Brandschutzvorkehrungen und die Arbeit der Feuerwehren die großen Brandkatastrophen selten geworden. Aber in der abendländischen Geschichte der Dörfer und Städte hat sich der Himmel immer wieder rot gefärbt: »Es brennt, es brennt«. Dies gerade auch dort, wo Menschen in großer Dichte zusammenlebten. Woher die Redewendung vom »Roten Hahn« auf den Dächern kommt, habe ich nicht herausfinden können. Jedenfalls ist hier aus dem Vogel, der auch auf den Kirchtürmen den neuen Tag ankündigt, noch ehe er zu sehen ist, der Warner vor dem Unheil geworden, das kaum noch aufzuhalten ist. Die Feuerwände, die nach den Bombenangriffen des Zweiten Weltkrieges durch die Städte rasten und alles vernichteten, haben diesem Kapitel dann noch eine neue, schreckliche Variante hinzugefügt. Die Bezeichnung »Brandbomben« rückt sogar zwei Vernichtungspotenziale in ein Wort zusammen.

*

Im Calenberger Land gibt es zwei Orte, die sich nach meiner Einschätzung von den Traumata der Stadtbrände nie mehr ganz erholt haben: Pattensen und Eldagsen. Dabei kehrt häufig ein und dasselbe Schema wieder: Ein kleiner Anlass hat eine ungeheure Wirkung. Einer dieser Brände ist mir bei meinen Fahrten so lebendig vor Augen getreten, dass ich ihn hier zu schildern versuche. Es ist der 23. September 1733 vormittags zwischen 11.00 und 12.00 Uhr. Viele Einwohner der Stadt, Pattensen ist noch immer ein Bauernort, sind auf den Feldern. Das Vieh ist auf der Weide (so sind die Einbußen an Vieh durch diesen Brand gering). Dicht am Marktplatz, auf einem Grundstück, das heute in der Marktstraße die Nr. 1 trägt, hat der Schmied Amelung sein Haus und seine Werkstatt. Die Schwester des Schmiedes hat an der Esse, dem Rauchfang über dem Herd der Schmiede, Flachs zum Trocknen aufgehängt. Sie hat offenbar die Funkenwirkung des offenen Feuers nicht bedacht. Das Flachsbündel fängt Feuer. Blitzschnell greifen die Flammen auf das Strohdach des Hauses über. Es weht ein starker Wind, er kommt aus wechselnden Richtungen. Mit einer ungeahnten Geschwindigkeit – »so schnell wie eine Pistolenkugel« sagen Leute, die Ähnliches erlebt haben – breitet sich das Feuer nach allen Seiten aus. Innerhalb einer halben Stunde steht die ganze Kleinstadt in Flammen. Feuer regnet vom Himmel, es ist kein Durchkommen mehr. Als der Blumenauer Oberamtmann Voigt gegen 12.00 Uhr in Pattensen eintrifft, versucht er zusammen mit dem Amtmann von Koldingen, über den Marktplatz zur Kirche durchzustoßen. Sie müssen umkehren: »Weil die Glut in den niederliegenden Häusern am Kirchhofe noch zu stark war« und »weil der Wirbelwind den Rauch so stark auf uns trieb, dass wir bald erstickt wären«. In den engen Straßen und den dicht beieinander stehenden Häusern haben die Feuerwände Menschen oft geradezu eingekesselt.

Das Feuer scheint die Stadt weithin unvorbereitet und ungerüstet getroffen zu haben. Dabei hätte man aus eigener Erfahrung wissen können, was ein Brand der Stadt bedeutet und wie schnell er sich ereignen kann. Von dem großen Brand bei einem Rachefeldzug der Kommunen des sächsischen Städtebundes gegen den Braunschweiger Herzog im Jahr 1466 wissen wir nur den Tatbestand. Auch der Dreißigjährige Krieg hat verschiedene Brände in der Stadt gesehen, Krieg und Brandschatzung gingen immer Hand in Hand. Die anderen Brände aber sind durch Leichtsinn und Unaufmerksamkeit entstanden. 1556 wird die Hälfte der Stadt eingeäschert, 1596 folgt der nächste große Brand. Am 1. Februar 1655 wird wieder einmal fast die ganze Stadt vernichtet, schon damals war »Flachs auf dem Backofen gedörret« die Ursache der Feuersbrunst. Ich kenne keine andere Stadt, die so häufig und in so großen Ausmaßen durch die Jahrhunderte hindurch von Brandkatastrophen heimgesucht worden ist. Man hatte auch Gegenmaßnahmen zu treffen versucht. 1655 hatte man das Institut der »Feuerherren« eingerichtet, die die Feuerstellen regelmäßig überwachen sollten. Dennoch scheint der Flächenbrand von 1733 die Stadt Pattensen nahezu im Schlafe erwischt zu haben.

Mit kleinen Spritzen und mit Wassereimern versucht man, das Feuer zu bekämpfen. Erst nach zwei Stunden fällt es jemandem ein, dass im Spritzenhaus noch eine große Spritze steht, die fast mit verbrannt wäre. Bürgermeister von Soden scheint völlig in Panik geraten zu sein. Statt die Rettungsarbeiten zu koordinieren, handelt er nach der Devise »Rette sich, wer kann«. Er wird später angeklagt, er sei so »sehr consterniret worden«, dass er »bloßerdings mit Außbringung derer meublen aus seinem quartier beschäftiget, und davon nicht das geringste übrig gelaßen, sogar seine Vogel-Bauer selbst herausgeschleppt, und darnach gesehen, wo seine Sachen geblieben, ohne vom Anfang an sich im geringsten umb die Stadt und umbs Rath Hauß zu bekümmern.« So ähnlich stelle ich mir das ausgelöste Chaos und die Panik vor, die Umberto Eco in seinem Roman *Der Name der Rose* beim Brand der Abtei an den Hängen des Apennin beschreibt: »Küche und Refektorium waren nur noch ein einziges Knäuel verlorener Seelen, die in planloser Hast durcheinander liefen, sich gegenseitig behindernd, stoßend, zu Boden werfend. Dieser wimmelnde Haufe einfacher Bauernsöhne und frommer, gebildeter, aber höchst unbeholfener Männer versperrte sich selbst, da von niemandem angeleitet, auch noch die wenigen Rettungswege, die er hätte beschreiten können.« – Zwei Tage dauern die Löscharbeiten beim Brand von Pattensen. Wenn etwas gerettet werden konnte, dann war das der großen Spritze und der Feuerwehr aus Hannover zu verdanken.

Das Fazit des großen Brandes von 1733: 126 Wohnhäuser und 144 Nebengebäude einschließlich Scheunen wurden niedergebrannt. Darunter das Rathaus mit dem Ratskeller, das Brauhaus, das Pfarrhaus und das Wachthaus vor dem Dammtor. Nur 41 Wohnhäuser und 26 Nebengebäude sind verschont geblieben. Auch das Steingebäude der gotischen Hallenkirche hatte der Feuersbrunst getrotzt. Mehr als drei Viertel der Stadt Pattensen lagen also in Schutt und Asche. Dreizehn Menschen sind in den Flammen umgekommen. Zweiundfünfzig Personen wurden verletzt, meist mit Brandwunden an den Händen und im Gesicht. Drei von ihnen erlagen nachträglich den Verletzungen. Das Trauma des großen Brandes. Man meint geradezu die Erstarrung zu spüren, die sich über die Stadt gelegt hatte. Eine vorwärtsweisende Initiative zum Wiederaufbau war aus der Stadt heraus in keiner Weise sichtbar. Die Kommission, die die Regierung in Hannover dann zum Wiederaufbau der Stadt einsetzt, ist ausschließlich mit Auswärtigen besetzt: Oberamtmann Voigt aus Blumenau, die Amtmänner Koch und Voigt und der Amtsschreiber Isenbart aus Coldingen und Calenberg. Äußerst schleppend kommt der Wiederaufbau voran, nach 13 Jahren gibt es immer noch eine ganze Reihe von »wüsten« Stellen in der Stadt. Obwohl die Regierung ständig mit geldlichen Unterstützungen und Kollekten, mit Steuererleichterung und Steuernachlass für eine schnelle Bebauung wirbt. Ja, gegen die klaren und notwendigen Richtlinien der Wiederaufbau-Kommission scheint es 1734 sogar ein »complot« von mehr als 40 Personen gegeben zu haben, die sich mit einer Klage gegen die Erweiterung der Straßen und gegen die Veränderung der Baustellen wandten, die sogar die Weigerung enthielt, »ihre abgebrandten Bau Stellen aufzuräumen«. Der Widerstand scheint aber sofort in sich zusammengebrochen zu sein, als die Regierung hart durchgriff. Es ist, als sei den Bürgerinnen und Bürgern von Pattensen durch die in Perioden sich wiederholende Vernichtung von Haus und Hof das Rückgrat gebrochen worden. Offensichtlich machte sich Defätismus in der Stadt breit. Ich versuche, mich in die damalige Situation hineinzuversetzen, und ich kann es verstehen.

Die Prinzipien, die die Regierungskommission dem Wiederaufbau von Pattensen zugrunde legte und noch am 16. Dezember 1733 veröffentlichte, erscheinen aus heutiger Sicht als absolut notwendig und auch sonnenklar. Die Begradigung und Verbreiterung der Straßen und des Marktplatzes sind ein erster Schritt. Die Straßen (Marktstraße, Talstraße, Düstere Straße, Steinstraße, Südstraße, Dammstraße) werden auf 9 bis 14 Meter, der Marktplatz auf 26 Meter verbreitert. Zwischen den Wohnhäusern soll ein Mindestabstand von 7,6 Metern eingehalten werden. Wo dies nicht möglich sei, sollen zwischen den Häusern Brandmauern gebaut werden – die Mehrkosten für die Brandmauern werden aus einer Spende der »Calenberger Landschaft« bezahlt. Auch der Abstand zu den Scheunen und Ställen wird neu geregelt; wobei die Scheunen vor die Stadt auf den Anger – vor das Steintor – verlegt werden sollen. Die Häuser sind nicht mehr wie bisher mit der Giebelseite, sondern mit der Traufseite zur Straße hin zu bauen. Eine leichtere Zugänglichkeit im Brandfalle sollte damit sicherlich erreicht werden. Diese Bestimmung machte natürlich, da die Häuser mit der Traufseite an der Straße eine größere Breite einnehmen, eine Neuausmessung und Neuzuteilung der Grundstücke nötig. Dass sich dagegen Widerstand erhob, kann man verstehen. Kein Dach in der Stadt durfte mehr ein Strohdach erhalten; die noch vorhandenen sind in vier Jahren zu beseitigen und vorher durch Auflegen von Steinen abzusichern. Eine erhebliche Veränderung des Stadtbildes wurde mit diesem Wiederaufbauplan von Pattensen vorgenommen, der – mit Verzögerungen, wie dargestellt – schließlich auch realisiert wurde.

*

Man geht mit einem anderen Blick durch die Innenstadt von Pattensen, wenn man das alles weiß. Ich habe meinen Lieblingsweg in die Stadt hinein: Von der B 443 über die Koldinger Straße biege ich rechts in die Göttinger Straße und dann schon bald links in den Bruchweg ein. Es freut mich immer wieder, dass es mitten in der Stadt noch eine richtige Wiese gibt, in der die Schille fließt und an der man »Am Stadtgraben« entlang spazieren kann. Diese grüne Oase möchte ich auch mit dem Auto umrunden. In der Dammstraße, nicht weit von der Kirche St. Lucas entfernt, finde ich immer einen Parkplatz. Die Dammstraße ist dann auch der Ort, an dem man den Wiederaufbau Pattensens am besten studieren kann. Aus meiner Richtung kommend: Die ganze Straße bis zur Kirche hin Doppelhäuser mit der dicken Brandmauer dazwischen. Das fängt schon mit der Nummer 34/32 an. Das linke Haus, die Nr. 34, ist ein schönes, frisch restauriertes Fachwerkhaus. Die gelegentlich zu lesende Behauptung, es gäbe in Pattensen so gut wie keine Hausinschriften, wird sofort dementiert. Die Inschrift dieses Hauses kehrt in der Stadt sogar mehrfach wieder. Als wolle man sich gegen alle Unbilden des Schicksals des Beistandes Gottes unbedingt versichern: »Wer Gott vertrauet hat wohl gebauet im Himmel und auf Erden. Mein Gott, gib mier in dieser Welt was mier ist nuz und dier gefelt«. Ich bleibe eine Weile vor diesem Haus und dieser Inschrift stehen, die Mischung zwischen alter und moderner Sprachfassung finde ich kurios. 1734 sei das Haus gebaut, 2003 restauriert, lese ich. Die andere Haushälfte ist verputzt und schmucklos und passt nicht so recht dazu. Aber so ist das eben mit den unterschiedlichen finanziellen Möglichkeiten.

Die Dammstraße in Pattensen mit der St. Lucas-Kirche im Hintergrund

Langsam gehe ich weiter auf die Kirche zu. Überall die Doppelhäuser. 27/29, auch die Nr. 27 hat eine Inschrift, wie die Nr. 21 (19/21) und die Nr. 11 (11/13). Eine besonders dicke Brandmauer trennt die Haushälften 24 und 26. Die verschiedenen Haustypen, von denen Heinrich Jürgens in seiner Arbeit über die Baugeschichte Pattensens aus dem Jahre 1940 sechs Varianten unterscheidet, interessieren mich nicht so sehr. Was ich natürlich auf Anhieb erkenne, sind die Einzelhäuser, die in der Nähe der Kirche zunehmen. An herausragender Position, am Marktplatz, das frühere Rathaus (jetzt der Ratskeller), das erst spät wieder aufgebaut wurde (1757–1759). Dass diese Verzögerung auch ein Affront der Baukommission gegenüber der Stadtverwaltung angesichts ihres Versagens bei der Brandbekämpfung war, könnte man vermuten. Inzwischen allerdings hatte die Ortsverwaltung die Geschicke an dieser Stelle selbst wieder in der Hand. Und so mag man ad bonam partem die Sache interpretieren, dass den Stadtoberen die Wiedererrichtung der Wohnhäuser für die Menschen wichtiger war als die Wiederherstellung einer reibungslos funktionierenden Verwaltung. An der Seite des Hauses ist, mit einem farbig gestalteten Stadtwappen, die lateinische Inschrift angebracht, die die Einweihung dieses Gebäudes auf den 23. April 1757 festlegt. Nach den Bauakten scheint aber alles erst 1759 vollendet gewesen zu sein. Mir fällt auf, dass die lateinischen Inschriften – wie auch das Lobgedicht auf Erich I. auf dem Burggelände – ohne Übersetzungshilfe angeboten werden. So steht man etwas hilflos vor den schwierigen, auch oft – wie beim Lobgedicht – absolut unleserlichen lateinischen Konstruktionen. Bis 1976 saß hier der Bürgermeister. Die Erprobung der Qualität des Restaurants im »Ratskeller« reizt mich sehr; aber ich habe heute nicht die Zeit dafür. Das Fachwerkhaus auf dem Grundstück Marktstraße 1 schaue ich mir an, von dem damals der große Brand ausging. So harmlos und bescheiden sieht dieses heute aus, dass man die ganze Geschichte eigentlich kaum glauben kann. 1735 sei das Grundstück wieder bebaut worden, steht am Hinterhaus. In die Steinstraße geht es dort hinein. Die Nr. 28 sei das ehemalige »Pforthaus der Burg«, lese ich in einer Inschrift, und es ist eines der wenigen Giebelhäuser in dieser Stadt.

Es lohnt sich, bis zur Steinstraße 8 vorzugehen, um dort alles genauer zu studieren. Ein Haus springt dort fast in die Straße hinein. Das »Wietersche Haus« sei das älteste Haus der Stadt, steht auf der Tafel, auf das Jahr 1614 ginge der untere Teil des Hauses zurück. Dies ist offenbar das einzige Haus, das von den Gebäuden noch da ist, die den Brand von 1733 überstanden haben. Natürlich ist das Fachwerkhaus auch ein Giebelhaus. Was mich aber am meisten interessiert: Das Hineinragen des Hauses in die Steinstraße zeigt die ursprüngliche Breite dieser Straße an. Ich messe den Unterschied mit Schritten ab: Um mindestens vier Meter hat man die Steinstraße beim Wiederaufbau verbreitert. Geradezu bedrückend eng müssen die Straßen früher in Pattensen gewesen sein; auch heute sind keine Boulevards daraus geworden. Auf einmal meine ich, den Atem der vergangenen Jahrhunderte und den Windhauch einer Zeitenwende für einen kurzen Augenblick zu spüren.

Auf den Burgberg geht es nun hinauf. Im Winter – es ist ein Tag Ende Januar, ein wenig Schnee liegt noch herum – erscheinen viele Orte trostlos und gesichtslos. Aber die Tristesse, die der Burgberg an diesem Tag verbreitet, verleitet mich, aus dem Gegensatz heraus über die frühere Bedeutung dieses Ortes nachzusinnen. Denn Pattensen ist über Jahrhunderte hinweg ein Platz mit einer überregionalen Ausstrahlung gewesen. Der »Gograf« und das »Gogericht« hatten bis in das 17. Jahrhundert hinein hier ihren Sitz, der die ganze Gegend ringsum einbezog. Über Rechtsstreitigkeiten bis hin zum Blutgericht wurde hier entschieden. Auch über Steuern und die Erhaltung der Landesverteidigung. Zumindest ab 1230 war Pattensen der Sitz des Archidiakonats, einer kirchlichen Aufsichtsbehörde, deren Bezirk zeitweise bis weit nach Hannover hinein reichte. Deshalb nahm auch bei der Einführung der Reformation 1542 durch die Herzogin Elisabeth von Calenberg der zum Landessuperintendenten berufene Corvinus seinen Amtssitz in Pattensen. Von hier aus unternahm er seine beiden Visitationsreisen, um die Neuordnung des Kirchenwesens voranzutreiben. Welche ihn im Süden bis nach Göttingen und Münden, im Westen bis nach Elze und Bodenwerder, im Norden bis nach Neustadt und Wunstorf führten. Bis ihn dann, im November 1549, Herzog Erich II. auf der Feste Calenberg gefangen setzte.

Und: Pattensen hatte eine Burg. Die vermutlich von den Grafen von Hallermund angelegt oder zumindest erheblich ausgebaut wurde. Als Territorialherren hatten diese sich Anfang des 12. Jahrhunderts in der Gegend durchgesetzt. Sogar das Münzrecht hatten die Hallermunds, wie der gefundene »Brakteat« (Pfennig) von 1214/15 aus der Münzstätte Pattensen mit den drei Rosen unter dem Löwen beweist. Die Burg wurde in den Auseinandersetzungen der Hildesheimer Stiftsfehde 1519 zerstört. Der – wahrscheinlich nur teilweise – Wiederaufbau durch Herzog Erich I. konnte den Zerfall der Burg nur verlängern, aber nicht mehr aufhalten. Von 1827 bis 1839 wurden die Reste der Burganlagen endgültig beseitigt, nachdem sie schon vorher in die Domäne einbezogen waren. Nur ein Gebäude steht dort noch. Es ist das Pächterhaus der Domäne, das allerdings erst 1849 gebaut wurde und in dem heute – als Rathaus – der größere Teil der Ortsverwaltung von Pattensen untergebracht ist. Damit aber ist der Name gefallen, der konkrete Erinnerungen in mir wachruft. Neben dem Rathaus, unter einem kleinen Schutzdach, ist eine große Steintafel angebracht, die – schon buchstabenmäßig schwer entzifferbar – ein lateinisches Lobgedicht auf Erich I. enthält. Schon wieder ist alles mit Farbe beschmiert, als müsste sich Pattensen dieses Mannes schämen. Dabei ist er doch wohl der bedeutendste der Herrscher, die – als man noch keine festen Residenzen kannte – von Zeit zu Zeit auch auf der Burg von Pattensen einkehrten.

Das Lobgedicht des Conradus Werner und des Justinus Gobler, bei dessen Entzifferung ich zu Hause eine deutsche Übersetzung zur Hand nehmen muss, scheint mir auf den ersten Eindruck hin devot und übertrieben zu sein. Von »gewaltigen Taten voll Mühe« ist da die Rede, von »des Vaterlandes Rächer« und dem »tapferen Held«. Aber dieser Erich I. muss wirklich ein bemerkenswerter Mann gewesen sein. Ich vertiefe mich eine Weile in seinen Lebenslauf, und – so fremd mir vieles vorkommt – mir flößt dieser Welfe aus dem »Haus Calenberg« des »Mittleren Hauses Braunschweig« zumindest Respekt ein. Ein Söldnerführer ist dieser Mann im Grunde gewesen. 1470 wird er im Schloss Landestrost in Neustadt am Rübenberge geboren. Zu seinen Paten gehört Maximilian von Österreich, der später als Kaiser einen Mehrfrontenkrieg gegen die Expansionsgelüste Frankreichs wie auch gegen das Vordringen der Türken zu führen hat. Da ist Erich I. alsbald an seiner Seite. Kämpft 1497 in Ungarn gegen die Türken und rettet 1504 bei der Schlacht von Mengersbach bei Regensburg seinem kaiserlichen Freund das Leben. Beim Lesen des Briefes, in dem er seiner ersten Frau Katharina von Sachsen seine eigenen Verwundungen schildert, dreht sich mir fast der Magen um. Ein Stich sei von hinten in die Lenden gegangen, ein anderer von vorne in die gleiche Richtung und hinten wieder herausgetreten. Ein Schuss sei in den einen Arm und mehrere Schüsse und Armbrustbolzen in den anderen gegangen. Die vielen Degenverletzungen (»Streiche«) will er da gar nicht zählen. Zimperlich ist dieser Mann nun wirklich nicht gewesen. Alsbald kämpft er dann auch in Ostfriesland, wird in der »Hildesheimer Stiftsfehde« 1519 gefangen genommen und gegen Versprechen eines Lösegeldes wieder freigelassen.

Als seine erste Frau 1524 stirbt, heiratet der 55-Jährige die 15-jährige Elisabeth von Brandenburg. Auf dem bekannten Doppelbildnis aus Schloss Gripsholm in Schweden ist wohl ein Altersunterschied, aber nicht die Differenz von 40 Jahren zu erkennen. Es spricht dann auch für Erich I., dass er sich diese ebenso kluge wie energische Frau zur Gattin wählte. Vielleicht hat er auch nicht gewusst, was mit dieser Frau auf ihn zukam. Als gutmütig, in Finanzfragen gleichgültig und in Liebesdingen großzügig wird Erich I. beschrieben. Die Beziehung zu seiner Geliebten Anna Rumschottel hält er auch nach seiner Heirat aufrecht. Aber da hat er nicht mit seiner neuen Frau gerechnet. Die nötigt Erich ein Inquisitionsverfahren auf, in dessen Verlauf mehrere Frauen und am Ende auch Anna Rumschottel als Hexen verbrannt werden. Sind die Folgeereignisse nun mehr der Gutmütigkeit Erichs zuzuschreiben oder hatte seine Frau Elisabeth von nun an alle moralischen Trümpfe in der Hand? Er stimmte zu, dass Elisabeth anstatt der im Ehevertrag vereinbarten Burg Calenberg das südliche Teilfürstentum überschrieben bekam – Münden wird künftig ihre Heimat sein. Er nahm hin, dass Elisabeth 1538 evangelisch wurde und mit Corvinus in Witzenhausen Kontakt aufnahm. Immerhin: In Religionsdingen schien der militante Heerführer erstaunlich tolerant zu sein. Seinen Beitritt zum katholischen Gegenbündnis (»Nürnberger Bund«)

gegen die protestantischen Zusammenschlüsse (»Schmalkaldener Bund«) zögerte er immer wieder hinaus. Oder steckte auch da die Herzogin Elisabeth dahinter? 1540 stirbt Erich I. auf dem Reichstag zu Hagenau. Er hinterlässt 900000 Taler an Schulden. Auch sein Leichnam wird erst ein Jahr nach seinem Tode ausgelöst. In Hannoversch-Münden ist er begraben.

Die Erinnerung an diesen vielschichtigen Mann hat mich doch ein Stück weit über die heutige Trostlosigkeit des Burgbergs hinübergerettet. Ich gehe den Burgberg auf der anderen Seite hinunter, zur Göttinger Straße hin. Am Steintoranger, dem alten Scheunenviertel, sind noch einige Scheunen zu sehen. Die »Alte Wache« fällt mir mit ihren Arkaden auf, ein ästhetisch schöner Bau. Sie ist aber erst 1849 errichtet, hat auch nie einem dem Namen entsprechenden Zweck gedient. Über den Marktplatz gehe ich zur Kirche zurück. Ärgere mich noch einmal über die Inschrift an dem Lokal am Marktplatz 3: »Der Herr segne deinen Eingang, wenn du Geld hast, deinen Ausgang, wenn du zahlt hast.« Humorig soll das sein, aber ich finde es nur platt und unverschämt. Dann bin ich wieder an der St. Lucas-Kirche. Und diese Kirche ist für mich das Aufregendste, was mir in Pattensen überhaupt begegnet.

Ich gehe einmal um die ganze Kirche herum. Eine gotische Hallenkirche ist St. Lucas, mit einem auslaufenden kleineren und niedrigeren Chor. Den romanischen Vorgängerbau kann man ahnen. Viele kleine Details sind zu entdecken, wie das zugemauerte »Pestfenster« an der Sakristei im nördlichen Winkel zwischen Schiff und Chor, durch das man den Pestkranken die Oblaten des Messopfers reichte. Es ist Donnerstag, die Speisen für die »Pattenser Tafel« werden angeliefert; am Nachmittag werden sich in den Räumen des ehemaligen Kirchenchors etwa 80 Familien mit Essen und Vorräten versorgen können. Zu Jugend- und Konfirmandenräumen sind Chor und Sakristei heute ausgebaut. Das lässt schon vermuten, dass der eigentliche Kirchenraum in keiner Weise mehr einer gotischen Hallenkirche entspricht. Aber obwohl ich längst weiß, was mich erwartet: Der Schritt in die Kirche hinein nagelt mich noch immer auf der Schwelle fest. So grundverschieden ist der Innenraum der Kirche von dem, was man von der äußeren Gestalt der Kirche her erwarten kann und muss.

Von 1801 bis 1806 ist die gotische Hallenkirche durch Ingenieurkapitän Lasius zu einer klassizistischen Saalkirche umgebaut worden. So steht es in allen kunsthistorischen Führern, und so ist es ja auch richtig und entspricht dem, was man mit eigenen Augen sehen kann. Das Gewölbe und die Pfeiler der gotischen Kirche sind entfernt worden, aus den drei Schiffen wurde ein nahezu quadratischer Saal, und eine neue Decke hat man oben hineingehängt. Durch eine hohe Wand ist der Chor vom Schiff abgetrennt. In der Wand ist der Prospekt einer Orgel zu sehen, die heute nicht mehr spielbar ist. Aus der Wand kommt eine Kanzel heraus, unten davor stehen der Altartisch mit Kruzifix und ein Taufbecken. Halbkreisförmig sind die Bänke für die Gemeinde angeordnet, durch Podeste steigen die Bankreihen nach oben an. Die gotischen Spitzbogenfenster sind durch rechteckige Fenster ersetzt. Auf einer großen rückwärtigen Empore steht die Orgel, die heute den Gemeindegesang begleitet. Ein überschaubarer, ein klar gegliederter Raum ist diese Kirche. Ich sehe das alles, aber ich begreife wenig. Wie kommt man dazu, in den ersten Jahren des 19. Jahrhunderts einen derart ungewöhnlichen Kirchenraum zu gestalten? Welches Denken steckt dahinter, welche Absichten sind in diesem Raum verborgen? Und wer war dieser »Ingenieurkapitän Lasius«, wo kam er her und aus welcher Architekturschule stammte er? Ich habe mehr Fragen, merke ich, als ich hier in Pattensen Antworten darauf finden werde.

Ich habe in der Superintendentur geklingelt, die nette Sekretärin hat mich mit einer Tasse Tee begrüßt. Am Telefonapparat steht einer, den ich zu kennen meine, und es ist genau der Mann, wie sich herausstellt, den ich als Nächsten ansprechen wollte. Jürgen S. ist der Bauingenieur, der vonseiten der Landeskirche die Renovierungsarbeiten von St. Lucas Pattensen in den letzten Jahren begleitet hat. Wenn mir einer nähere Auskünfte geben könnte, dann müsste doch eigentlich er es sein. Er dämpft allerdings sofort meinen Optimismus, über »Lasius« wisse er auch nicht viel. Aber er macht mich auf andere Dinge aufmerksam, die ich so nicht gesehen habe. Die Dachkonstruktion ist das, was ihn am meisten an dem Umbau von 1801–1806 interessiert. Aus dem Schiffsbau komme die Konstruktion. Wir gehen vor die Tür des Pfarrhauses, und jetzt kann ich es auch sehen: Wie ein umgedrehtes Boot, das zum Trocknen auf das Land gezogen ist, sieht die Konstruktion des Daches aus. Oben am First hat das Dach eine ganz ungewöhnliche Schräge, die – per Analogie – dem Boden eines Bootes ähnlich sieht. Nur drei Kirchen soll es in Deutschland geben, die eine ähnliche Dachkonstruktion auf ihrer Kirche haben. Jürgen S. nimmt mich auf meine Bitte mit auf das Kirchendach. Durch einen engen Felsengang im Turm geht es hinauf, seinen Kopf muss man in Acht nehmen und ein Herabsteigender käme vermutlich nicht an mir vorbei. Den Eindruck eines Wehrturms macht das alles. Durch eine Tür geht es auf das Kirchendach. Ein Gewirr von Stützbalken und Versteifungen empfängt uns. Jürgen S. zeigt mir, welche noch aus der Erbauungszeit des Daches stammen und welche später hinzugesetzt worden sind. Ich bin auf vielen Kirchendächern gewesen und das eindrucksvolle Geflecht der Holzbalken, das nahezu überall an eine Werft erinnert, kenne ich. Aber was ich noch nicht erlebt habe: Das Dach fällt auf beiden Seiten rapide ab, sodass man sich beim Hinuntergehen zu den Rändern richtig festhalten muss. Auch hier also ein kieloben schwimmendes Schiff, das man im Grund umkippen müsste, um in See zu stechen. Dass diese Konstruktion ihre Tücken hat, Verformungen der Bohlen nach sich zieht und undichte Stellen des Daches noch und noch, kann ich selbst als Laie leicht begreifen.

Das große Interesse unseres Bauingenieurs an dieser absolut ungewöhnlichen Konstruktion macht mir noch einmal klar: Hier hat wirklich ein Techniker mit viel Raffinesse gebaut, und die Bezeichnung des damaligen Architekten als »Ingenieurkapitän« kommt nicht von ungefähr. Ich gehe anschließend allein in die Kirche, setze mich auf eine Bank in der Mitte des Kirchenraumes. Schaue auf die den Raum abschließende Wand mit dem Kanzelaltar und versuche zu begreifen, aus welchem Geiste heraus diese Kirche so und nicht anders gestaltet wurde. Der Klassizismus sei eine Wiederbelebung der Antike, sagt man allgemein. Die Kirche von Pattensen sei einem griechischen oder römischen Theater nachempfunden, sei eben ein Halbrund mit ansteigenden Tribünen. Die Altarwand entspreche der antiken Bühnenwand, die Apostelfiguren in den Nischen den Kaiserfiguren, und auch die beiden Säulen rechts und links gehörten mit dazu. Aber ich spüre: Die Berufung auf die antiken Normen ist richtig, aber reicht in keiner Weise aus. Was ich beim Sitzen in der Kirche und beim Anblick der Altarwand spüre, ist die absolute Bewusstheit dieses Baus. Die Devise des großen klassizistischen Baumeisters Karl Friedrich Schinkel kommt mir in den Sinn: Architektur sei eine in die ästhetische Gestalt erhobene Konstruktion. Es ist alles so ungeheuer klar gestaltet. Wie da unten plötzlich die beiden Türen links und rechts vom Altar den Eingang und den Ausgang des Lebens abzubilden scheinen. Wie der Orgelprospekt mit den beiden Heiligenfiguren rechts und links sozusagen die himmlische Sphäre symbolisiert, in der die Musik ihren großen Bezugspunkt hat und die Versammlung der Heiligen sich ereignet. Die schwingenden Girlanden schaffen eine Aura des Großen und Erhabenen. Die Kanzel über dem Altar hat genau die richtige Höhe, der Prediger ist von allen Seiten sichtbar, aber er ist nicht über der Gemeinde. Die seitlichen Emporen nehmen ihn in die Mitte, und der ansteigende Gemeinderaum verringert noch einmal wieder die Höhendifferenz. Der Abstand zwischen dem Redenden und den Hörern ist da, es ist jeweils eine unterschiedliche Funktion, aber er wird ständig unterbrochen und überbrückt. In einer Zeit, in der man Mikrophone und Lautsprecheranlagen noch nicht kannte, spielte die räumliche Entfernung zum Prediger eine wichtige Rolle, die in der halbkreisförmigen Anordnung der Gemeindebänke optimal gelöst war. Die Konstruktion, das Notwendige und Nützliche ist überall mitbedacht, aber ist zugleich auf das Niveau eines Rituals gehoben. Man spürt, dieser Kirchenbau ist durch die Aufklärung hindurchgegangen. Da ist nichts Mystisches und Geheimnisvolles wie in einem gotischen Kirchenraum. Aber in dieser klaren Form steckt das Pathos des gemeinsamen Banketts, zu dem sich die Gemeinde im Wortgottesdienst und noch mehr in der Abendmahlsfeier zusammenfindet. So kühl konstruiert dieser Raum auch ist: Es steckt eine dynamische Kraft in ihm, die die Gedanken in alle möglichen Richtungen wandern lässt. Je länger ich dort in der Kirchenbank sitze, umso mehr meine ich zu ahnen, auf wie vielen Ebenen dieser Raum mit mir spielt und welche Tiefe in dieser klassizistischen Gestalt verborgen ist.

Die Erwägungen, die ich später in den zeitgenössischen Bauakten lese und die Andreas Kleine-Tebbe publiziert hat, nehmen sich demgegenüber sehr nüchtern aus. Da sind die Techniker und die Ingenieure am Werk. Der Zustand der Kirche vor dem Umbau von 1801/06, den der damalige Pattenser Superintendent mit dem fast unaussprechlichen Namen Johann Heinrich Siegmund von Bialloblotzki beschreibt, liest sich wie ein Horrorszenario: Nicht nur ein undichtes Dach, durch das der Regen in die Kirche strömt. Sondern auch eine »feuchte ungesunde Luft«, die »schwächliche Leute« nicht lange aushalten, und eine Dunkelheit, in der man an Wintertagen die Schrift im Gesangbuch oder Katechismus nicht mehr entziffern kann. Ein großer Teil der Gemeinde kann den Prediger weder sehen noch hören, sitzt »wie in einem Gefängnis«. Mutwillige Leute, die man nicht sehen und entsprechend ahnden kann, treiben ihr Unwesen. Sodass der Gottesdienst »leider zur Verschlimmerung und Verachtung der öffentlichen Religionsausübung Veranlassung« gäbe.

Wie der Ingenieur-Kapitän Georg Siegmund Otto Lasius, der vor allem im Vermessungswesen und in der Geologie tätig war und während der Umbauzeit der Pattenser Kirche in Oldenburgische Dienste trat (1804), zum Pattenser Bauherren wurde, muss wohl weiterhin im Vagen bleiben. Detlef B., der jetzige Superintendent von Pattensen vermutet, dass – da der Vater von Lasius Superintendent von Burgdorf war – im Gespräch zwischen den beiden Superintendenten wohl diese Möglichkeit aufgetaucht ist. Da der Sohn seine »unentgeltlichen Dienste« angeboten habe, sei das bei diesem aufwendigen Umbauvorhaben sehr willkommen gewesen. Immerhin kennt sich G.S.O. Lasius auch in Architekturfragen bestens aus. Hat nicht nur, wie sein Pro Memoria von 1801 beweist, die Umbauarbeiten an der St. Johanniskirche in Göttingen genau studiert. Er ist auch über die neuesten Entwicklungen informiert: Das Bohlenbinderdach, das Lasius vorschlägt – eine Konstruktion, »die jetzt vorzüglich in Berlin so große Epoche« macht – wird »nach Philibert de l'Orme und Gilly« gebaut. Erst 1797 hatte D. Gilly diesen aus dem Schiffsbau stammenden Dachtypus des 16. Jahrhunderts in Deutschland wieder bekannt gemacht.

Was Lasius dem hannoverschen Konsistorium vorschlägt und dann auch baut, ist das genaue Gegenbild zu den Beschwerden, mit denen die Kirche in Pattensen zu kämpfen hatte. Alles ist zweckmäßig und genau überlegt. Die Hallenkirche ist für die Gemeinde viel zu groß; also wird der Chor abgetrennt und dort – da die Gemeinde zwei Pfarrer hat – noch eine zweite Sakristei eingebaut, um beiden einen eigenen Raum für die Beichte zu ermöglichen. Der verbleibende Kirchenraum hat ein klares Zentrum mit dem Altar, der darüber angebrachten Kanzel und der Orgel. Die störenden Pfeiler wurden beseitigt. Die Gemeinde sitzt im Halbkreis um das Zentrum herum, die 700 Zuhörer können »sämtlich den Prediger sehen und von ihm gesehen werden«. Besonders, da die Sitzreihen amphitheatralisch ansteigen, die hinteren sind 2,60 Meter höher als die ersten. Absolute Klarheit und Verständlichkeit ist garantiert. Gebaut wurde »nach der Theorie der ›Sprachröhre‹ und nach dem Muster des großen Theaters von Athen, welche den Schall verbreiten und dessen Zurückschallen verhindern« wird. Man spürt es: Mit Lasius ist die Nützlichkeit und die absolute Zweckdienlichkeit in den Kirchenbau eingetreten.

Noch zweimal hat sich Georg Siegmund Otto Lasius an einen Kirchenbau herangewagt. 1810 wurde sein Entwurf für die katholische Kirche von Löningen in Südoldenburg als »unannehmbar« abgelehnt. Die katholische Kirche von Wildeshausen hat er 1810/11 bauen können; sie wurde allerdings nach zehn Jahren schon wieder geschlossen und abgebrochen. So ist die St. Lucas-Kirche in Pattensen in jeder Hinsicht ein Solitär: Eine Kirche, die zum Weiterdenken, zum Nachdenken und zur gespannten Aufmerksamkeit Anlass und Gelegenheit gibt.

Es ist merkwürdig: Es ist vieles versteckt und verborgen in dieser Stadt. Man muss vieles herausholen und sich bewusst machen. »Den einzigen Großbetrieb in Pattensen«, hatte mir der 1. Stadtrat Klaus G. gesagt, »müssen Sie unbedingt besuchen.« Davon hatte ich keine Ahnung: Dass jeder Brief, den ich in Hannover in einen Postkasten werfe, über Pattensen läuft, und dass die Post, die ich am Vormittag aus unserem Briefkasten hole, in Pattensen geordnet und gebündelt ist. So machen meine Frau und ich uns auf den Weg, das Briefverteilungszentrum in Pattensen zu besuchen. Doppelt neugierig bin ich selbst, da ich aus einer Postfamilie stamme und mein Vater in Ostpreußen den schönen Titel »Postmeister« führte. Schon als kleiner Junge habe ich in dem Postamt, das unter unserer Wohnung lag, die Briefe in die Verteilkästen gesteckt. Wird von dieser intimen Atmosphäre, die ich mir auf Anhieb vergegenwärtigen kann, unter dem heutigen Leistungsdruck noch etwas zu erspüren sein? In seinem Büro gibt uns Bernd A., der Leiter des Briefzentrums, einen ersten Überblick. 83 Briefzentren gibt es in der Bundesrepublik. Nach Kleidergrößen werden sie eingeteilt, XXL sind die neun großen, und dazu gehört, mit Hamburg, Berlin, München, Köln, eben auch dieses hier. Die Nähe der Großstadt macht es den Pattensern schwer, die eigene Identität aufrechtzuerhalten: Selbstverständlich heißt es »Niederlassung Brief Hannover«, auch wenn alles auf dem Gebiet von Pattensen liegt. 1100 Mitarbeiter und Mitarbeiterinnen sind es vor Ort, 4400 gehören insgesamt dazu, davon 2200 in der Zustellung in den dazugehörenden Gebieten. Für die Postleitzahlen 30 und 31 ist das Briefzentrum zuständig. Also für den Raum – Hannover in der Mitte – zwischen Hameln und Peine, Alfeld und Nienburg. Die Hauptarbeitszeiten sind abends und nachts. Die ausgehende Post wird zwischen 18.00 Uhr und 21.30 Uhr bearbeitet, die eingehende ab 21.45 Uhr. Der Weitertransport der Post geschieht überwiegend mit Lastwagen. Und es belustigt uns beide zu hören, dass etwa zwischen Hannover und Düsseldorf die jeweiligen Lastwagen sich in der Mitte der Strecke treffen, die Fahrer dort sinnigerweise nicht die Lasten, sondern die Fahrzeuge tauschen und jeder mit dem anderen Fahrzeug (samt Inhalt natürlich) wieder nach Hause fährt.

Dann geht es hinüber in die 300 Meter lange Halle. Da komme ich mir zunächst vor wie in einer Fabrikationshalle von VW in Wolfsburg. Es ist inzwischen 18.30 Uhr, das Sortieren der ausgehenden Post läuft auf Hochtouren. Fließbänder laufen durch die Halle und oben unter dem Dach entlang. Mechanische Greifarme packen sich große Kästen voll Post und setzen sie auf die Förderbänder. Ein Techniker nimmt die Verkleidung ab und lässt uns einen Blick in das Innere einer Maschine tun, in der Bänder mit einer ungeheuren Geschwindigkeit laufen. 30000 Briefe kann die Maschine in einer Stunde lesen und verteilen. Von einem Förderband an der Decke fallen die Briefe in die 82 Kästen der anderen Verteilungszentren. Das Eigenaufkommen, das Briefvolumen, das in die eigene Region geht, ist natürlich besonders groß. Aber daneben sehen wir doch noch eine Menge Handarbeit. Überwiegend arbeiten Frauen an den Bändern. Die Großbriefe und die Maxibriefe müssen per Hand aussortiert und weitergeworfen werden. Vor den beiden Frauen türmen sich auf einem von oben kommenden Förderband ungeheure Briefmassen auf; da bekäme ich sofort die Panik. Es wird zügig gearbeitet, aber von Hektik spüre ich nichts. Viele begrüßen den Chef mit Handschlag, und auch wir bekommen den einen oder anderen Händedruck ab. Und da ist dann doch noch ein Stück von der Atmosphäre, die ich von meiner Kindheit her kenne. Mit manchen Briefen wandert doch auch ein Stück des Herzens mit und mir ist, als könnte man das auch hier noch spüren.

Wenn ich anfangs, mit Blick auf das Feuer, aus der griechischen Mythologie die Prometheus-Sage zitiert habe, so fällt mir jetzt in dieser Halle der Götterbote Hermes ein. Als erfinderisch und als listig wird Hermes beschrieben. Das passt doch wunderbar: Man ahnt ja wirklich kaum, welch ein Einfallsreichtum erforderlich ist, um eine Nachricht so schnell wie möglich von A nach B zu bringen. Dass Hermes auch als Gott des Handels gilt, deutet schon die frühe Erkenntnis an, wie schnell die Kommunikation zwischen Menschen geschäftlich überformt werden kann. Ich habe vergessen, wie stark der Anteil der Firmenpost an dem Briefaufkommen ist; mir ist eine Zahl von 90 Prozent im Sinn geblieben. Das alles ist Pattensen, sage ich mir. Es ist ein Ort, merke ich immer mehr, an dem sich eine manchmal laute und manchmal sehr leise Dramatik zusammenfindet. Von der man immer wieder so wenig ahnt.

*

Es gibt noch eine andere Stadt im Calenberger Land, die mit Pattensen ein ähnliches Schicksal teilt. Auch Eldagsen kann seine Stadtrechte, die es wahrscheinlich um 1230 erhalten hat, auf die Grafen von Hallermund zurückführen. Die Rose im Wappen der Stadt erinnert noch heute an diese Territorialherren des Mittelalters. Aber eine andere Vergleichbarkeit beschäftigt mich viel mehr: In dem makabren Wettstreit, welche Stadt und welcher Ort in den vergangenen Jahrhunderten am häufigsten durch Feuer vernichtet worden ist, liegen Pattensen und Eldagsen einsam an der Spitze. Ja, ich vermute, dass Eldagsen noch häufiger und verheerender als Pattensen den »Roten Hahn« auf den Dächern seiner Stadt gesehen hat.

Von Pattensen fahre ich also auf der B 3 weiter in Richtung Elze. Über Alferde geht es in die Stadt hinein. Aber wenn ich vermutete, ich würde ein ähnliches Straßenbild wie in Pattensen vorfinden, so sehe ich mich gründlich getäuscht. Ein völlig anderes Erscheinungsbild empfängt mich, als ich langsam die Lange Straße hochfahre und mir in der Nähe der Kirche einen Parkplatz suche. Wo in Pattensen geräumig die Doppelhäuser mit ihrer Traufenseite die Straße säumen und in die Länge ziehen, da springen in Eldagsen die Häuser mit ihrer Giebelseite geradezu auf die Straße zu. Auch hier sind jeweils, nur durch einen schmalen Gang getrennt, zwei Häuser einander zugeordnet. Aber von Doppelhäusern kann man hier nicht sprechen; ›Zwillingshäuser‹ wäre wohl die zutreffendere Bezeichnung. Hier wie dort fehlen die Zeugen des langsamen und häufig auch ungeordneten Wachstums eines Ortes oder einer Stadt. Plangerecht und konsequent, wenn auch völlig unterschiedlich, ist hier jeweils die Stadt aus Schutt und Asche neu erstanden und hat ihre Gestalt bis heute nur unwesentlich verändert.

Dabei ist die größte Brandkatastrophe Eldagsens – anders als in Pattensen – ein kriegerischer Racheakt gewesen. Was für Pattensen der 23. September 1733 war, ist für Eldagsen der 10. Juni 1626. Die Gräuel des Dreißigjährigen Krieges haben Eldagsen mit voller Wucht getroffen. Die Vorgeschichte dieses Tages wird in den verschiedenen Quellen mit leichten Unterschieden erzählt. Im Mittelpunkt der Zerstörungsgeschichte steht ein Offizier der kaiserlichen Liga unter General Tilly, Oberst Planckhorst. Im Oktober 1625 hatte Tilly mit seinen Truppen nach schweren Kämpfen die Feste Calenberg eingenommen, drei Tage später fallen in einem Gefecht bei Seelze die in dänischen Diensten stehenden Heerführer Generalleutnant Hans Michael von Obentraut und der Herzog von Sachsen-Altenburg. »Auge um Auge, Zahn um Zahn«, ist die Devise dieses Krieges. Einige Wochen später überfallen dänische Truppen das Regiment des Obristen Planckhorst, der in Eldagsen Quartier genommen hatte, und führen den im Schlaf Überraschten ab in die Gefangenschaft. Die Stadtchronik von Eldagsen berichtet, es seien Eldagser Bürger gewesen, die Planckhorst überwältigt hätten. Das würde gut zu den weiteren Ereignissen passen – obwohl ich mir kaum vorstellen kann, dass eine Bürgerwehr eine Söldnertruppe in die Knie zwingt. Nur zwei Monate lang bleibt Planckhorst in den Händen des protestantischen Feindes. Dann wird in Hannover ein Gefangenentausch vollzogen: Planckhorst erhält die Freiheit im Austausch gegen die Leichname der beiden bei Seelze gefallenen Generäle. Planckhorst weiß nichts Eiligeres zu tun, als mit seiner Truppe nach Eldagsen zu marschieren, um die ihm dort angetane Schmach zu rächen. Er gibt die Stadt zur Plünderung frei und zündet am Morgen des 10. Juni 1626 um 6.00 Uhr die Stadt an allen vier Enden zur gleichen Zeit an. In anderthalb Stunden brennt die ganze Stadt nieder. Rathaus, Schule, Pfarrhäuser, alles liegt in Schutt und Asche. Auch die Kirche St. Alexandri kommt nicht davon. Der Dachstuhl brennt völlig aus, im Turm stürzen die Glocken herunter und zerschmelzen in der Hitze. Nur der Chor bleibt stehen, man kann an den zugeklappten Eichenflügeln des Altars noch die Brandspuren sehen. Der Wiederaufbau geht infolge der Nöte des großen Krieges nur langsam vonstatten. Erst 1642 wird das Pfarrhaus, 1673 der Turm der Kirche und 1709 das Kirchenschiff wiederhergestellt.

Dabei ist die Feuersbrunst von 1626 nicht der erste und nicht der letzte Stadtbrand von Eldagsen gewesen. Schon für das Jahr 1508 melden die Annalen einen großen Brand in der Stadt. Und die Spuren des Brandes von 1626 sind noch nicht beseitigt, da brennt 1666 schon wieder die ganze Stadt. Zehn Jahre später, 1676, werden erneut die Menschen durch die Flammen aus ihren Häusern gejagt. 1742 brennt noch einmal die gesamte Stadt: 106 Wohnhäuser gehen dabei in Flammen auf. Inzwischen hat man jedoch von den Pattensern und ihrer Brandkatastrophe von 1733 gelernt: Ein konsequenter Wiederaufbauplan unter der Leitung des hannoverschen Festungsbaumeisters Dillinger wird erarbeitet und umgesetzt, der das Bild der Stadt bis heute prägt. Rechteckige Baublocks sind die Grundlage der Bebauung. Die Häuser werden mit den Giebeln zur Straße errichtet, immer zu zweit mit einem Abstand von 1,80 Metern, Brandmauern fehlen (die Feuersicherheit und auch die Zugänglichkeit ist in Pattensen besser gelöst). Die Grundstücke in Eldagsen waren zu schmal, um Traufenhäuser zu ermöglichen. Was aber die Häuser in Eldagsen an Feuerschutz einbüßen, haben sie an ästhetischem Reiz gewonnen. – 1770 gibt es schließlich noch einmal einen Großbrand, die Unterstadt mit dem Niedertor geht in Flammen auf. Und wieder einmal ist Fahrlässigkeit im Spiel: Ein Tagelöhner aus Wülfingen hat bei der Reparatur eines Scheunendaches mit Stroh den Funkenflug seiner Tabakspfeife unterschätzt. Sechs Stadtbrände innerhalb von 150 Jahren, so lautet in Eldagsen die schreckliche Bilanz.

Langsam gehe ich noch einmal die Lange Straße hinauf und hinunter. Einen wunderbaren Rhythmus geben die Zwillingshäuser in die Beine und ins Gemüt. Nahezu heiter werde ich gestimmt. Es ist, als ob die beiden Häuser jeweils miteinander redeten. Ob es wohl auch die Bewohner dieser Häuser tun? In Pattensen stehen die gedoppelten Häuser noch enger zusammen, aber durch die Brandmauern ist ein Element von Abgrenzung gesetzt. Hier in Eldagsen kommen – bei voller Eigenständigkeit und Individualität – Gespräch und Kommunikation ins Spiel. Das Geheimnis des Zwillings beschäftigt mich eine Weile. »Alle Geburten sind Zwillingsgeburten; niemand kommt unbegleitet und ohne Anhang zur Welt«, hat der Philosoph Peter Sloterdijk einmal geschrieben. Er meinte damit unseren inneren Begleiter, den Genius, der uns herausfordert, warnt und schützt. Vielleicht ist dies der Grund des verborgenen Entzückens, das mich bei meinen Gängen durch diese Stadt begleitet. Geradezu eine Zwillings-Pantomime führen die Häuser vor mir und mit mir auf, und ich spiele mit in diesem Reigen, obwohl ich auf der Straße eigentlich mit keinem Bewohner rede. Die Kirche St. Alexandri vereint dann noch einmal die ganze Geschichte Eldagsens in sich. Der Kirchenvorsteher Joachim K. hat mir die Kirche aufgeschlossen und verspricht, mir später noch Verschiedenes zu bringen. Inzwischen kommt der Pastor, weiß nichts von dem Besuch und schließt die Kirche wieder zu. Wäre Joachim K. nicht ein zuverlässiger Mann, dann hätte ich zu all dem auch noch klaustrophobische Erinnerungen an diese Stadt. So aber: In aller Ruhe ziehen drinnen die Jahrhunderte an mir vorüber. Vorne der Marienaltar von 1480. Die Marienverehrung ist groß am Ende des Mittelalters, immer neue Blickpunkte werden da gesetzt. Die Geburtsszene: Das Kind liegt nicht in der Krippe, sondern auf der Erde. Geht das auf die Anschauung von der schmerzlosen Geburt Mariens zurück oder wird hier die äußerste Erniedrigung des Gottessohnes ins Bild gebracht? Ganz rechts die Marienkrönung: Nicht auf Wolken, sondern auf der Erde, in der Welt der Auferstehung und der Auferstandenen findet sie statt. Vielleicht sollte ich mich tatsächlich irgendwann noch einmal einschließen lassen, um alles – bei wärmeren Temperaturen – noch eingehender zu studieren … In der Sakristei dann die Reste des alten Barockaltars, die Skulpturen Jesu und seiner Jünger. Wunderschön sind die mit schwingenden weißen Linien bemalten Holzsäulen in der Kirche, die auf den Basen der mittelalterlichen Hallenkirche stehen und bis unter das Dach reichen. Die Gelöstheit, die mich beim Gang durch die Straßen beschwingt hat, kehrt beim Anblick dieser Säulen aus der Wiederaufbauzeit von 1709 zurück. Die farbenkräftige Kanzel des Conrad Wilhelm Hase von 1863 fasziniert mich sehr, wenigstens kurz muss ich sie einmal betreten. Hoch schwebt man über der Gemeinde, umgeben von den Gestalten des Neuen Testaments, die die Worte der Predigten umspielen.

*

Am Anfang war das Feuer. Zwei Städte, die ihr Eigenleben gegen die zerstörerische Gewalt des Feuers immer wieder behaupten und neu entwickeln mussten. Der Besucher und die Besucherin von Pattensen und Eldagsen sehen nur das Äußere und suchen es zu deuten. Was gäbe das erst, wenn die unmittelbar Betroffenen vergangener Zeiten einem das alles selbst erzählen könnten! Man ahnt unendliche Geschichten, und das macht wahrscheinlich den Reiz und die Tiefendimension dieser Calenberger Städte aus.

Ausflug ins Knigge-Land

Bredenbeck – Holtensen – Degersen – Wennigsen – Leveste

Adolph Freiherr Knigge ist ein scharfsinniger und fantastischer Schriftsteller. Sein Buch *Über den Umgang mit Menschen* würde zu den 20–30 Büchern gehören, die ich mit auf eine neue Lebensreise nehmen würde. Immer wieder einmal lese ich darin. Ich will keine langen Klagen darüber anstimmen, wie man dieses Buch verhunzt, wie man den Autor zu einem Papst des guten Benehmens gemacht hat. Adolph Freiherr Knigge ist darüber erhaben. Jede Seite, die man liest, zeugt von einem wachen Gesellschaftskritiker und einem großen Psychologen. Seinen Mut zum Imperativ bewundere ich besonders. Der Geist der Aufklärung ist in ihm ungeheuer lebendig, und den Kantschen Imperativ: »Habe Mut, dich deines e i g e n e n Verstandes zu bedienen!«, setzt Knigge in die keineswegs immer kleinere Münze des täglichen Gebrauchs um. Die Wirkung dieses Hauptwerkes von Knigge auf die europäische Intelligenz muss zeitweise umwerfend gewesen sein. Bei meinem letztjährigen Besuch in Kaliningrad höre ich zu meiner Überraschung bei einer Führung in russischer Sprache durch die Wallenrodtsche Bibliothek im Königsberger Dom immer wieder das Wort »Knigge«. Unser philosophischer Freund Wladimir G. erklärt mir, dass »der Knigge« so oft ins Russische übersetzt und so begeistert gelesen wurde, dass das Wort »kniga« die anderen Ausdrücke für Buch langsam verdrängte und heute das Buch im Russischen einfach »kniga« heißt! Obwohl kaum einer mehr weiß, woher das kommt!

Adolph Freiherr Knigge wurde am 16. Oktober 1752 als einziger Sohn des Oberhauptmanns und Hofgerichtsrats Philipp Karl Freiherr von Knigge und seiner Frau, einer geborenen Freiin von Knigge, auf dem Gut in Bredenbeck geboren. Zeitweise hatte es zwei Zweige der Familie Knigge und zwei

Herrenhäuser auf dem Gut gegeben: »dat feste Slot« und die Burg, wie es auf dem Stich von Merian aus dem Jahre 1650 zu sehen ist. Durch die Erbteilung war das 1555 zustande gekommen, aber die Alt-Bredenbecker Linie starb 1722 aus. Unter dem Vater von Adolph Knigge war das Gut also wieder vereint. Die Eltern starben allerdings, als Adolph 11 bzw. 14 Jahre alt war, das Gut war überschuldet und ging in die Zwangsverwaltung der Gläubiger über. Adolph Freiherr Knigge hat bis zu seinem Tode vergeblich versucht, Bredenbeck wieder in seinen Besitz zu bringen. Erst seinem Onkel in Leveste und dessen Sohn ist es nach Adolph Knigges Tod gelungen, das Gut zurückzuwerben. Der junge Adolph studiert erst Jura in Göttingen, nimmt dann eine Stelle als Kammerassessor beim Landgrafen in Kassel an und hat so genug Gelegenheit, alle Höhen und Tiefen des Hoflebens zu erfahren. 1774 heiratet er eine Hofdame der Landgräfin, Henriette von Baumbach. Doch er ist längst in den Bannkreis der Gedanken der Aufklärung und der Französischen Revolution geraten, kann seine Gesinnung unter der Fassade des glatten Hofmanns nicht mehr verbergen. Wanderjahre führen ihn daher durch die Hannoverschen Lande, in die Rheingegend, nach Elsaß, Lothringen, Obersachsen, an den Hof des Erbprinzen Wilhelm von Sachsen, nach Heidelberg. 1787 kehrt er nach Hannover zurück und hofft noch immer, das väterliche Gut zurückzuerwerben. 1788 erscheinen die ersten beiden Auflagen seines berühmtesten Werkes *Über den Umgang mit Menschen.* 1791 wird er als Hannoverscher Beamter nach Bremen geschickt, wo er, auch körperlich am Ende, noch relativ jung am 6. Mai 1796 stirbt. Wenn ich im nächsten Monat zum Kirchentag nach Bremen fahre, werde ich sicherlich im Bremer Dom an seinem Grab eine Zeit des Gedenkens nicht versäumen.

Was ist es, das mich an Knigges *Umgang mit Menschen* so fasziniert? Sicher kann man ihn als einen »Anwalt der bürgerlichen Emanzipation« apostrophieren, der in diese breite Bewegung des ausgehenden 18. Jahrhunderts adelig-humanistisches Bildungsgut einführte (Gert Ueding). Aber Knigge hat auch Werke verfasst, die ganz seiner Zeit verhaftet sind, wie die banale Erzählung einer »Reise nach Braunschweig«. Hochgelobt wird sie von manchen Autoren, ich fürchte, viele von ihnen haben sie nicht gelesen. Ein eiliges Werkchen in finanzieller Notlage scheint mir dieses Buch zu sein. Weit gewichtiger und auch politisch brisanter ist das Buch *BenjaminNoldmanns Geschichte der Aufklärung in Abyssinien*, das Knigge 1791 publizierte und das ihm den Ruf eines »Revolutionspredigers« und »Volksaufwieglers« einbrachte. Die Reise, die sein literarischer Held Noldmann mit dem äthiopischen Prinzen durch die deutschen Lande macht, scheint mir besonders interessant. Hamburg erhält als »Kleinstaat einer republikanischen Verfassung« das höchste Lob. Am Hof in Kassel geht der äthiopische Prinz endgültig unter. Die Abneigung der Aufklärer gegen »den heiligen Kerl in Rom«, der sich für unfehlbar hält, und gegen das »Heer der Mönche«, bei der man den Wunsch verspürt, »diese völlig unnütze Menschenclasse gänzlich aussterben zu lassen«, teilt Knigge offenbar (Kapitel 1, S. 18 und Kapitel 2, S. 7). Auch die Persiflage über den protestantischen Gottesdienst hat es in sich und bleibt doch vergnüglich. Da versammelt sich »in dem geschmacklosesten, feuchtesten, kältesten und schmutzigsten Gebäude des ganzen Städtchens oder Dorfes« das »Volk beiderley Geschlechts« in »groteskem Anputze«. Ein Schulmeister gibt »mit gräßlich verzerrtem Gesichte die Melodie an« und »einige hundert unmusikalische Menschen brüllen aus Leibeskräften mit«. Die Predigt kommt noch relativ glimpflich weg. Aber dann geht »das Gebrülle« noch einmal los und die Gemeinde verlässt, »im Winter durch und durch gefroren«, »im Sommer von den Dünsten fast erstickt«, die Stätte ihrer großen Taten. – Was muss der Mann so manches Mal in den Gottesdiensten gelitten haben! Die Alternative, die Knigge stattdessen anbietet: Eine kurze, »warme Herzensansprache über die Schönheiten der Natur und die Herrlichkeiten der Schöpfung« zu halten, begleitet von dem Gesang eines Quartetts guter Stimmen, die »kurze erhabene Hymnen« singen. Dies lässt seine Glaubensvorstellungen durchaus gut erkennen. Vom Hocker reißt mich das allerdings nicht. Doch den großen Entwurf dieses Buches, in dem Knigge in einem weithin fiktiven Staat Abyssinien die Utopie einer Gesellschaft unter der Balance von Freiheit und Gleichheit, Vernunft und Moral entwirft, kann ich hier nicht weiter verfolgen. Die direkte Verteidigung der Französischen Revolution wagte Knigge erst ein Jahr später in seinem *Joseph Wurmbrand* mit den berühmten Sätzen: »Wenn … ein ganzes Volk durch eine lange Reihe von wirkenden Ursachen dahin gebracht wird, seine bisherige Regierungsform, die nicht zu dem gegenwärtigen Grade der Kultur passte, in welcher sich der größte Teil unglücklich fühlte, mit Gewalt über den Haufen zu werfen …, wer kann da Ordnung fordern? Wer kann da bestimmen, ob zu viel oder zu wenig geschieht? Schreibe dem Meer vor, wie weit es fortströmen soll, wenn es den Damm durchbricht, den Jahrhunderte untergraben haben …«

Beim *Umgang mit Menschen* ist man zunächst in einem kleineren Kreis. Ich glaube, was mich an »dem Knigge« so sehr fasziniert, ist, dass er eine moderne Pflichtenlehre schreibt. Ohne je das Augenmaß zu verlieren. Alte philosophische, auch biblische Wurzeln hat das alles: Über den Umgang mit dem anderen, mit »Personen verschiedenen Alters«, mit »Eltern, Kindern und Blutsverwandten«, »unter Verliebten«, »mit Frauenzimmern«, »unter Freunden«, »mit Nachbarn« und was einem alles in dieser Gesellschaft begegnen kann. Respekt, Toleranz, Ehrfurcht sind die Maximen dieses Handelns: »Man respektiere das, was anderen ehrwürdig ist.« »Sei, was du bist, immer ganz und immer derselbe.«

Vorweg geht all dem aber, und das empfinde ich als die Modernität dieses Werkes, im ersten Teil das Kapitel 2: »Über den Umgang mit sich selbst«. Einen Abend lang könnte man daraus vorlesen. »Die Pflichten gegen uns selbst sind die wichtigsten und ersten.« »Hüte dich also, Deinen treuesten Freund, Dich selber, zu vernachlässigen.« Der optimistische Grundzug eines Aufklärers spricht hieraus. Aber dann auch wieder Sätze, die in der Bibel stehen könnten (freilich vor einem anderen Hintergrund): »Respektiere Dich selbst und habe Zuversicht zu Dir selber!« Herrlich auch der Satz, der allen verbissenen Selbstzweiflern und allem verkorksten Selbstbewusstsein den Wind aus den Segeln nimmt: »Sei Dir ein angenehmer Gesellschafter!« Aber dann doch auch: »Sei ebenso streng gegen Dich, als Du gegen andere bist!« Und schließlich der Satz, der in einem Zeitalter der tiefenpsychologischen Selbstdurchleuchtung trotzig das Geheimnis der Person wahrt: »Lerne Dich selbst nicht zu sehr auswendig!«

Dies geht nun überwiegend in den individuell-ethischen Bereich. Im großen ersten Kapitel des dritten Teils »Über den

Umgang mit den Großen der Erde, mit Fürsten, Vornehmen und Reichen« greift Knigge jedoch massiv in das gesellschaftspolitische Gefüge seiner Zeit ein. Eine Selbstabrechnung eines Adligen ist dies, die ihresgleichen sucht. Die Ideale der vor der Tür stehenden Französischen Revolution – »Freiheit, Gleichheit, Brüderlichkeit« – diktieren Knigge Sätze in die Feder, die an Schärfe nicht zu überbieten sind. Zwar, schränkt er ein, würde man Unrecht tun, wenn man allen »sehr vornehmen« und »sehr reichen Leuten« dieselben Fehler zuschreiben würde: ungesellig und kalt zu sein, unfähig zur Freundschaft, schwer zu behandeln. Aber es seien doch die meisten Adeligen, von denen man dies leider sagen müsse – Ausnahmen bestätigten die Regel. Und dann legt Knigge los: In der Erziehung werden sie verwahrlost, durch Schmeichelei verdorben, unfähig sind sie – da sie nie Not und Mangel kennengelernt haben –, sich in die Bedürfnisse anderer hineinzuversetzen. »Sie lernen sich selbst nicht kennen.« »Sie sehen sich als Wesen besserer Art, von der Natur begünstigt, zu herrschen und zu regieren, die niederen Klassen hingegen bestimmt, ihrem Egoismus, ihrer Eitelkeit zu huldigen, ihre Launen zu ertragen und ihren Phantasien zu schmeicheln.« Bis zum Aufruf zum Umsturz dieser Gesellschaft geht Knigge nicht. Aber konsequenterweise vermeidet er es künftig, in seinem Namen das »von« zu benutzen. Und seinen »Freiherrn« hat er als »freien Herrn Knigge« verstanden. Was er seinen Lesern, in viele Einzelheiten eingehüllt, empfiehlt, lässt sich in einem Satz zusammenfassen: Wenn es irgend geht, halte Distanz zu den Großen, den Fürsten, Vornehmen und Reichen dieser Erde! Man wird weithin schwere Enttäuschungen und bittere Niederlagen im Umgang mit ihnen erleben! Aus den eigenen Erfahrungen Knigges schiebt er dann doch die eine oder andere Erzählung in die Diagnosen und Imperative mit ein: »Die besten Fürsten sind nicht selten die, von denen am wenigsten geredet wird, sowohl im Guten wie im Bösen.«

*

Nicht wahr, Adolph Freiherr Knigges *Über den Umgang mit Menschen* ist ein bestechendes und ein bewegendes Buch. Mit großem persönlichen Respekt und mit hoher Erwartung fahre ich nach Bredenbeck. Dabei kapriziere ich mich gar nicht auf das Gut. »Burg« und »Schloß« Bredenbeck, die Gebäude, in denen Adolph Freiherr Knigge geboren wurde und seine frühe Kindheit verbracht hat und welche wahrscheinlich zu seiner Zeit auch miteinander verbunden waren, sind längst abgerissen. Das jetzige, schlichte Gutshaus stammt aus der Zeit um 1800. Die Gedenktafel an den großen Ahnherren, die man aus Anlass seines 200. Todestages 1996 am Gutshaus angebracht hat, kann man zumindest in Umrissen auch vom Eingangstor her erkennen. Das Interessanteste ist aber gerade von dieser Stelle aus zu überblicken: Georg Ludwig Friedrich Laves, der große hannoversche Baumeister des Klassizismus, hat 1828 die gesamte Hofanlage mit ihren Stallgebäuden als eine großzügige sechseckige Platzanlage gebaut. Dies war Teil einer gesamten neuen Dorfplanung des Ortes Bredenbeck von 1824, welche aber nur in kleinen Teilen zur Ausführung kam. Der Bürgermeister von Wennigsen legt mir bei meinem Besuch eine Kopie der Entwurfszeichnung von Laves aus dem Stadtarchiv in Hannover vor. Alle Straßen im rechten Winkel! Auch ein kombiniertes Schul- und Kirchgebäude hat Laves gezeichnet. Auch das ist nicht gebaut worden, der Platz – der heutige Denkmalsplatz – ist noch immer frei. Diese Klassizisten hatten doch wirklich den Mut zu einer großräumigen Planung! Der Platz, den Laves dann vor dem Gutshaus gestaltet hat, wirkt aber nur in Grenzen repräsentativ. Vielleicht hängt das mit den Anbauten und Umnutzungen zusammen, die seitdem auf dem Gut geschehen sind.

Ein paar Schritte weiter bin ich bei Hans G. in dem Haus An der Beeke Nr. 10 angemeldet. Die Alte Schule ist es, eine frühere Patronatsschule mit kleinem Glockenturm. Laves hat den schön proportionierten Bau entworfen, links die Schule, rechts die Lehrerwohnung. Vor dem Gebäude hat Hans G. eine große Schrifttafel angebracht, die dem großen Bredenbecker huldigt. Schon hier kann man ahnen, dass der jetzige Besitzer Dekorationsmaler war, so akkurat sind diese und alle anderen Hinweistafeln in Bredenbeck gestaltet. Mit Begeisterung lese ich, dass einer meiner Vorgänger an der Marktkirche in Hannover, der Vater der beiden berühmten Romantiker-Brüder und spätere Generalsuperintendent Johann Adolf Schlegel, einer der Lehrer von Adolph Freiherr Knigge war. Vermutlich hat er ihn auch konfirmiert. – Hans G., der in diesem Jahr 80 wird, führt mich durch das Haus. Eine alte verkommene Bude sei das Haus gewesen, alles kaputt, nur ein Kaminofen da. Für einen geringen Pachtzins habe er das Haus gegen einen Konkurrenten, der daraus einen Ziegenstall machen wollte, übernehmen können. Später habe er es gekauft. Alles, innen wie außen, hat er selber gemacht. »Dieses Haus ist ein Schatz.« Die Leute klingeln und meinen, es sei eine Kirche. Die gäbe es in Bredenbeck nicht mehr, die Gutskirche sei im 19. Jahrhundert abgebrannt, zur Kirche in Holtensen gehöre das Dorf heute. Abwechselnd gäbe es aber Gottesdienste in der Holtenser Kirche und im Dietrich-Bonhoeffer-Gemeindehaus in Bredenbeck. Hans G. hat dabei, wie auch am Sonnabend um 18.00 Uhr, um 10 Minuten vor 10 Uhr die kleine Glocke zu läuten. Er bekommt sogar eine Aufwandsentschädigung dafür. Auf zwei wackeligen Leitern steigen wir zum Dachreiter hinauf, ich stecke den Kopf hinaus, die Glocke hängt genau über mir. Hinter mir das Rittergut, vorne die Dächer des Dorfes und die lange Beeke-Straße. Wir sind dann beide doch froh, als wir wieder heil unten sind, für alte Herren ist das alles nichts: »Meine Frau darf das gar nicht wissen.« Dann laufe ich an der Beeke entlang, diesem kleinen geraden Bach. Man fährt von Holtensen richtig einen Berg hinunter, Bredenbeck ist ein Dorf im Tal. Gepflegte Häuser rechts und links, die Nr. 11 ist von 1657. Höfe, auf denen man Kartoffeln kaufen kann und Wurst. In der Kornbrennerei von Hans-Heinrich W. lande ich am Ende: »Hast Du Freude/Hast Du Zorn/Trinke/Bredenbecker Korn«. Am Mittwochnachmittag ist kein Verkauf. Auf mein Klopfen macht ein zurückhaltender Herr auf. Er ist Kirchenvorsteher, stellt sich heraus, und er erzählt mir einiges zur Geschichte des Dorfes. Die »Heimatstube« müsse ich mir anschauen. Und natürlich eine Führung in seiner Kornbrennerei mitmachen, die seine Frau anbietet. Ich notiere mir den Termin der nächsten angemeldeten Gruppe, laufe noch einmal um das ganze Gut herum, ins Feld und hinauf in den nahen Wald. Wirklich ganz dicht am Deister liegt Bredenbeck, und das kann man immer wieder voll genießen.

Eine Führung in der Kornbrennerei W. ist ein richtiges Ereignis. Auch sonst ist auf dem Hof viel los, seit das Ehepaar W. die 50 Hektar Ackerland und den Wald mit sechs anderen Betrieben in eine Betriebsgemeinschaft eingebracht hat. Ein

© Hans Groth, Vera Kölbel

Die alte Schule in Bredenbeck

Programm durch das ganze Jahr hindurch mit Ausstellungen und Vernissagen, mit Frühschoppen und Open-Air-Konzerten, mit Kammerkino, Lesungen und dem Bredenbecker Bauernmarkt füllt die freien Scheunen und den Hof. Ein kleines Kulturzentrum ist daraus geworden. Inzwischen ist der Bus mit den 25 Leuten angekommen, denen ich mich für eine Stunde anschließen werde. Es sind Landwirte und ihre Frauen aus dem Schaumburger Land. In Jeinsen haben sie gerade einen Hof aus dem Programm der »Reichsumsiedlung« angeschaut: Wegen des Baus der Hermann-Göring-Werke in Salzgitter waren viele Bauern von dort in den Raum um Jeinsen herum angesiedelt worden. Ich werde auf der Stelle von der Gruppe aufgenommen, eine Frau steckt mir einen »Kümmerling« zu. Hans-Heinrich W. führt die Gruppe selbst; seine Frau Geertien – beide sind Agraringenieure – ist unterwegs. Der Mann ist nach meiner damaligen Begegnung mit ihm heute kaum wiederzuerkennen. Zu großer Form läuft er auf. Man merkt die Routine der vielen Führungen, und er macht es offensichtlich noch immer gern. Seit 1826 gibt es das Familienunternehmen. Die Warneckes stammen aus Burgstemmen. Eine Klitsche sei das hier gewesen, drei oder vier Hofstellen seien im Laufe der Zeit zusammengewachsen. Die Höfe seien alle sehr klein gewesen, alles an Land und Wald habe den Knigges gehört. Und dann kommt fast so etwas wie ein revolutionäres Pathos in seine Stimme: »Es ist noch nicht so lange her, dass wir die bürgerliche Freiheit haben. Dass wir heiraten können, wann und wen wir wollen. Dass wir den Ort wechseln, dass wir auswandern können. Dass wir überhaupt wählen dürfen. Mein Urgroßvater musste sich noch freikaufen. Das ist alles erst 150 Jahre her.« Ich merke: Hier überschreitet die Geschichte einer Familie und eines Hofes die eigene Generation; 1848 ist, als sei es gestern gewesen. Man ahnt die Konflikte und die Spannungen, unter denen sich ein Dorf wie Bredenbeck bis in die Gegenwart hinein entwickelt hat.

Ich habe mich zu Hause näher mit der Geschichte dieser Jahre befasst. Es stimmt, in Preußen hatte Karl Freiherr vom Stein schon 1810 die Bauernbefreiung durchgeführt, im Königreich Hannover dauerte die Gutsuntertänigkeit der Bauern 20 Jahre länger. Die Situation für die Einwohner des Dorfes verschärfte sich noch dadurch, dass die Freiherren Knigge nicht nur ihre Dienstherren, sondern auch ihre Gerichtsherren waren. Erst 1849 wurde das »Adelige Gericht Bredenbeck« aufgehoben, das als »geschlossenes Gericht« die Verfahren selbstständig durchführen konnte, sich allerdings in Dingen der »Halsgerichtsbarkeit« (also bis zur Todesstrafe) mit dem Calenberger Amtmann in Verbindung zu setzen hatte (und dies nicht immer tat). Die Bauernbefreiung setzte sich in Hannover in der Form des Freikaufs durch, der dann freilich wiederum eine langjährige Verschuldung der Bauern zur Folge hatte. Schon 1840 lösten offenbar viele kniggeschen Köthner ihre Gutsuntertänigkeit ab. Richtige Verträge »auf ewige Zeiten« wurden zwischen der Gutsherrschaft und einzelnen Bauern geschlossen. So betrugen die Pflichten eines »Vollköthners« gegenüber dem Gutsherren Abgaben an Getreide und Vieh, weiter etwa 100 Handdiensttage im Jahr (also gut drei Monate), Zins für die Pacht von Wiesen sowie Landpacht für zusätzlich gepachtetes Land. Beim Freikauf hatte etwa der Vollköthner Friedrich Bolte »104 Taler 18 Gutegroschen 10 Pfennig in Courant an den Kammerherrn Freiherr Knigge bar und in einer ungetrennten Summe und zwar am 1. Mai 1840« zu zahlen (der ganze Vertrag in: Gewecke, *Reise in Kniggen Land. Bredenbecker Chronik*). Was das bedeutete, kann freilich erst ermessen, wer über die damalige Kaufkraft des Geldes orientiert ist.

Waldemar R., der frühere Direktor des Historischen Museums in Hannover, macht auf meine Bitte hin den äußerst komplizierten Versuch, durch Vergleiche verschiedener Kosten eine Analogie zu heutigen Geldwerten herzustellen. Er kommt für 100 Taler auf die erhebliche Summe von 16.000 Euro ... Eins kann er mir sicher sagen: Dass 1842 die Regierung Hannovers die Landeskreditanstalt gegründet hat, um damit das »Bauernlegen« – wie es in Preußen durch das dortige System der Landabtretung beim Freikauf der Bauern häufig passierte – in den eigenen Landen zu verhindern. Hier konnten dann die Bauern langfristige Kredite aufnehmen, die ihnen das Weiterleben und Weiterarbeiten auf der eigenen Scholle möglich machten.

Ein besonderes soziales Problem der Dorfbevölkerung waren offensichtlich die »Häuslinge«, von denen es 1848 in Bredenbeck 84 Personen gab. Häuslinge hatten kein Land, kein Haus, wohnten zur Miete, arbeiteten als Tagelöhner und waren dennoch für 36 Tage zur Dienstleistung auf dem Gut verpflichtet. »Als Gegenleistung für die gute Bredenbecker Luft«, wie die Spötter sagten. In dieser Gruppe gärte es 1848 auch in Bredenbeck, und der Ruf im Lande, dass die Bredenbecker »eher links« seien, ging sicher in erheblichem Maße auf die sozialen Spannungen und die Klassenunterschiede in diesem Dorf zurück. Da von den Häuslingen beim Freikauf nichts zu holen war, erstattete die Regierung in Hannover der Gutsherrschaft Bredenbeck mit einem Betrag von fast 1500 Talern die gesamte Dienstleistung, die dem Gut durch den Wegfall der Häuslingsarbeit verloren ging.

Aber zurück zur Führung in der Kornbrennerei W. Der Großvater habe die Brennerei aufgebaut, zusammen mit der Großmutter. »Alles ging in Deckung, wenn die beiden in Streit gerieten«, sagt Hans-Heinrich W. Da hat sich in der Familie vieles aufgestaut und in Unternehmergeist umgesetzt, denke ich. Der Vater habe alles grundlegend umgestaltet. Die Brennerei sei gebaut für die Ewigkeit, grundsolide sei alles, früher mussten die Decken die schweren Mahlsteine tragen. 300 Hektoliter pro Jahr, hergestellt auf der Basis des reinen Weizenkorns, ist das vom Staat festgelegte Brennkontingent. Von November bis Mai wird gebrannt, dann kommt das Zollamt und versiegelt das Brenngerät. Der technische Vorgang der Spirituosenherstellung überfordert dann sehr schnell meine naturwissenschaftliche Begriffskapazität. Das habe ich behalten: Der Weizen wird verschrotet, Wasser und Schwefelsäure werden zugeführt. Die »Maische« wird hochgekocht und wieder heruntergekühlt. Das interessiert mich, wenn ich ehrlich bin, auch nicht so sehr. Ich merke erst wieder auf, als Hans-Heinrich W. die Gefährlichkeit des Rohalkohols erwähnt, der Methanol enthält und der zur Blindheit führen kann. Dann muss alles noch feingebrannt werden.

In einem nächsten Raum wird mit Fotos und Bildern die Geschichte der Kornbrennerei erzählt. In einem anderen, größeren lagern die Eichenfässer. Der Ausschank fängt mit dem besten Erzeugnis an, mit dem »Geburtstagskorn«, der zwei Jahre in den Fässern gelagert hat. Der »Blütenlikör« folgt, der Lieblingslikör seiner Frau. Beim »Birnenlikör« ziehe ich los, noch ehe es so richtig gemütlich geworden ist – was in dieser handfesten und geselligen Runde absolut vorhersehbar ist. Aber in der »Heimatstube« gegenüber der Dorfschule warten schon Hermann G. und Heinrich S. eine ganze Weile auf mich. »Wir müssen sammeln, ehe alles in den Sperrmüll geht«, das war die Devise des »Heimatbundes«. 1973 ist die »Heimatstube« eröffnet worden. Hier findet sich, dicht gedrängt, alles, was Bredenbeck je ausgemacht hat. Die Arbeitsutensilien der 13 selbstständigen Tischler tauchen auf, die der Schuster, der Schlachter. Der Bergbau, die Glasbläserei vom Steinkrug, nichts davon ist vergessen. Das Vereinsleben spielt seine beherrschende Rolle auch in diesen Räumen. Kurioses zu Hauf: Eine Schnurrbarttasse mit Steg, um den Bart vom Getränk zu trennen. Eine Tasse mit den vier Verbündeten von 1914/18 – wobei ich nicht weiß, ob es wirklich einen »Schah der Türkei« gegeben hat. Auch die Freiherren Knigge sind nicht vergessen, Adolph Freiherr Knigge schon gar nicht, und nicht nur die »Gesammelten Werke« des großen Sohnes dieses Ortes stehen dort. Leider ist die »Heimatstube« nur am 3. Sonntag im Monat von 10.00–12.00 Uhr geöffnet; aber Sondervereinbarungen mit diesen freundlichen Herren lassen sich immer treffen.

*

Für die Besichtigung der Kirche in Holtensen muss man sich Zeit nehmen. Bei meinem ersten Versuch stehe ich vor verschlossenen Türen, erst eine Verabredung mit dem Pastor bringt mich hinein. Ein altes Kirchspiel ist das Dorf, 1329 wird es urkundlich zum ersten Mal im Zusammenhang mit einem »Jordanus rector« genannt, »Spolholtusen« ist der Name des Dorfes damals. Es ist selten, dass man einen Dorfpastor aus dem 14. Jahrhundert mit Namen kennt. Über den Bau der ersten Kirche gibt es nur Vermutungen, über die innere Ausstattung wissen wir mehr durch das, was erhalten geblieben ist. »Pott Holtensen« hat man das Dorf später genannt, weil in dem Ort Töpfereien eine große Rolle spielten. All das ist vorbei, nur der Name ist hier und da geblieben. Die Kirche ist ein schöner, weiter Raum. Die Kreuzesform mit den beiden Querschiffen ist erst bei der großen Renovierung 1887 durch den Neugotiker Conrad Wilhelm Hase entstanden. Die umlaufenden Emporen wiederum sind bei der letzten Renovierung der Jahre 1992/93 verschwunden; die Außentreppe, die einst auf die Empore führte, endet heute an einer Mauer. Farbige Glasfenster interessieren mich immer. Die schönsten sind gleich am Eingang von dem Bremer Heinz Lilienthal; der Durchzug Israels durchs Rote Meer in einer eindrucksvollen langen Kette links (1980), das rechte Glasfenster mit dem Bild des himmlischen Jerusalems ist eher verschlüsselt (1978). Über das statuarische Fenster vorne rechts mit den Personen von Petrus und Johannes will ich lieber gar nicht reden. Zwei Dinge jedoch werden mir aus der Holtenser Kirche in Erinnerung bleiben. Der Rest eines spätgotischen Freskos an der Südwand der Kirche zeigt eine Märtyrerin mit ihrem Peiniger und ist eindrucksvoll gestaltet. Auch das Fresko an der Decke der Kirche ist nur noch als Fragment erhalten; doch auch darauf schaue ich so lange, bis Rücken und Nacken schmerzen. Die Verkündigung an Maria ist zu erkennen, mit den Symbolen der Evangelisten und Gottvater in der Mitte. Aus der Gestalt der Säulen soll man eine Entstehungszeit um 1580 vermuten können; was die Kunsthistoriker nicht alles herauszubekommen meinen. »Eine der schönsten Kirchen im Calenberger Land ist diese Kirche«, sagt Pastor Klaus-Henning D. mit Überzeugung. Ich werde ihm nicht rundherum widersprechen können.

*

In Wennigsen wandere ich einmal von vorne bis hinten durch die Hauptstraße, die Einkaufsstraße dieses Ortes. Die Klosterkirche ganz am Anfang ist zu, nur stundenweise ist sie geöffnet. Die Straße macht einen unglaublich disparaten Eindruck, kein Haus ist wie das andere, schöne Häuser stehen neben ausgesprochen hässlichen Bauten. Bürgermeister Christoph M. wird mir die Uneinheitlichkeit durch das Zusammenwachsen der drei Bereiche zu erklären versuchen, aus denen Wennigsen besteht: der Landwirtschaft, dem Bergbau und dem Kloster. Alte Scheunen wurden oft abgebrochen, neue Häuser an deren Stelle gebaut. Das rasante Wachstum des Ortes erklärt manches, aber entschuldigt nicht alles. Etwas mehr könnte man in Wennigsen schon auf die äußere Gestalt achten, denke ich.

Der Bürgermeister ist ein erstaunlich junger Mann. Als er 2007 mit 26 Jahren als Parteiloser gewählt wurde, war er der jüngste Bürgermeister Niedersachsens. Wennigsen ist mit seinen acht Ortschaften und seinen insgesamt 15000 Einwohnern eine Gemeinde, keine Stadt. Die Stadtrechte werden vom Innenministerium ausgesprochen. Die Kriterien sind vor allem die historischen Stadtrechte und ein deutlich städtisches Gepräge der Kernstadt. Die Einwohnerzahl spiele nur eine sekundäre Rolle. Wir gehen die einzelnen Orte der Gemeinde der Reihe nach durch, über jeden weiß Christoph M. Interessantes zu berichten. Ich kann und will das nicht alles wiederholen. Was ich nicht wusste: Dass die Eltern von Heinz Erhardt einige Jahre in Wennigser Mark wohnten und Heinz Erhardt von 1919 bis 1924 in Barsinghausen zur Schule gegangen ist. In das »Pädagogium«, einer Privatschule mit Waldorf-Ansätzen, das Gebäude steht noch in der Nähe des Barsinghäuser Klosters. Ich erzähle dem Bürgermeister, wie die Gemeinde Thal am Stadtrand von Graz die Jugendjahre Arnold Schwarzeneggers vermarktet: mit großen Plakatwänden und Aufklebern, mit Schwarzenegger-Dorf, Schwarzenegger-Haus und Schwarzenegger-Pfad. Die geradezu kultische Verehrung sprengt alle Grenzen. Wir lachen darüber, und lassen das alles lieber auf sich beruhen.

Die finanziellen Probleme in Wennigsen sind groß wie überall. Vielleicht sogar noch größer, meint der Bürgermeister. »Wir fallen durch alle Raster der Gemeindefinanzierung«. Große Teile der Gemeinde bestünden aus Wald und Landschaftsschutzgebieten, Industrie gäbe es nur wenig. Dass wir ein »landschaftlich herausragendes Naherholungsgebiet« sind, werde allgemein anerkannt, bringe aber kein Geld. Als zweitkleinste Gemeinde der Region müssten die Kosten für die Grundbedürfnisse auf wenige Köpfe umgelegt werden. Aber das alles ist nur die eine Seite der Medaille. Das Selbstbewusstsein nämlich ist ungebrochen: »Kulturell sind wir weit voraus«. Da sind die Konzerte im Kloster, da ist die Kleinkunstszene im »Spritzenhaus«. Kreative Menschen suchen den Ort. Am »Tag des offenen Ateliers«, der »Kunstspur« 2008, waren allein in Wennigsen 20 Ateliers beteiligt, in der ganzen Gemeinde waren es über 30. Die anthroposophische Szene ist stark in Wennigsen, auch das geplante »Musicon« ist davon bestimmt. »Wennigser Gesundheitstage« gibt es, ein Familienzentrum ist geplant, ein größeres Neubaugebiet soll noch einmal junge Familien an Wennigsen binden. Die ökologische Industrie soll ausgebaut werden, Naturmittelhersteller sind gefragt, die Ökosiedlung »Unter dem Hollerbusch« ist wichtig. Das »Heimatmuseum« in der ehemaligen Wassermühle wird mir empfohlen (das freilich nur sonntags geöffnet ist). Und das »Historische Freischießen« alle drei Jahre will er nicht vergessen, das aus den Kreisen der Bevölkerung stark gestützt und das es in dieser Form nur noch in Eldagsen und Minden gibt.

Einem Hinweis von Christoph M. gehe ich dann noch zu Fuß nach. In der letzten Gaststätte vor dem Bahnhof ist 1945 die SPD neu gegründet worden. In Hannover hatte Kurt Schumacher keinen großen Saal finden können, der nicht zerbombt gewesen wäre. An einer Bahnstation musste der Saal liegen, so fand die Wiedergründung der SPD – damals noch für alle vier Besatzungszonen – hier in Wennigsen statt. Eine Tafel an dem Haus erinnert daran. Ein wichtiges Datum unserer Parteiengeschichte hat sich demnach hier abgespielt, das sollte nicht übergangen werden! Dann fahre ich aber doch noch einmal zum »Waldkater« hinaus, wo unsere Freunde Anne und Heinz B. wohnen. Wie oft sitzen wir hier miteinander, hinter dem großen Fenster oder im Garten, schauen auf den Ort, aus dem die Klosterkirche herausragt und die markante Mitte bildet. Besonders schön sind die Wochen, in denen der Raps blüht und die Felder bis nach Wennigsen hin in eine gelbe Bildwelt verwandelt, die an van Gogh erinnert. Die Blicke. Ohne die weiten Fluchten, die ein Ziel haben müssen, wäre das alles nichts.

Eines der Dörfer, die zur Gemeinde Wennigsen gehören, will ich noch genau studieren. Degersen liegt ganz malerisch auf dem Hügel, vor allem von unserem Lieblingsweg am Gehrdener Berg her betrachtet. »Ja, das Bergdorf«, sagt Fritz S., der Ortsbürgermeister. »Das ist einzigartig. Mit der großen Feldmark und dem herrlichen Blick zum Deister hin, auf Wennigser Mark und Egestorf.« Nein, eine Kirche hätten sie nicht. Die habe es früher einmal gegeben, und immer wieder habe es Pläne gegeben, eine zu bauen. Aber es sei nie dazu gekommen. Die Nähe der Klosterkirche in Wennigsen habe das immer verhindert. Die ist wirklich nur gerade über den Berg, wie ich später feststelle. Aber ein Dorf ohne Kirche, wo jeder winzige Ort im Calenberger Land zumindest eine Kapelle hat, das ist selten. Was hält ein solches Dorf zusammen? Wo ist der Mittelpunkt?

Wir treffen uns an der Linde direkt an der Straße, das scheint der geheime Mittelpunkt des Ortes zu sein. Überhaupt sind die Bäume wichtig in diesem Dorf. »Ohne Bäume ist eine Feldmark leer«, sagt Fritz S. Aber es hat intensiver Überredungskunst bedurft, bis das Dorf sein großes Baumprogramm in der Feldmark akzeptiert hat. Mit Patenschaften hat er gearbeitet, Erwachsene und Konfirmanden haben Patenschaften übernommen. Obstbäume sind wichtig, an denen sich jeder frei bedienen kann. »Ohne Bäume haben die Felder keine Gliederung.« Aber es dauerte, bis die Bauern, denen die Bäume für die Traktoren ein Hindernis waren und die durch die Schatten der Bäume auch eine Einbuße der Ernte fürchteten, das alles akzeptierten. – »Jetzt sind sie alle stolz.« Seit 1964 ist Fritz S. in der Kommunalpolitik, seit 1970 ist er Ortsbürgermeister, er kennt jeden und jede, grüßt ständig nach rechts und links. »Miteinander und füreinander« ist sein Motto, als eine große Gemeinschaft versteht er »sein« Dorf. Und das ist eine der Antworten auf meine Frage. Es bedarf einer Person, die so etwas wie die Seele eines Ortes ist, und ganzen Einsatz. Ob der von allen bejaht und akzeptiert wird, ist dann natürlich immer noch die Frage. Eine ganz eigene Story gehört hierzu. 1970 schlossen sich sieben Ortschaften zu einer Gemeinde zusammen. Die Versprechungen aber, die man bei der Eingemeindung zugesagt hatte, wurden nach Meinung der Degerser nicht eingehalten. So setzte in Degersen, unter Führung von Fritz S., ein massiver Versuch ein, wieder selbstständig zu werden. Ein »Freistaat Degersen« wurde proklamiert, der Bürgermeister gibt mir noch einen entsprechenden Aufkleber mit nach Hause. Sogar mit der Staatskanzlei in München hätten sie Kontakt aufgenommen, da Bayern ja nun auch ein Freistaat sei, und Franz Josef Strauß habe sogar geantwortet. Das alles habe natürlich zu keinem positiven Endergebnis geführt. Aber es habe das Selbstbewusstsein der Degerser ungeheuer gestärkt. Die Forderung der Freiheit, die Adolph Freiherr Knigge von der Französischen Revolution mit in diese Gegend gebracht hat, ist also noch längst nicht aus den Dörfern verschwunden. – 2200 Einwohner hat das Dorf. Nach dem 2. Weltkrieg habe sich durch eine kluge Ansiedlungspolitik für die Flüchtlinge, denen man Bauland zur Verfügung stellte, die Einwohnerzahl verdoppelt. Im Gegensatz zu vielen Dörfern ringsum.

Fritz S. führt mich durch das Dorf. Zur alten Schule, in der jetzt ein »Sprachheilkindergarten« ist. Am »Schützenhaus« vorbei, wo sich die Vereine treffen. Zur »Heimatstube«, wo die »Plattdütsche Gruppe« und die »Frauengruppe« zu Hause sind. Dann geht er mit mir in der Glockenstraße hinten rechts einen kleinen Gang hinein. Vor dem »Kapellengarten«(!) stehen wir, der offenbar das eigentliche Zentrum des Dorfes ist. Am Eingang ist ein Platz mit großen Steinen, die sich gut als Erinnerungssteine an wichtige Menschen des Dorfes eignen. Zum Beispiel an den überraschend verstorbenen Schornsteinfegermeister Gerhard Weiß, der für das Dorf so wichtig war, wie S. erzählt. Eine Bühne für Aufführungen jeder Art ist hier gebaut, an der auch der Ökumenische Gottesdienst stattfindet. Einen Bolzplatz gibt es, einen großen Sportplatz, einen Grillplatz. In einem kleinen Haus kann man sich mit Freunden treffen, Karten spielen oder was immer man sonst noch will. Noch einmal genießen wir die schöne Aussicht auf den Deister, dann geht es zuerst zu ihm nach Hause, und für mich geht es bald weiter.

*

Die Reise in das »Kniggen Land« endet für mich in Leveste. Das Gutshaus der Knigges ist von einem Wassergraben umgeben. Zwei Löwen, die mit einer Kugel spielen, bewachen das Gut. Es ist alles still und ruhig. Der Hof ist weit und die Türen der Scheunen sind auffällig rot-weiß gestrichen. Meine Frau will mit mir noch einen längeren Marsch machen, und so gehen wir auf einem befestigten Weg, der von einem Hoftor ausgeht, weit in das Feld hinein. Es ist diesig. Alles wirkt wie gedämpft. Auch die Vogelrufe klingen wie von weit her. Das Rauschen der Windräder hört man kaum. Als wir zur Kirche kommen, hat die Küsterin die Kirche schon aufgeschlossen. Diese Kirche ist ein Juwel. Eine wunderbar ausgemalte Kirche, deren Fresken aus der hohen Zeit des Mittelalters stammen. Spiralförmig gewundene Enden umschließen im mittleren Gewölbe 26 Frauenköpfe. Am eindrucksvollsten sind die Frauengestalten in den vier Ecken des Mitteljochs. Die Hl. Ursula hält den Anfang des Rankenwerks in der linken Hand, in der rechten zeigt sie den Pfeil, das Werkzeug ihres Martyriums. Mit 11000 Jungfrauen soll sie, auf einer Wallfahrt nach Rom, in der Gegend um Köln ermordet worden sein, die Malereien zeigen ihre Legende. In der zweiten Ecke die Hl. Katharina mit Rad und Schwert. In der dritten St. Juliana mit einem Kreuzstab und dem angeketteten Teufel. Die vierte Frauengestalt mit dem Messer in der linken Hand

Die St. Agathe-Kirche in Leveste

© Grombo

mag die Namenspatronin der Kirche sein, die Hl. Agathe. Im dritten Jahrhundert soll sie in Catania auf Sizilien ermordet worden sein.

Wie kommen diese vielen Frauen nur in diese Kirche? Und das auf einem Bildteppich aus einer Zeit, in der die Frauen doch offensichtlich kaum Rechte, geschweige denn etwas zu sagen hatten. Entweder muss man das Bild des Mittelalters an diesen Punkten erheblich differenzieren oder die Kirche war in Sachen Frauenemanzipation ihrer Zeit weit voraus! Darüber reden wir beide lange und Frau B., die Küsterin, harrt geduldig aus. Viel Verständnis hat sie für unsere Begeisterung über den »weichen Stil« der Fresken, der auf eine Entstehungszeit zwischen 1370 und 1430 verweist. Im Sommer will sie die Kirche auch an einem Donnerstagnachmittag für alle öffnen, hoffentlich kommt sie dazu. – So vieles gibt es in dieser Kirche zu betrachten, 2004 hat man ihr 775-jähriges Jubiläum gefeiert. Zumindest einen Blick auf die Gutsprieche müssen wir noch werfen. Auch an der Prieche: Die Namen von neun Frauen und nur einem Mann. Der einzige Mann ist Franz Heinrich Freiherr Knigge (1707–1767), er muss wohl der Vater des Onkels von Adolph Freiherr Knigge gewesen sein, der dann das Gut Bredenbeck wieder in die Familie brachte. Bei den Frauen werden, wie ich vermute, die Heirats-, nicht die Geburtsdaten genannt: bei den Freiinnen von Münchhausen, von Vietinghoff, bei Anne Ottilie von der Lippe.

Noch einmal schlendern wir an dem Gut von Leveste vorbei. Adolph Freiherr Knigge ist, nachdem das Gut Bredenbeck in andere Hände übergegangen war, anscheinend nie mehr in Bredenbeck gewesen. Nach Leveste zu seinem Onkel aber ist er oft und gerne gefahren, er hat sich in Leveste wohl gefühlt. Heute ist auf diesem Gut bei seinem gegenwärtigen Besitzer das Knigge-Archiv zu Hause. Es soll, wie ich lese, ganz hervorragend sein. Ich habe es nicht gesehen. Ich habe auch nur gelegentlich einmal einen Impuls verspürt, den Versuch zu machen, einen Besuch des Archivs in diesen Monaten herbeizuführen. Ich habe es nicht probiert. Es muss auch unerledigte Dinge geben. Der Hausherr soll, wie mir versichert wird, die Öffentlichkeit nicht sehr lieben. Ich kann das nur schwer verstehen. Ich kann es aber immer respektieren.

Zum Raum wird hier die Zeit

Schloss Marienburg, Schulenburg und die Feste Calenberg

Die Marienburg muss man, auch wenn das ein Umweg ist, von Nordstemmen aus anfahren. Schnurgerade führt die Straße von Nordstemmen-Nord auf die Marienburg zu. Immer größer wird sie so, am Ende scheint die Marienburg fast auf die Straße zu stürzen. Als atemberaubend erlebe ich das immer wieder. Ich habe eine Schwäche für die Marienburg, ich will es einfach zugeben. Sie scheint aus der Zeit zu fallen. Ein Archetyp ist sie für mich, das Traumbild eines Schlosses oder einer Burg. Obwohl sie einmal fest in ihrer Zeit verankert war. Eine Reihe von Träumern muss denn auch im 19. Jahrhundert auf deutschen Thronen gesessen haben. Männer, deren Herrschaftsanspruch sich in starkem Maße in eine Ästhetik des Raumes kleidete. König Ludwig II. von Bayern fällt mir da natürlich sofort ein, der sein Land mit aufwendigen Schlossbauten ruinierte. Neuschwanstein (Bauzeit 1868–1886), Linderhof (1874–1878), Herrenchiemsee (1878–1885) hatten keine militärische oder strategische Funktion mehr. Die Unangreifbarkeit der Burgen des Mittelalters war seit der Erfindung des Schießpulvers dahin. Aber die reale Bedeutung der neuen Burg- und Schlossbauten ist eher noch gewachsen. Sie dokumentierten – zeitübergreifend – den dynastischen Herrschaftsanspruch in der Ästhetik der Bauten. An den dicken Mauern und den hochragenden Türmen, an der aufwendigen Innengestaltung konnte jeder sehen, wie fest gegründet in der Geschichte und wie weitblickend in die Zukunft hinein sich dieser Regierungsanspruch verstand.

König Georg V. von Hannover war ein anderer Charakter als Ludwig II. Aber in ihrem Selbstverständnis waren die beiden nicht so weit voneinander entfernt. 1819 als einziger Sohn des späteren Königs Ernst August und der Königin Friederike geboren, erblindete er im Alter von 14 Jahren durch einen Unfall. 1837 vollzog sich die dynastische Trennung von England und Hannover, in England bestieg Queen Victoria den Thron, in Hannover wurde Georgs Vater König. 1851, nach dem Tod des Vaters, folgte Georg ihm als König von Hannover, nachdem eine Reihe von Bedenken im Hinblick auf seine Regierungsfähigkeit infolge seiner Blindheit ausgeräumt worden waren. 1843 hatte er die Prinzessin Marie von Sachsen-Altenburg geheiratet. Schon bald nach seinem Regierungsantritt fasste er den Plan zum Bau der Marienburg. Am 14. April 1857 machte er aus Anlass des Geburtstages seiner Frau das Grundstück und das darauf noch zu erbauende Schloss seiner Gattin als unbeschränktes Eigentum zum Geschenk. Alle zum Bau des Schlosses erforderlichen Mittel wurden im Vorhinein bewilligt. Ein wahrhaft königliches Geschenk war das! Dafür, dass Georg V. diese Mittel zur Verfügung standen, hatte er mit der inzwischen erfolgten Aufhebung der liberalen Verfassung von 1848, die seine Verfügungsgewalt beschränkte, schon gesorgt. Dass die Marienburg persönliches Eigentum der Königin Marie war, sollte sich bald als sehr bedeutsam erweisen. Bei der Annexion Hannovers durch Preußen 1866 fiel die Marienburg nicht unter die preußische Beschlagnahmung. So ist die Welfenfamilie noch heute die Eigentümerin der Marienburg. Nach dem Wohlgefallen und den Wünschen der Königin sollte die Marienburg gebaut werden. Aber da Marie sich ganz ihrem Mann unterordnete und Georg V. einen absoluten Führungsanspruch in allen Dingen voraussetzte, ist die Marienburg die deutlichste Demonstration welfischer Herrschaft in den hannoverschen Landen geworden.

Dieter Brosius hat Georg V., absolut überzeugend, wie ich finde, als »König des monarchischen Prinzips« beschrieben. Dem Monarchen war nach dessen fester Überzeugung seine Herrschaft unmittelbar von Gott verliehen. Ein Mann von großer Frömmigkeit war Georg V.; aber auch seine Frömmigkeit war mit seinem ihm von Gott gegebenen Auftrag ununterscheidbar verbunden. Gott habe dem Herrscher mit seiner Aufgabe zugleich die Fähigkeiten gegeben, das jeweils Richtige für sein Land und für sein Volk zu erkennen und auch durchzuführen. Ob das eher an das Gottesgnadentum des Absolutismus erinnert oder an ein mittelalterliches Heilsbewusstsein, mag dahingestellt bleiben. Wahrscheinlich spielte beides mit hinein. »Die Worte Demokratie und Konstitutionalismus, die Leitsterne der bürgerlichen Emanzipationsbewegung des 19. Jahrhunderts, waren denn auch für Georg V. Inbegriffe eines verabscheuenswürdigen Aufbegehrens gegen die gottgewollten Rechte des Königtums.« (Brosius). Dass er sich, bei aller persönlichen Integrität, durch diese rückwärtsgewandte Haltung gerade die geistigen Eliten seines Landes entfremdete, wird man sich vorstellen können. Zu diesem in Gott begründeten Anspruch seines Königtums gehörte auch Georgs starkes Interesse an der Geschichte. Die Geschichte Hannovers war für ihn offenbar identisch mit der ruhmreichen Geschichte seines welfischen Hauses. Die musste immer wieder ins Bewusstsein gehoben werden. So gründete er ein »Welfenmuseum«, baute in Hannover ein »Welfenschloss«. Und natürlich wurde der Schulenburger Berg, auf dem das neue Schloss gebaut werden sollte, sofort umbenannt in »Marienberg«. Und das Schloss musste »Marienburg« heißen, eben nach einer welfischen Königin, seiner Frau Marie. Die Wahl des Grundstücks war dabei, wie es die Gründungsurkunde ausdrückt, mitbestimmt von der Nähe zu »Unserem alten Ahnensitze Calenberg«. Dass der Berg außerdem eine »freundliche Aussicht über die lieblichen Auen der Leine« bot, wird Georg V. wohl als durchaus angemessene Zugabe empfunden haben. Aber vielleicht kam darin auch, wie ich vermute, seine Zuneigung zu seinem Land zum Ausdruck. Als »Christ, Monarch und Welf«, wie er dem Magistrat von Hannover bei seiner Abreise hin zur verhängnisvollen Auseinandersetzung mit Preußen 1866 erklärte, könne er nicht anders, als für sein Land, und das heißt zugleich für seine Rechte, bis zum guten oder bitteren Ende kämpfen. Georg V. ist, wie ich ihn auch in seinen Briefen kennengelernt habe, wahrscheinlich der Welfe gewesen, der seinem ›Hannoverland‹ am stärksten innerlich verbunden war und es am innigsten geliebt hat. Doch diese Liebe galt seinen »Untertanen«. Als er noch vor der Schlacht von Langensalza von seiner Frau aus Hannover gemeldet bekommt: »Alles ist rührend für uns« (!), schreibt er zurück: »Dankbar preise ich den Allmächtigen, daß er Dir Kraft und Fassung verliehen und daß er bei so vielem Traurigen Dir wiederum so unendlich wohlthuende Eindrücke durch die warme und liebevolle Theilnahme so vieler treuer, uns näher oder ferner stehenden Unterthanen geworden« (Brief vom 18. Juni 1866). Und es ist aus seiner Sicht der Dinge absolut konsequent, wenn er sagt – wie es von ihm berichtet wird –, dass es für einen König keine Freunde geben könne, sondern nur Diener. Bei einem solchen Selbstbewusstsein eines gottgesandten Monarchen kann natürlich nichts prächtig und eindrucksvoll genug sein. So wie die Kirchen im Mittelalter ein irdisches Abbild des himmlischen Jerusalems darstellen sollten, so werden vermutlich – ohne dass man das auszusprechen wagte – die Schlösser eines von Gott eingesetzten und von Gott geführten Monarchen ein irdisches Abbild der himmlischen Herrschaft Gottes gewesen sein. Da durfte an nichts gespart werden.

Dabei sollte das alles zunächst nur ein kleinerer ländlicher Sommersitz werden. Königin Marie hatte den Wunsch geäußert, sich von den mühseligen Hofgeschäften gelegentlich zurückziehen und auf dem Lande erholen zu können. Georg V. überbot diese »bescheidenen Absichten« mit dem Plan eines großen, »zu einer Burg ausgebauten Baues«. Der zum Kreis um die königliche Familie gehörende Major Witte wurde beauftragt, entsprechende Vorschläge zu machen und erste Entwürfe vorzulegen. Nach Prüfung mehrerer Orte entschied man sich für den Schulenburger Berg und die von Witte vorgelegten groben Skizzen. Als Architekt wurde im August 1857 Conrad Wilhelm Hase, der bedeutendste Architekt des Königreiches Hannover berufen. Die Bauleitung wurde Major Witte übertragen. Mit dieser Doppelung hatte man allerdings eine Ursache ständiger Auseinandersetzungen geschaffen, die die Baugeschichte der Marienburg fast zu einer Skandalgeschichte machte. Witte verstand offensichtlich wenig vom Bauen, redete aber in alles hinein. Gleich die erste Finanzsumme setzte er viel zu niedrig an, sodass Hase nahezu leer ausging. Mit Conrad Wilhelm Hase war die Entscheidung für eine neugotische Gestaltung des Schlosses gefallen, die – in streng symmetrischer Form – eine hufeisenförmige Anlage des Komplexes vorsah, der an der Nordseite mit Remisen und Wirtschaftsgebäuden geschlossen werden sollte. Im Oktober 1858 war die Grundsteinlegung. Der Außenbau der Marienburg ging zunächst zügig voran, beim Innenausbau machte sich jedoch langsam die fehlerhafte Finanzkalkulation bemerkbar. Vor allem aber: Die Auseinandersetzungen nahmen ständig zu. Hase wird recht gehabt haben, wenn er Witte »Eitelkeit und Selbstüberschätzung« vorwarf. Aber: Jener hatte das Ohr der Königin. Das Ende der Ära Hase auf der Marienburg zog sich von 1862 bis 1864 hin. Ob Hase nun »in Ungnade« fiel oder ob er entnervt das Handtuch warf, sei dahingestellt. Im Oktober 1864 wurde ein früherer Hase-Schüler und Hase-Mitarbeiter, Edwin Oppler, zum Architekten der Marienburg ernannt. Nach seinem von Hase erzwungenen Ausscheiden aus dem Baubüro Hase hatte Oppler eine kürzere Zeit im Architekturbüro von Viollet-le-Duc in Paris gearbeitet, der damaligen Autorität für Fragen der mittelalterlichen Baukunst, und hatte sich dort weitere Kenntnisse angeeignet. Die »vollkommene Harmonie des Äußeren und des Inneren« war seine große Zielvorstellung, und entsprechend ging er beim weiteren Ausbau der Marienburg an die Arbeit. Auch wenn er durch den Streit mit Hase gewarnt war und gleich von Anfang an 5 Prozent der Bausumme als Honorar für sich forderte: Die Auseinandersetzungen mit Witte blieben nicht aus. Bis sich schließlich herausstellte, dass der Major gelegentlich auch in die eigene Tasche wirtschaftete und er langsam das in ihn gesetzte Vertrauen verlor.

Der Bausituation der Marienburg entsprechend hatte es Edwin Oppler vor allem mit dem Innenausbau des Schlosses zu tun. König Georg V. hatte ihn in dem ihm eigenen, herrscherlich gewundenen Stil aufgefordert, die Marienburg »auch nach Innen in ein vollkommenes, eines Geschenkes von Mir würdigen Gebäudes« umzubauen. »Einheitlichkeit« war das große Schlagwort für die Gestaltung der Innenräume. Im gotischen Stil sollten alle Räume »vom Keller bis zum Boden« völlig stringent geformt werden. Wo etwa, wie im Rittersaal, von Hase Renaissanceelemente schon eingebaut waren, wurden diese gnadenlos beseitigt. Auch wenn man, wie gerade dort, mit dem eigenen Innenausbau nicht zu einem Ende kam. Isabel Maria Arends hat mit ihrer Dissertation, die unter dem Titel *»Gothische Träume«* publiziert worden ist, die »Raumkunst Edwin Opplers auf Schloß Marienburg« in einer bewundernswerten Detailarbeit untersucht. Es ist erstaunlich, bis in welche Einzelheiten Oppler seine Gestaltungsarbeit vorangetrieben hat. Die Holzkonstruktionen bis zur Wandverkleidung und zum Gestühl wurden von ihm geformt, die schmiedeeisernen Arbeiten bis zu den Türbeschlägen und Schlössern, die Kachelöfen, die Fußböden: Alles ist von diesem Willen zu einer einheitlichen gotischen Gestaltung durchgeformt. Da vieles davon durch die politischen Ereignisse und das lange Leerstehen des Schlosses bis in die Gegenwart hinein erhalten geblieben ist, stimmt die Autorin eine große und verständliche Klage an über die weitgehende Zerstörung dieses »letzten Gesamtkunstwerkes« aus der Hand von Edwin Oppler durch die umfangreiche Versteigerungsaktion des Welfenhauses im Herbst 2005: »In der unglaublich großen Versteigerungsmasse von 20000 Objekten, die durch zahlreiche zusätzliche Objekte außerhalb des Katalogs und des Zusatzkatalogs erheblich stieg, tauchten plötzlich Gegenstände auf, die ich jahrelang gesucht hatte ... Es kann einen in maßloses Staunen versetzen, wenn man angesichts der europäischen Bedeutung der Ausstattung von Schloß Marienburg, so wenig Interesse von Seiten der Eigentümer, des Landesdenkmalamtes und des Ministeriums, sowie der künstlerischen und technischen Hochschulen feststellen muß.« (S. 93). Nach der Zerstörung der großen Synagoge in Hannover, die Edwin Oppler fast zeitgleich baute, war die Marienburg das einzige Ensemble seiner Arbeit, das sich zumindest in der Innenausstattung bis zu jenem Jahr fast unbeeinträchtigt erhalten hatte.

Die folgenden Jahre und Jahrzehnte sind schnell erzählt. Die politischen Entwicklungen, die zu einer ständigen Zunahme der Spannungen zwischen Hannover und Preußen führten, kann ich hier nicht im Einzelnen schildern. Georg V. hat – durch Selbstüberschätzung, wie viele Historiker meinen – erheblich zum Wachsen dieser Spannungen beigetragen, zumal er ganz auf die österreichische Karte setzte. Seit dem 16. Juni 1866, 0.00 Uhr, befanden sich Hannover und Preußen im Krieg. König und Kronprinz hatten sich entschlossen, zusammen mit dem Heer in den Krieg zu ziehen. Nachts um 2.30 Uhr erfolgte der Aufbruch von Herrenhausen in Richtung Göttingen. Man wollte die Entscheidung im Süden des Königreiches herbeiführen, um die Möglichkeit zu haben, sich mit den Alliierten – nahezu allen nichtpreußischen Staaten – zu vereinigen. Diese ließen allerdings auf sich warten. Schon eine gute Stunde nach dem Abmarsch der Truppen erreichte die Königin das erste Telegramm des Königs: »Von Nordstemmen angesichts Deiner lieben Burg rufen wir Euch theueres Kleeblatt noch Gottes Segen zu. Gott schenke uns ein baldiges glückliches Wiedersehen.« Am 27. Juni kommt es zur – äußerst verlustreichen – Schlacht im thüringischen Langensalza, in der die hannoverschen Truppen die Oberhand gewinnen. Aber angesichts der völligen Erschöpfung der eigenen Truppen und des ungebrochenen preußischen Nachschubs an frischen Regimentern drängen die Generäle Georg V. zur Kapitulation, in die er schließlich einwilligt. Der König geht mit seinem Sohn ins Exil, zunächst zu Kaiser Franz Joseph nach Wien, später nach Gmunden im Salzkammergut. Hannover ist schon am 17. Juni den Preußen übergeben worden; Königin Marie entwindet sich der preußischen Aufsicht nach einiger Zeit und zieht Ende September 1866 auf die immer noch im Bau befindliche Marienburg. »Mit Liebe überall hierher begleitet, herrliches Wetter, lauter Friede, nur Ihr Theuren fehlt namenlos« (Telegramm der Königin an den König von der Marienburg am 27. September 1866).

Der Briefwechsel, der damals zwischen den beiden ein Jahr lang hin und her geht, gehört zum Interessantesten, was ich aus dieser Zeit gelesen habe. Das abrupte Nebeneinander von kleinbürgerlicher Intimität und hochherrschaftlichem Anspruch nach außen hin in dieser Ehe springt besonders ins Auge. Er nennt sie »Misi«, sie tituliert ihn mit »Mein Engel«: »Ach Misi, Misi, ich bin geknickt!«, schreibt er nach dem Entschluss zur Kapitulation aus Langensalza. Sie antwortet mit einer leidenschaftlichen Solidaritätserklärung, nicht nur ihm als ihrem Mann gegenüber, sondern auch ihm als dem König: »Doch jetzt ist es meine heilige Pflicht, weil ich dir damit nützen kann und gern jedes Opfer, sey es noch so schwer, Dir, Du Engel, bringe, um Dir Dein Königreich und Deine Dir von Gott gegebne Krone zu retten.« (Brief vom 6. Juli 1866). Die »Mittelalterige Gothische Burg«, wie sich Georg V. in einem Brief an seine Tochter Mary ausdrückt, bezeichnen beide immer wieder als »Dein« und »mein Eldorado«. »Auf meiner schönen, lieben Burg ertragen sich alle Quälereien viel leichter« (Brief vom 26. Oktober 1866). Zeitweise scheinen die beiden mit dem Gedanken gespielt zu haben, die Marienburg als Ort des Exils für die ganze Königsfamilie, als

»Hannoversches St. Helena« bis zum erhofften baldigen Ende der Verbannung zu nutzen. Durch eine immer strengere Kontrolle schnüren die Preußen den Spielraum der hannoverschen Königsfamilie ein. Als Königin Marie die Ankündigung erhält, sie solle einen preußischen Hofstaat erhalten, will sie diese erneute Demütigung nicht dulden und folgt mit ihrer Tochter Mary im Juni 1867 ihrem Mann in das österreichische Exil. Der Ausbau des Schlosses ging noch eine Weile weiter, die Königin erhielt regelmäßige Bauberichte und Fotoaufnahmen. Bis dann, da Georg V. auf seine königlichen Rechte nicht verzichtete und auch aktiv über Österreich und Frankreich gegen Preußen agitierte, Bismarck seine Hand auf die zugesagte Abfindung des hannoverschen Königshauses legte und die Finanzen spärlicher flossen. Im Dezember 1869 wurden die Arbeiten auf der Marienburg eingestellt. Auf der Burg lebte am Ende nur noch ein Kastellan mit seiner Familie. Fast 80 Jahre lang sank die Marienburg in einen »Dornröschenschlaf«.

Erst 1945 kam für einige Jahre neues Leben in das Schloss. Herzog Ernst August (III.) und Prinzessin Victoria Luise wurden samt ihrer Familie gezwungen, ihr Schloss Blankenburg im Ostharz zu verlassen. Sie siedelten mit allem Inventar – tagelang sollen die Lastwagen gerollt sein, so erzählt man – auf die Marienburg über. Für Wohnzwecke muss sich das Schloss in einem katastrophalen Zustand befunden haben. Der Pastor von Schulenburg, Jürgen R., erzählt mir, dass sein Großonkel in Adensen, der Elektriker war, seine lange gehorteten Kabelvorräte zur Verfügung gestellt habe, um die Marienburg erst einmal zu elektrifizieren. Kanonenöfen wurden zur Beheizung aufgestellt. Das Schloss war außerdem mit Flüchtlingen voll belegt, die allerdings allmählich auszogen. Nach dem Tode ihres Mannes lebte Victoria Luise noch bis 1965 auf der Marienburg. Der ausgezeichnete Kunstführer von Gottfried Kiesow von 1975 über die Marienburg beschränkt sich im Wesentlichen auf den äußeren Bau und geht offensichtlich davon aus, dass man nur wenige Räume besichtigen könne. Lange Jahre war es wieder still geworden auf der Marienburg. Aber das hat sich sehr gründlich geändert. An schönen Sommertagen fährt man besser nicht dorthin, so voll ist es auf dem Marienberg geworden.

© Michael Gäbler

Die Marienburg aus der Nordansicht

Im November und Dezember kann man die Marienburg nur an den Wochenenden besichtigen, von Januar bis März ist sie dann ganz geschlossen. So mache ich mich Anfang Dezember an einem Sonnabend doch noch einmal auf den Weg, um mir wieder einiges in Erinnerung zu rufen, das ich von früheren Besichtigungen kenne. Es ist ein absolut scheußlicher Tag, Schneeregen kommt herunter, das Thermometer im Auto zeigt eine Außentemperatur von null Grad. Wer sich bei diesem Wetter aufmacht, ist selbst schuld. Das Calenberger Land erscheint als eine Urweltlandschaft, auch die Marienburg taucht wie verschleiert auf. Gerade einmal fünf Autos stehen auf dem Parkplatz, es werden die Wagen der Holzfäller sein, man hört die Kreissägen und das Krachen der herunterfallenden Bäume. Im Empfangsraum bin ich der einzige Besucher, und ich werde wohl auch der einzige bleiben. Aber erst einmal laufe ich durch den Innenhof, Heinrich der Löwe und Kurfürst Ernst August harren im Schneegestöber aus. Als ich dann noch immer allein bin, ergreife ich die einmalige Gelegenheit zu einer Einzelführung, und die freundliche Schlossführerin lässt sich auch darauf ein. Etwa 20 Führerinnen seien sie insgesamt. In der Hauptsaison sei sie manchmal täglich dran. Die Eingangshalle ist der Ort, an dem den

Besuchern die Geschichte der Marienburg erzählt wird. Das will sie auch mir nicht vorenthalten, aber meine Augen sind doch aufmerksamer als meine Ohren. Man erfährt jedoch immer noch etwas Neues. Dass die Burg aus weißem Elzer Sandstein und Bruchstein gebaut ist, wusste ich noch nicht. Die Steine kamen mit der Bahn nach Nordstemmen, wurden dort auf Pferdefuhrwerke und unten am Berg auf Schienenwaggons umgeladen, die dann von Pferden den Berg hinauf gezogen wurden. Schon hier fällt mir auf, dass die Führerin – außer der Entstehungszeit der Marienburg – eigentlich keine Geschichten von Personen zu erzählen hat. Da ist kein Raum, in dem man sagen kann: Da hat sich dieses oder jenes Ereignis zugetragen, da ist – in der Kapelle etwa – diese oder jene Hochzeit gefeiert worden. Zu kurz ist die Zeit der Bewohnung der Marienburg gewesen. Als ein von der Welfengeschichte entblößtes Architekturdenkmal bietet sich heute die Marienburg dem Besucher dar. Sie ist nicht durch etwas besetzt, was man nicht einfach beiseite schieben kann. Als ich frage, ob Ernst August (III.), der mit seiner Frau Victoria Luise nach dem 2. Weltkrieg Jahre auf der Marienburg gewohnt hat, 1953 auch hier gestorben ist, wissen mir auch die Kundigsten unter den anwesenden Führerinnen keine Antwort darauf zu geben. Dass er in Braunschweig aufgebahrt war, das weiß man noch. Von geschichtlicher Erfahrung entfernt bietet sich die Marienburg somit dem Besucher dar. Eindrucksvoll jedoch ist die Eingangshalle mit ihrer schwindelnden Höhe und den hoch stürmenden Treppen. So hoch am Himmel ist die Decke, dass man trotz des ausgezeichneten Zustandes der Farben die Kuppelbilder von unten kaum erkennen kann. Allegorien der Künste, von der Architektur über die Skulptur, die Musik, die Malerei, die Zeichnung, das Theater bis zum Tanz sollen da zu sehen sein; nur die Dame mit den Händen über dem Kopf kann ich sofort als Tänzerin identifizieren. Wunderbare Fliesen hat Hase entworfen und haben Villeroy & Boch in Mettlach gefertigt: Ob man in der Firma noch weiß, mit welch hohem Können man schon vor 150 Jahren gearbeitet hat? Die große Abtrittsfestigkeit ist einfach unglaublich. Tausende sind über diese Kacheln hinweggeschritten und haben keine Spuren hinterlassen. Wir studieren das Korkmodell, das Königin Marie für ihren blinden Gatten hat anfertigen lassen. Der Stein wird sich weich angefühlt haben, wenn Georg V. ihn anfasste, auch das gehört vielleicht in das Reich der Träume. Die Zugbrücke ist nicht gebaut, die Rundung der Kutschenremise, in der jetzt das Restaurant ist, war als direktes Gegenüber zum Erker des Rittersaales geplant. Eine Einbahnstraße der Innenhof, in den man – vierspännig, versteht sich – durch den Nordosteingang hinein und durch den Nordwestausgang ohne zu wenden wieder hinausfahren konnte. All das war wohlbedacht, merke ich, aber ist kaum in Funktion gewesen. Präzise war alles geplant, aber die Geschichte wollte es anders. Die Vorhersehbarkeit hält sich eben in Grenzen.

Über dem Eingang zum Rittersaal hängt das Wappen des Königspaares. Die Schlichtheit des Altenburger Wappens gefällt mir. Im Rittersaal werden die Abbrüche der Baugeschichte virulent. Auf dem Gestell steht eine Abbildung des von Hase schon fertiggestellten Raumes, den Oppler hat demontieren lassen und mit seinen eigenen Vorstellungen dann doch nicht mehr zum Zuge kam. Wenn ein Nachfolger so mit mir umgeht, denke ich, dann geht wohl die beste Freundschaft in die Brüche. Vor den kostbaren barocken Silbermöbeln aus den Augsburger Werkstätten, die im Erker aufgestellt sind, werden die Kenner sicher lange bewundernd stehen bleiben. Mein Verständnis dafür hält sich in Grenzen, die Bilder an den Wänden interessieren mich mehr. Im Katalog ist hinter den Silbermöbeln ein figurenreiches Bild mit drei wunderbar gemalten Schimmeln zu sehen. Als ich danach frage, heißt es lapidar, das Bild sei nicht mehr hier. An den Wänden aber die ganze Ahnengalerie der Welfen. Man kann für sich entscheiden, welche und welchen man sympathisch findet und welche nicht. Der hannoversche Hofmaler Friedrich Kaulbach – neben der Kaulbach-Villa in der Waterloostraße haben wir lange gewohnt – hat die Königin Marie mit ihrer Tochter Mary als blühende, liebliche Schönheit gemalt. Der Mann konnte schmeicheln, denke ich. Auf den Bildern mit Georg V. ist mehrfach im Hintergrund die Waterloosäule, die Laves gebaut hat, zu sehen. War ihm das so wichtig, vielleicht als Signal, dass Hannover sogar beim Kampf mit dem französischen Kaiser auf der Seite der Sieger stand? Ein herrlicher Anachronismus: An der linken Stirnwand finde ich ein Bild der »Prinzessin von Ahlden«, der Sophie Dorothea. Ein Hündchen ist dabei. Dieses Bild hätte in den Augen der

Königin Marie mit Sicherheit keine Gnade und keinen Platz in ihrem Schloss gefunden. Die Wut der Welfenfamilie über die Eheeskapaden dieser Frau reichte mit Sicherheit auch bis zu ihr. Ein Zugeständnis an das Interesse der Besucher ist das Bild an dieser Stelle, vermute ich, und ein stilles spätes Schuldeingeständnis außerdem.

Ich wandere mit meiner Führerin durch die Räume, will nicht mehr alles schildern, es muss sich auch jeder und jede selbst die Eindrücke bewusst machen und formulieren können. – Das Speisezimmer mit dem eingedeckten Porzellanservice der Königin Marie, ganz gerade stehen die Domestiken mit ihren Gewändern rund um den Tisch herum. An den Wänden wieder Bilder von Georg von Calenberg bis zur Sophie Charlotte. Der Salon der Königin mit dem Rosenmuster, dem Familiensymbol der Altenburger. Das »Chinesische Zimmer«, heute ein Waffenarsenal. Das Boudoir der Marie ist schnell durchschritten. In der berühmten Bibliothek mit dem Schirmgewölbe halte ich mich noch einmal länger auf. Das ist nun wirklich ein Meisterwerk des Conrad Wilhelm Hase und des Edwin Oppler. Beide haben hier ihre ganze Gestaltungskraft hineingelegt, wer dabei was geschaffen hat, interessiert mich nicht so sehr. Wie dieser Mittelpfeiler in die Höhe strebt, ist atemberaubend. Es mag sein, dass der Sommerremter der Marienburg des Deutschen Ordens im früheren Westpreußen das direkte Vorbild für die Bibliothek hier gewesen ist. Aber der ganze Raum erinnert mich doch in seinem Anspruch noch eher an die Wartburg bei Eisenach, die mit der Elisabeth-Kemenate im »Palas« und im Rittersaal auch solche kühnen Konstruktionen aus der Mitte heraus hat. Die 16 Rundbilder der Decke bilden geradezu eine Ahnengalerie der Kulturwirkung des Protestantismus. Um Luther, Gutenberg und Dürer ist alles zentriert und in die Vorgeschichte des Mittelalters hinein verlängert. Erstaunlich, was sich – von Walther von der Vogelweide bis Hartmann von der Aue – alles in diese Linie bringen lässt. Eine geistige Ahnentafel ist das, die sich mit der eher orthodox-lutherischen Glaubensprägung des königlichen Gründerpaares nur schwer verträgt. Aber hier kommt es noch einmal schön heraus, wie das Repräsentationsbedürfnis die Bauherren über ihre eigene innere Glaubensverfassung hinausführte. In der Gestaltung der Räume wurde ein weiter Bogen geschlagen, der die eigene Zeitgebundenheit hinter sich lässt. So, wie es im *Parzival* des Wolfram von Eschenbach, der auch zu der Dichtergalerie der Rundbilder gehört, in der Textfassung Richard Wagners heißt: »Du siehst, mein Sohn, zum Raum wird hier die Zeit.« (Gurnemanz zu Parzifal, Mitte des 1. Aufzugs). Schloss Marienburg als eine hannoversche Wartburg: Diesen Anspruch kann man erheben. Ob man ihn mit Substanz und innerem Gehalt füllen kann, ist eine andere Frage.

Vielleicht geht es deshalb schließlich in den Keller hinab. Die Küche soll Königin Maries ganzer Stolz gewesen sein. Dass man da immer warmes Wasser hatte, ist für heutige Zeitgenossen eher selbstverständlich. Mich erstaunt noch mehr, dass man damals keinen Aufzug hatte. 35 Wirtschaftsräume soll es da unten gegeben haben, da war eine Menge zu transportieren. Die Zeit zum Erproben auch der Defizite war allerdings nur kurz. Am Ende jeden Rundgangs steht die Kapelle. Für Königin Marie und König Georg V. war dies sicher als Höhepunkt des Schlosses Marienburg gedacht. Ich weiß nicht, ob es nur mir so geht, dass gerade hier immer wieder Enttäuschung um sich greift. Auch durch die eigene Gestaltung eines Gottesdienstes, wie es mir bei einem Jubiläum des »Königlichen Hausorchesters« des Vollblutmusikers Ernst Müller aufgetragen war, wurde es nicht anders. Man kann sich viele Gedanken machen. Man kann das Vorbild der Sainte Chapelle in Paris zitieren, die damit gegebene Nähe des Selbstverständnisses Georgs V. zum religiösen Sendungsbewusstsein Ludwigs IX. einschließlich der exquisiten Farbsymbolik des Mittelalters. Das alles bleibt bei mir an diesem Ort aber ohne sinnliche Erfahrung. Liegt das nur daran, dass bei der Sprengung der Leinebrücke direkt unterhalb des Schlosses am Ende des letzten Krieges die ursprünglichen Glasfenster, über die ich erstaunlicherweise nichts in Erfahrung bringen kann, zu Bruch gegangen sind? Die jetzige Verglasung entzaubert den Raum. Vielleicht aber war die Erstverglasung auch nur ein Notbehelf, da vieles in der Kapelle erst nach dem Weggang von Königin Marie vollendet wurde. So fehlte vielleicht von Anfang an gerade das, was den Zauber der Sainte Chapelle ausmacht: Die mystische Kraft des farbigen Raumes. Auch die Skulptur des freundlichen Christus von Johann Heinrich von Dannecker, eine Kopie aus der Grabkapelle der Fürsten von Thurn und Taxis, wirkt auf mich unnahbar fremd. Da ist wenig, was mich gottesdienstlich andächtig stimmte. Vielleicht aber geht es anderen anders.

Bis Ende März dauert heute der Winterschlaf der Marienburg. Aber das ist alles nur äußerlich. Als ich am 3. März auf den Parkplatz fahre, ist der vordere Teil voll von Autos. Hinter den Mauern der Marienburg hört man die Geräusche lebhafter Tätigkeiten. Die Wintermonate sind die hohe Zeit der Bauarbeiten und der Reparaturen. Den Hauptturm, den »Donjon«, habe ich vor wenigen Wochen noch eingerüstet und mit Planen verdeckt gesehen. Er ist jetzt frei, ab Mai 2009 soll man ihn besteigen können. Auf den Blick aus der Höhe bin ich schon jetzt gespannt. Immerhin: Das große Eingangstor ist so überzeugend geschlossen, dass man nicht einmal daran zu rütteln wagt. Einzelne Besucher laufen, soweit das möglich ist, an der Mauer entlang. Aber ich höre kein lautes oder ärgerliches Wort, der äußere Anblick genügt anscheinend. Am Hintereingang mit dem kleinen Schild »Verwaltung« ertönt der Summer und lässt mich ein. Im Innenhof werde ich abgeholt. Neben dem Raum mit der Besucherkasse geht es durch eine Tür hinauf. Keine Repräsentationstreppe ist das; da sind erkennbar schon viele eilige Menschen hinauf- und heruntergelaufen. Aus der Erbauungszeit des Schlosses soll das alles stammen. Sicher auch das Zimmer, in das ich komme. Vollgestellt mit Möbeln, Bildern, Büchern ist es.

Mauritz von R. ist jünger, als ich ihn mir vorgestellt habe. Einen eindrucksvollen Titel hat er, ohne dass dieser irgendwo sichtbar angeschrieben stünde: »Generalbevollmächtigter Seiner Königlichen Hoheit, des Erbprinzen von Hannover«. Im August 2004 hat Herzog Ernst August (V.) seine deutschen Besitztümer seinen beiden Söhnen übereignet. In jenem Jahr hat auch Mauritz von R. seine Arbeit auf der Marienburg begonnen. Sein Arbeitsauftrag und seine Zielvorstellung sind kurz und klar: Das historische Erbe der Welfen, das eine »Herausforderung und eine Verpflichtung«, aber natürlich auch eine »Last« ist, »zukunftsfähig zu halten«. Was sich hinter dem Wort »zukunftsfähig« verbirgt, ist natürlich nicht so klar. Das wirtschaftliche Element steckt darin, vielleicht sogar dominierend. Aber das kann doch nicht das Einzige sein. Das denke ich und sage ich dann auch, ohne auf Widerspruch zu stoßen. Aber zu ausführlichen philosophischen Debatten bin entweder ich oder ist er nicht richtig aufgelegt.

Das Programm, das Mauritz von R. mir vorstellt, kenne ich. Aber die Nuancen sind wichtig. Die Marienburg sei kein Museum, sie ist ein Entdeckungsort für Touristen. Auch für den Massentourismus. Davon gingen hier auf dem Schloss alle Überlegungen aus. Ein Museum hat seine eigenen und ganz anderen Gesetze. Auch für die umstrittene Versteigerungsaktion eines Teils des Welfenbesitzes vom Oktober 2005 hat Mauritz von R. seine eigene Version: »Die Marienburg hätten wir, so voll gestellt mit Einrichtungsgegenständen, wie sie war, gar nicht einer breiten Öffentlichkeit zugänglich machen können.« In den Umbau des Schlosses habe man mithilfe der Versteigerungseinnahmen kräftig investieren können. Nach den Kosten der – noch immer nicht ganz abgeschlossenen – Bauvorhaben und nach den Kosten des laufenden Betriebes frage ich ihn nicht.

Was ist der Unterschied zwischen einem Museum und einem Zentrum für den Tourismus, frage ich? Ein Touristenort rechnet mit der normalen Durchschnittlichkeit der Menschen. Er sollte damit rechnen, dass potenziell jeder kommt. Er sollte die Besucher – gerade bei erkennbar abnehmender historischer Bildung und Verankerung – nicht überfordern. Für die Kenner und Liebhaber muss es einen eigenen Raum geben; aber die müssen dann auch mehr dafür zahlen. Das sind plausible Maßstäbe, die ich akzeptieren kann. – Da sind die Schlossführungen, die im Augenblick den Hauptbereich der Arbeit darstellen. 2007 und 2008 ist man jeweils auf fast 200000 Besucher gekommen. Vergleichbare Häuser kämen auf 40000 bis 70000; man liegt also nicht schlecht. Mit dem Aussichtsturm wird eine weitere Attraktion (und eine weitere Einnahmequelle) gewonnen. Des Weiteren ist da das Restaurant. Der Kaffee und das Essen sollen nicht zu teuer, aber auch nicht zu billig sein. Die Vergleichbarkeit scheint ein offener Maßstab zu sein, hat aber vielleicht auch noch weitere Hintergründe. Mit dem Restaurant sind private Veranstaltungen verquickt. Man kann das alles buchen: Für Firmenfeiern, für

Familienjubiläen, für Hochzeiten (einschließlich Kapellenbenutzung). Dafür, so höre ich heraus, scheint die Marienburg ein Wachstumsmarkt zu sein. Schließlich sind da die eigenen Veranstaltungen, im Schlosshof oder im Inneren der Häuser. Lesungen, Konzerte, Jazz-Meetings, Symphonie-Konzerte, Benefizkonzerte und freie Veranstaltungen zur Imagepflege gehören mit dazu. Auch hier vergleichbare Erfahrungen und Überlegungen: Qualitativ zu hoch angesetzte Veranstaltungen laufen am schlechtesten. Ein Ort für den Durchschnittsbürger ist die Marienburg. Ohne die Varianz nach oben und nach unten auszuschließen. Immer mehr schließt sich das, was ich auf der Marienburg sehe und erfahre, zu einem Gesamtzusammenhang zusammen. Eine letzte Bemerkung, die Mauritz von R. macht, bestärkt mich noch darin. Ich lasse mich eine Weile über das gestörte Verhältnis der Hannoveraner zu ihrer früheren Herrscherfamilie, den Welfen, aus. Ursachen für diese gebrochenen Beziehungen meine ich auf beiden Seiten zu erkennen. Mauritz von R. hört sich das alles in Ruhe und ohne erkennbare Erregung an. Er wolle die Marienburg, er wolle und könne nicht die Welfenfamilie vermarkten, sagt er dann einfach. Die Bückeburger und die Regensburger machten das anders. Das Welfenhaus sei sein Arbeitgeber. Es sei wichtig und schön, wenn der Erbprinz oder seine Söhne seine Arbeit gut fänden und wenn sie auf die Marienburg kämen. Aber er bezieht sie nicht in seine Planungen und in sein Marketing ein. Da sei eine klare Abgrenzung von allen Seiten gewünscht. Daran halte er sich strikt.

Und so sieht am Ende die These aus, die sich bei meinen Besuchen auf dem Marienberg in meinem Kopf gebildet hat: Die Marienburg ist in ihrer Entstehung untrennbar mit den letzten Jahren der Welfenherrschaft im Königreich Hannover verbunden. Sie ist davon durch und durch geprägt. Aber sie ist nicht davon besetzt. Da bleiben weite Räume frei. Es bleibt genügend Raum für andere Erfahrungen. Eine Begegnung auf Augenhöhe kann daraus werden, die die Jahrhunderte überspringt. Die Marienburg kann »demokratisiert« werden. Sie ist ein großartiges Architekturbeispiel des Historismus, der noch einmal versucht hat, Natur und Geschichte, Mittelalter und Neuzeit, in einer Einheit zusammenzuschauen und zusammenzubringen. Man kann sich diesem Abenteuer aussetzen. Man kann sich die Marienburg zumindest geistig, aber auch in ihrer Raumgestalt aneignen. Eben: Zum Raum wird hier die Zeit.

Der Satz aus dem Vorwort der beiden jungen Prinzen zum neuesten Katalog der Marienburg, dem ich zunächst mit großer Skepsis begegnet bin, könnte vielleicht doch eine realistische Zielbeschreibung sein. »Schloss Marienburg«, so heißt es dort, »soll in der Kunstlandschaft unseres Landes dauerhaft einen festen Platz im Herzen und Bewusstsein seiner Bevölkerung und seiner Besucher erhalten.« Das ist ein weites Feld, kann man da mit Fontane nur sagen. Aber vielleicht ist man, noch ehe man sich dessen versieht, schon erste Schritte auf diesem Feld gegangen.

*

Lange bin ich nicht mehr auf dem Gelände der Feste Calenberg gewesen. An einem schönen Tag, Ende April, fahren wir endlich wieder einmal dorthin. Man muss wissen, wo sie liegt, Wegweiser gibt es nicht. Erst kurz davor sind Hinweis- und Erklärungstafeln. »Wir brauchen im Dorf keinen weiteren Tourismus«, sagt uns ein Schulenburger. »Es hat uns schon genügt, als bei der Hochzeit von Ernst August mit Caroline

© Michael Gäbler

Die Calenberger Brücke

tagelang die Hubschrauber über dem Dorf kreisten.« Über die schöne alte Leinebrücke, die man nur einspurig befahren kann, geht es hinüber. Dann taucht bald links das Waldgelände auf, in dem die Ruinen der alten Burg Calenberg zu finden sind.

Das ist nun wirklich altes Welfenterritorium. Von Otto dem Strengen wurde sie wahrscheinlich 1292 (also im gleichen Jahr und vom gleichen Gründer wie Burg und Stadt Celle) errichtet. Eine Tiefburg an einem strategisch günstigen Platz östlich der Leine war die Burg Calenberg, von der dann später das ganze Land seinen Namen bekam. Man konnte von dort aus wichtige Verkehrswege wie die Nord-Süd-Strecke (heute B 3) schützen, aber auch eigene Überfälle planen und durchführen. An der Grenze zum Bistum Hildesheim gelegen, wurde sie auch immer als territorialer Machtanspruch verstanden. Im 16. Jahrhundert wurde die mittelalterliche Burg zur »Feste« umgebaut, der Wohnteil der Feste war das »Schloß«. Auch wenn man sagen muss, dass der ganze Komplex eher als Gefängnis, durch Skandale und durch Kriegsereignisse in Erinnerung geblieben ist: Immer wieder einmal haben die Welfen, auch wenn die Burg Calenberg im Mittelalter lange an verschiedene Adelsfamilien vermietet war, die Feste als eines ihrer Stammschlösser betrachtet.

Herzog Erich I., der sich als durch die europäischen Lande ziehender »letzter Ritter« in moderner Festungskunst auskannte, ließ die Burg durch gewaltige Erdwälle von 500 Metern Länge und 8 Metern Höhe gegen den Artilleriebeschuss sichern, durch den jetzt die Kriege gewonnen oder verloren wurden. In den ersten Jahren des 16. Jahrhunderts muss das gewesen sein. Sodass in der »Hildesheimer Stiftsfehde« der Calenberg zur allgemeinen Verwunderung der Belagerung standhielt und so wohl den Ausgang dieses blutigen Krieges, der mit der weitgehenden Entmachtung des Fürstbistums Hildesheim endete, wesentlich beeinflusste. Auch Herzog Georg, der 1636 die Residenz seines Landes nach Hannover verlegte, hat offenbar die Feste Calenberg hoch geschätzt. Da hatte sie sich gerade noch einmal bewährt, als sie in den ersten drei Wochen des Oktobers 1625 der Belagerung der ligistischen Truppen unter Tilly bravourös standgehalten hatte und erst durch eine Meuterei in den eigenen Reihen zur Kapitulation gezwungen wurde. Möglicherweise hat die Länge dieser Belagerung die Eroberung Hannovers durch Tilly verhindert und der Stadt die furchtbaren Verwüstungen erspart, die man ansonsten überall im Calenberger Land durch den Dreißigjährigen Krieg erfahren musste. Als 1680 der auf der Reise nach Venedig verstorbene Herzog Johann Friedrich sechs Wochen lang in der mit schwarzem Tuch ausgeschlagenen Kapelle des alten Schlosses aufgebahrt lag, war das sozusagen die Ansage des Endes der Feste Calenberg. Zwischen 1690 und 1720 sind die inzwischen sehr baufälligen Gebäude abgebrochen worden. Die Steine wurden anderweitig verwendet und nur die unterirdischen Fundamente mit den Gewölben sind erhalten.

In Erinnerung aber ist vor allem geblieben, dass Antonius Corvinus, mit dessen Hilfe und unter dessen geistlicher Leitung die Herzogin Elisabeth von Calenberg während der Zeit ihrer Vormundschaft für Erich II. die lutherische Reformation im Calenberger Land durchsetzte, drei Jahre auf der Feste Calenberg in Haft gesessen hat. Ihr Sohn ließ nach dem Erreichen des Mündigkeitsalters nach einer Übergangszeit am 2. November 1549 den Generalsuperintendenten Corvinus und den Pattenser Pfarrer Walter Hocker verhaften und auf der Calenberger Burg ins Gefängnis werfen. Auch wenn die Haft möglicherweise eher einem Hausarrest entsprach, so waren die Belastungen dieser Zeit doch so stark, dass Corvinus schon ein halbes Jahr nach seiner Freilassung starb. In der Marktkirche in Hannover ist er begraben. Die Rekatholisierung des Calenberger Landes aber ist Erich II. auch mit dieser Maßnahme nicht gelungen. Auch die andere Geschichte, die man heute noch erzählt, ist mit Erich II. verbunden. 1545 hatte Erich Sidonia von Sachsen geheiratet, die nicht nur zehn Jahre älter war als er, sondern noch dazu protestantisch war und blieb. Das konnte, in den Konstellationen jener Jahre, auf die Dauer nicht gut gehen. Zumal Sidonia auch noch kinderlos blieb. Die Auseinandersetzungen gingen aufs Ganze. Sidonias Bruder, der sächsische Kurfürst, meinte zu wissen, dass Erich in Venedig Gift gekauft habe, um damit seine Frau umzubringen. Erich führte seinerseits eine schwere Erkrankung auf »Hexerei« zurück, vier Frauen wurden angeklagt, eine gestand unter Folter, Sidonia habe sie dazu angestiftet. Die Feste Calenberg war Sidonia im Ehevertrag als Residenz zugesprochen worden, aber wegen der zugleich zunehmenden finanziellen Streitigkeiten verweigerte Erich dies später und wies ihr das Schloss in Neustadt zu. Stattdessen lebte er zeitweise mit seiner Geliebten, Katharina von Weldam, auf dem Calenberg zusammen. Sidonia muss aber auch zeitweise mit einem kleinen Hofstaat im Schloss von Calenberg gewohnt haben. Dass sie acht Jahre lang »wie eine Gefangene« dort abgeschirmt gehalten worden sei, scheint nicht ganz sicher zu sein. Sidonia floh schließlich zu Herzog Julius von Braunschweig, von dort weiter zu ihrem Bruder, Kurfürst August von Sachsen, und schaltete den Kaiser in Wien ein. Aber auch der daraufhin herbeigeführte Vergleich mit Erich war nicht von Dauer. Im Jahre 1575 starb Sidonia im Kloster Weißenfels bei Meißen. Es sei ihrem Wunsch entsprochen worden, so heißt es in der umfangreichen Leichenpredigt, den Ehering mit ins Grab zu nehmen, damit sie beim jüngsten Gericht bezeugen könne, dass sie von ihrem Ehemann falsch beschuldigt worden sei. – Das einzige Bild, das ich von Sidonia kenne, zeigt ein noch junges Mädchen mit einem kecken, nahezu streitsüchtigen Gesicht. Ihrem Ehemann Erich hätte ich aber in seiner etwas schwammigen Fülle auch nicht über den Weg getraut.

Ich laufe mit meiner Frau durch die ganze Ruinenlandschaft der Feste Calenberg. Über Berg und Tal geht es. Gigantisch ist die Wallanlage. Wildromantisch die ganze Szenerie. Tiefe Schluchten, in denen früher sicher Wasser stand. Alte Bäume, heruntergefallene Äste, eine wüste Gegend, fast ein Urwald hier und da. Vorne rechts der runde Batterieturm mit Schießscharten, noch relativ gut erhalten, aber man kommt nicht hinein. Ein paar Schritte weiter links ein Kellergewölbe, das die Fantasie sofort als Verließ des Corvinus zu diagnostizieren sucht. Man könnte anhand der Tafel am Eingang sicher eine Rekonstruktion der Festungsanlage versuchen. Wir lassen das Ganze aber in seinem Zerfall und in seiner wilden Schönheit so auf uns wirken, wie wir es erleben und wie wir es uns gegenseitig zeigen.

*

Wir schlendern an dem geschlossenen Tor des Gutes Schulenburg vorbei. Erinnerungen kommen. 1683 hatte Herzog Ernst August, der Mann der späteren Kurfürstin Sophie, das Gut als »fürstliches Ablager« gekauft. An der Stallung gegenüber dem Eingang des Gutshauses erinnere ich allerdings ein Wappen, das schon aus dem Jahr 1673, also aus der Zeit des Herzogs Johann Friedrich stammt. Wie das alles zusammenhängt, müssen aber nur die Historiker wissen. Nach dem Tod seines Vaters im Jahre 1953 hatte der Sohn, Ernst August (IV.) mit seiner Frau Ortrud, sich das Gut Schulenburg als Wohn- und Arbeitsstätte gewählt. Die sechs Kinder dieser Ehe sind also alle – soweit sie nicht auf Internaten waren – auf diesem Gutsgelände aufgewachsen. Prinzessin Ortrud, die schon 1980 starb, ist, wie ich feststellte, noch heute in Schulenburg unvergessen, da sie sich völlig selbstverständlich im ganzen Dorf bewegte.

Als ich Stadtsuperintendent von Hannover wurde, habe ich auch einen Antrittsbesuch auf Gut Schulenburg gemacht. Die Welfen haben in Hannover in so vielen Dingen ihre Hand im Spiel – dachte ich mir –, dass es gut wäre, einen Draht nach Schulenburg zu haben. Ich kannte Herzog Ernst August aus der Ferne: Bischof Lilje hatte ihn, schon vor Jahren, als Synodalen in die Hannoversche Landessynode berufen. Königliche Hoheit trete nur ans Rednerpult, hieß es, wenn die »Hermannsburger Mission« auf der Tagesordnung stünde. Nun also fuhren im Frühjahr 1981 meine Frau und ich zum Tee im Gutshaus von Schulenburg vor. Wir wurden freundlich empfangen. Das bis dahin ruhige Gespräch bekam plötzlich Schärfe, als unerwartet der Frankfurter Bruder des welfischen Hauschefs auftauchte. Wir hatten damals in Hannover viel mit »Hausbesetzungen« zu tun, ich hatte davon erzählt und Welf H. hatte sich sofort mit einigen sehr aggressiven Sätzen gegen die »ganze linke Szene« profiliert. Ernst August holte das Gespräch sofort wieder auf die Ebene einer Antrittsvisite herunter mit dem bemerkenswerten Satz: »Mein lieber Bruder, d i e müssen doch auch mit u n s leben!« Beim Abschied erzählte er uns freudestrahlend, er habe sich gestern neu verlobt. Eine Gräfin zu Solms-Laubach sei die Auserwählte. Da meine Frau aus Burgsolms stammt, war das für uns keine unbekannte Gegend. Als Ernst August in der Adventszeit 1987 starb, wogte um die Marktkirche herum tagsüber der Weihnachtsmarkt. So fand der Trauergottesdienst in der Neustädter Hof- und Stadtkirche statt. Der Trauerzug zum

Mausoleum in Herrenhausen war lang. Ernst August ist mir immer als ein richtig bodenständiger Hannoveraner erschienen, das machte ihn sympathisch.

Seine Witwe, Prinzessin Sophie, habe ich im Zuge der Recherchen zu diesem Buch noch einmal auf Gut Schulenburg besucht. Wir tauschen Erinnerungen aus. Seiten aus dem Leben ihres verstorbenen Mannes tauchen auf, die ich natürlich so nicht gekannt hatte. Die leise Heiterkeit nimmt sie mir nicht übel, als ich entdecke, dass sie auch von der Leidenschaft gepackt ist, für die schon die Kurfürstin Sophie berühmt war: Das Spielen scheint eine alte Adelstradition zu sein. Back Gammon wird an den Spielabenden im Gutshaus Schulenburg gespielt. Vor allem aber »Escalation«, richtig gut englisch ausgesprochen. Näher beschreiben kann sie mir das jedoch nicht so schnell. Sie begleitet mich nach draußen. Wir gehen durch den kleinen Park hinter dem Haus. Da ist der Teich, in dem bis vor Kurzem die Ente gebrütet hat. Direkt hinter dem Park fließt die Leine. Der Rhododendron blüht in gewaltigen Büschen. Dass dies ein Abschiedsbesuch auf Gut Schulenburg ist, beginne ich zu ahnen. »Ich liebe das alles sehr«, sagt sie. »Aber ich werde wohl doch zurück nach Laubach gehen.« Ein wenig verloren steht sie da, als ich beim Hinausfahren in den Rückspiegel meines Autos schaue. Was aus allem hier wird, steht in den Sternen, würde sie sicher sagen.

Über Schulenburg gäbe es noch so viel zu erzählen. Von dem »Kleinen Restaurant« muss man erzählen, das wir entdecken, als während der Hannover-Messe eine japanische Delegation das Schlossrestaurant so gründlich belegt hat, dass wir dort oben keinen Patz mehr finden. Im *Gault Millau* hat das »Kleine Restaurant« im Jahre 2008 15 von möglichen 20 Punkten erreicht, gehört damit zu den 400 besten Restaurants in Deutschland. Das Preis-Leistungsverhältnis scheint, nach unserer Erfahrung, gut zu stimmen in diesem Hause. Und natürlich muss man, wie überall, die Kirche besuchen. 1856, also kurz vor dem Baubeginn des Schlosses oben, ist sie gründlich neugotisch renoviert worden. Emporen wurden eingebaut, die den Innenraum so eng machen, dass man den Eindruck hat, die Leute könnten sich von einer Empore zur anderen die Hand reichen. Da der Pastor von Schulenburg mit dabei ist, kann ich auch auf die Kanzel steigen. Eine sehr geschmackvolle Neugotik ist das in der Gestaltung des Kanzalaltars, mit der Zentralfigur von Jesus und mit Moses und dem Täufer auf der einen, Petrus und Paulus auf der anderen Seite. Das Epitaph des Präfekten Ebelingk fällt in die Augen. Vor allem aber interessiert mich das Passionsrelief, das früher in der Sakristei gehangen haben soll. Keine große, aber eine bewegende Kunst ist das. Aus dem Ende des 16. Jahrhunderts soll es stammen. Wie da Jesus einsam am Kreuz hängt, nur Felsen sind darunter! Und der Reiter auf dem Pferd ist dabei mit der Lanze, die Jesus in die Seite gestoßen werden wird. Ganz unten zwei Passionsszenen mit den vielen Figuren, die Geißelung und die Dornenkrönung. Wie da ein Kriegsknecht Jesus die Dornenkrone geradezu auf den Kopf presst: Das ist brutal, dafür muss der Bildschnitzer Anschauung gehabt haben. Die räumlichen Dimensionen machen diese Szenen ganz besonders eindrucksvoll. Und da ist es wieder, das Thema, das mich durch die Marienburg, die Feste Calenberg und durch Schulenburg hindurch verfolgt: »Mein Sohn, zum Raum wird hier die Zeit.« Das Hineingehen in die Räume schließt die Lebenszeiten auf. Die eigenen und die der anderen.

Schicht im Schacht

Barsinghausen – Nordmannsturm – Hohenbostel – Bantorfer Höhe

Am 28. November 1955 schien die totale Katastrophe über Barsinghausen hereinzubrechen. An diesem Tag verkündete der Aufsichtsrat der Preussag die Schließung des Steinkohlebergwerks Barsinghausen »aus bergbaulichen, sozialpolitischen und wirtschaftlichen Gründen«. Das war mitten in der Zeit des deutschen Wirtschaftswunders. Es herrschte Vollbeschäftigung in Deutschland. Von Werksschließungen hatte man bis dahin nichts gehört und sie schon gar nicht vor der eigenen Tür vermutet. Nicht nur der betroffene Ort und die Region Hannover, ganz Niedersachsen und Deutschland nahmen Anteil daran, was in dem Ort am Deister geschah. »Kumpel in Not«, hieß es in den Zeitungen. »Schwere Gewitterwolken ballen sich über Barsinghausen zusammen.« »Todesurteil für Bergwerk Barsinghausen.« In dem Ort selbst waren nahezu alle Einwohner direkt oder indirekt betroffen. Mehr und mehr hatte Barsinghausen vom Bergbau gelebt, bis 1939 hatte sich die Einwohnerzahl des Ortes verdreifacht, die Wohnungsbauprogramme der 50er-Jahre waren in vollem Gange, viele Menschen hatten erhebliche Schulden abzuzahlen. Und nun kam die Parole, die man nur als Ruf zum Ende der Arbeitszeit kannte, über das ganze Werk: »Schicht im Schacht«. Rund 2000 Beschäftigte verloren ihren Arbeitsplatz in einer damals weitgehend als krisen- und zukunftssicher geltenden Branche. Dass es so gut gelingen würde, viele der Bergleute im Ruhrgebiet und im Kalibergbau Empelde, vor allem aber in den in diesen Jahren in Barsinghausen neu errichteten Zweigwerken der Keksfabrik Bahlsen und der Teves Maschinen- und Armaturenfabrik unterzubringen, konnte damals niemand ahnen.

Gemessen an der erdgeschichtlichen Entstehung der »Deisterköhle« – wie die Calenberger sagen – ist die Zeit ihres Abbaus ein winziger Augenblick. Und doch eine respektable Geschichte. Die Anfänge der Kohleflöze im Deister sollen sich gebildet haben, als in der Unteren Kreidezeit, genauer der sogenannten Wealdenzeit, sich vor 135 Millionen Jahren in dem norddeutschen Flachwasserbecken abgestorbene Pflanzen und Bäume unter Sauerstoffabschluss zersetzten. Jüngere Ablagerungen setzten sich über Hunderte von Metern darüber und verwandelten durch den entstehenden Druck und den Wärmeeinfluss die pflanzlichen Bestandteile in Kohle. Gebirgsbildende Eruptionen, die unter anderem auch den Deister hervorbrachten, holten die Kohle wieder nahe an die Oberfläche. Nur zum Vergleich: Die Ruhrkohle soll eine doppelt so lange Entstehungszeit gehabt haben und der dadurch gegebene Qualitätsvorsprung der Ruhrkohle hat mit dazu beigetragen, der Deisterkohle ein frühes Aus zu bescheren. Wie wir heute wissen: Ein späteres Aus hätte schlimmere Folgen gehabt.

Für den frühen Abbau der Deisterkohle scheint es keine Zeugnisse zu geben. Sicher hat man auch schon im Mittelalter Steinkohle durch einfaches Graben in Kuhlen gewonnen. Für das 16. Jahrhundert weiß man es. Im Jahr 1639 ist die erste urkundlich festgehaltene Kohlengrube bezeugt, die bald wieder aufgegeben wurde. 1831 begann der konsequente Abbau durch Gesellschaften. Eine Vielzahl von Stollen wurde dabei in den Deister getrieben, die vielen Namen und Orte verwirren mich: Süersser Brink, Hohenbosteler Stollen, Feggendorfer Stollen, Hohe-Warte-Stollen und wie sie alle heißen. Ich beschränke mich auf den Klosterstollen, der lange Zeit auch als der Hauptförderstollen betrachtet worden ist. Vor allem, weil er auch mit vier Tiefbauschächten im Deister eine Sonderrolle hatte. 1856 begannen die Arbeiten am Klosterstollen, 1869 wurde die erste Kohle dort gefördert. Wenn man sich auf diesen Stollen konzentriert, dann ist die Geschichte der Steinkohlenförderung im Deister gerade einmal 100 Jahre alt. Sie ist auch ohne größere und dramatische Unfälle in dieser Zeit vor sich gegangen. Aber welch eine innere Dynamik hat sie, wenn man sich in sie hineinvertieft. Die Zeit der Industrialisierung unseres Landes hat sie mitgeprägt – und damit ist sie ein unverlierbarer Bestandteil unserer Vergangenheit. Aber es hat noch einen speziellen Grund, dass ich mich auf den

Klosterstollen konzentriere. Man könnte meinen, der Name hätte den Theologen angelockt. Aber das gehört eher zu den Barsinghäuser Selbstverständlichkeiten. Das Kloster Barsinghausen ist die Urzelle des Ortes und der Klosterkammer, die das Kloster verwaltet, gehört auch ein umfangreicher Grund- und Waldbesitz. So ist die Klosterkammer in Hannover nicht nur mit der Entwicklung dieses Stollens eng verbunden. Doch eine nahezu unglaubliche Geschichte hat sich am Klosterstollen nach dem Ende der Steinkohlenförderung von Barsinghausen zugetragen. Dass sie zu einer Erfolgsgeschichte würde, war an ihrem Anfang in keiner Weise zu ahnen.

Fast 30 Jahre waren nach der Stilllegung der Bergwerksstollen von Barsinghausen vergangen, viele hatten das alles vergessen und manche Neubürger der Stadt hatten nur wenig davon gehört. Aber da war ein Mann wie Dieter Lohmann. Ich bin ihm bei meinen Besuchen in Barsinghausen nie begegnet, aber sein markiges Gesicht, das einen auf der Titelseite des Flyers ruhig lächelnd anschaut, hat sich mir eingeprägt. Dieter Lohmann hat als Steiger im Kalibergwerk Ronnenberg gearbeitet und seit seiner Kindheit enge Verbindungen nach Barsinghausen gehabt. Schon während seiner Berufstätigkeit muss ihm die Idee eines Besucher-Bergwerks in Barsinghausen gekommen sein, mit Freunden wird er sie diskutiert haben. Auf dem Neujahrsempfang der Stadt Barsinghausen wird die Idee schließlich vorgetragen, der Bürgermeister begrüßt den Vorschlag. Eine Initiative für ein solches Besucherbergwerk wird ins Leben gerufen. Der Ort des Egestorfer Stollens wird aus Naturschutzgründen fallen gelassen, der Klosterstollen wird ins Auge gefasst. Eine erste Berguntersuchung zeigt einen enormen Wassereinbruch im ehemaligen Schacht 3, die Feuerwehr pumpt ganze Wassermassen ab. Fachleute warnen vor dem Unternehmen, Dieter Lohmann und seine Freunde bleiben dabei. »Wenn wir freilich gewusst hätten, welche Arbeit auf uns wartet«, so heißt es später, »hätten wir wahrscheinlich gar nicht erst angefangen«. 1987 wird das »Mundloch« des Stollens, das durch eine Mauer verschlossen ist, freigelegt. Dieter Lohmann erkundet auf einem selbst gebauten Floß den Stollen. Das Ergebnis: Es sei möglich, den ganzen Stollen freizumachen. Das Ablassen des Wassers aus dem Stollen zieht sich über vier Jahre hin. 1988 besichtigt der Rat der Stadt

Barsinghausen den Stollen, 1989 erfolgt ein mehrheitlicher Beschluss zur Errichtung eines Besucherbergwerks. Aber die eigentliche Arbeit kommt noch. Dicke Schichten von Ockerschlamm haben sich im Stollen abgelagert, 1400 Meter müssen in Handarbeit gereinigt werden, Lastwagen über Lastwagen fahren mit Schlamm davon. Die Gleisanlagen sind unbrauchbar geworden, 1989 ist die neue Gleisverlegung bis zum Ende abgeschlossen. Inzwischen haben viele Besichtigungen des Stollens stattgefunden, Landesregierung und Klosterkammer unterstützen das Vorhaben. 1990 ist der bergamtlich vorgeschriebene zweite Ausgang freigelegt, 1991 wird der von einer Firma angemietete Zechensaal zurückgegeben und darin die »Kaue« eingerichtet. 1992 wird der Förderverein des Besucherbergwerks gegründet, 1994 übernimmt die Stadt Barsinghausen die Verantwortung für das Bergwerk. 1995 können zwei Akku-Lokomotiven in Empfang genommen werden, der Betriebsplan wird genehmigt, die Lokomotivführer legen ihre Prüfung ab. Endlich, nach 13 Jahren harter Arbeit, ist alles geschafft. Im April 1999 wird die Urkunde zum Betrieb des Besucherbergwerks Barsinghausen und der Grubenbahn übergeben. Ab September 1999 sind offizielle Befahrungen in Gruppen nach Voranmeldung möglich. Welch ein langer Weg und welch ein zäher Einsatz hinter all dem liegt, wenn man sich zur Grubenfahrt in Barsinghausen anmeldet, davon hat man keine Ahnung! Also auf zur Einfahrt in den Berg!

Über mein Interesse an der Besichtigung des Bergwerks in Barsinghausen werde ich mir nur langsam klar. Natürlich will ich wissen, wie die Menschen damals gearbeitet haben, wie ihre Lebens- und Arbeitsumstände waren und wie die Kohle unsere industrielle Vergangenheit geprägt hat. Doch wenn ich ehrlich bin: Dieses Interesse hält sich in Grenzen. Dagegen gibt es aber sehr wohl eine Lust am Abenteuer. Da gibt es eine Unter-Tage-Faszination, die durch die Romantik sehr gefördert worden ist und die ich auch immer irgendwo in meinem Unterbewusstsein spüre. So wie es einst Novalis gedichtet hatte: »Der ist der Herr der Erde / Wer ihre Tiefe misst / Und jeglicher Beschwerde / In ihrem Schoß vergisst / … / Er ist mit ihr verbündet, / Und inniglich vertraut, / Und wird von ihr entzündet, / Als wär sie seine Braut.« Da ist außerdem die Anspannung spürbar durch eine, wenn auch nur vage angedeutete, Gefahr. Aber das Dunkel der Bergwelt scheint auch die Welt des Ursprungs zu sein. Aus dem Dunkel sind wir bei unserer Geburt gekommen, in das Dunkel des Ursprungs kehren wir einst zurück. Weit hergeholt scheint das alles zu sein. Aber es muss doch die Aufregung erklärbar sein, die mich jedes Mal bei der Einfahrt in ein Bergwerk überfällt und die andere davor zurückschrecken lässt, es je zu tun. Die Zeit der wirtschaftlichen Dominanz der Kohleförderung ist vorbei – die Zeit des abenteuerlichen Nachvollzugs als vorübergehendes Eintauchen in die Bergwelt beginnt vielleicht gerade erst.

Die Fahrtbeschreibung von Dieter K. ist gut. Auf der B 65 bis Großgoltern, an allen Kreiseln, auch an dem letzten in Barsinghausen, wo es rechts zum Kloster geht, geradeaus. Dann kommen nach einigen Hundert Metern die Feuerwehr, die Polizei und schließlich das Besucherbergwerk. Ein großer Parkplatz mit Förderturm, Wagen mit Kohle, die Gebäude liegen etwas tiefer. Unser Freund Dieter K., der die nächste Führung macht, begrüßt mich, in weißer Arbeitskleidung und mit Helm, mit dem »Glückauf«. Das Glück, das man so dem anderen (und sich selbst) wünscht, so wird er gleich erklären, bezieht sich nicht auf irgendwelche Glückshoffnungen, sondern auf das glückliche Auffinden eines Kohleflözes. Dieter K. ist einer der etwa ein Dutzend ehrenamtlichen Führer, die das Besucherbergwerk am Laufen halten. Diakon ist er in seinem Berufsleben gewesen und vor seiner Diakonenausbildung Facharbeiter bei der Conti. Vereinigt also handwerkliches Geschick mit pädagogischen Fähigkeiten: eine ideale Mischung für einen Bergwerksführer. Seine pädagogischen Fähigkeiten kann er gleich erproben bei der Gruppe von 12 bis 16-jährigen Jugendlichen einer katholischen Gemeinde aus Kiel, die ihre Jugendfreizeit im Deister verbringen und mit denen ich zusammen in den Stollen fahre. Undiszipliniert sind die Jungen und Mädchen, ich fühle mich sehr an unseren gemeinsamen Konfirmandenunterricht in Limmer erinnert. Aber Dieter K. bekommt das blendend hin. Etwa 10000 Besucher haben sie im Augenblick im Jahr. Nur in Gruppen kann man einfahren, 100 Euro muss eine Einfahrt insgesamt einbringen, um alle Nebenkosten des Bergwerks abzudecken.

Ich schaue mir erst einmal die Ausstellung in der Zechenhalle an. Die Arbeit im Liegen, die Schleppkästen und die Förderwagen, die Pferde im Stollen, die 16 bis 20 Wagen ziehen konnten, die Straßenbahnlinie 10 zwischen Barsinghausen und Hannover, über die es auch ein Video gibt: Das ist alles übersichtlich dargestellt. Dann geht es los, Dieter K. gibt eine Einführung. In der »Kaue« befinden wir uns gerade. Eine Umkleidehalle ist das, in der die Bergleute ihre oft nasse Kleidung ablegten, an spezielle Haken hängten oder in Körbe legten, die man an die Decke zog. Die hängende Kleidung können wir mit eigenen Augen sehen, den anschließenden Gang der schwarzen Gestalten unter die Dusche und dann natürlich in die Kantine lassen wir uns erzählen. Es folgt ein für mich sehr interessantes Exerzitium über die Entstehung von Redensarten unserer deutschen Sprache. Bier und Korn standen in der Kantine in langen Reihen bereit, die Bergleute standen Schlange, die Wirtin machte hinter jeden Namen mit Kreide einen Strich an der Tafel: bei der Wirtin »in der Kreide« stehen! Die Rechnung wurde beim Austeilen der Lohntüten alle zehn Tage (möglichst) beglichen. Eine andere Redensart kommt noch eindeutiger aus dem Bergbau: »Viel Kohle zu machen«, darum ging es bei der Arbeit. Im

© Helmut Schmidt

Die Einfahrt in den Klosterstollen – die Grubenbahn

Akkord wurde gearbeitet, im »Mannschaftsgedinge« von 12 bis 14 Leuten, die Schwächeren wurden mitgeschleppt. Es ist schon erstaunlich, wie sich die Metaphern gehalten und die ursprünglichen Bezüge verloren haben. Wenn man alle, die »viel Kohle machen« wollen und auch machen, an den Entstehungsort dieser Redewendung bringen würde, wäre das Erstaunen groß. Aber immerhin: Man ging »unter Tage«, weil man in keiner anderen Branche so viel Geld verdienen konnte. Die Folgen dieser Arbeit merkte man oft erst hinterher: Verschlissene Rücken, Geschwüre, Staublungen. »Wir haben da Raubbau getrieben mit unserer Gesundheit«, sagt einer, der das alles mitgemacht hat.

Was für den Bergmann bei der Einfahrt das Wichtigste ist, fragt Dieter K. Die Jungen und Mädchen raten. »Es ist das Licht«, sagt unser Führer. »Vor der Hacke is es duster.« Ohne Licht ist in der absoluten Finsternis nichts zu machen. Die älteste Lampe ist der »Frosch«, der hier mit Rapsöl gefüttert wurde. Dann kamen, ab 1920, die Karbidlampen. Später die Sicherheits- und die Akkulampen. Außer dem »Geleucht« ist natürlich auch das »Gezähe« wichtig: Schlägel und Eisen überkreuz sind das alte Bergmannszeichen. Die »frischen Wetter« darf man nicht »unterschlagen«, wenn die Flamme ausging, drohte Gefahr. Das Signal zum Aufbruch kommt. Ich ziehe meinen Pullover und meine Jacke über. Draußen sind es jetzt, Ende Juli, 32 Grad. Im Stollen sollen es das ganze Jahr ständig neun Grad sein. Das sei die Jahresdurchschnittstemperatur. Warum dieser thermostatische Durchschnitt sich im Berginneren durch alle Wechsel der Jahreszeiten hält, wird mir – bei allen Erklärungen, die ich bekommen habe – immer ein Rätsel bleiben. Ein Helm wird mir aufgesetzt, das umgehängte Licht ist ganz schön schwer. Mit Dieter und dem anderen Begleiter quetsche ich mich in eine der winzigen Kabinen, die Höhe des Abteils scheint mir nicht mehr als 130 Zentimeter zu sein. Der Zug rattert los.

Es ist total dunkel, nur das Geleucht auf unserer Brust spendet ein wenig Helligkeit. Eine Viertelstunde lang geht es hinein. An Schreiben in mein Merkheft ist nicht zu denken, die Krackeleien könnte ich später überhaupt nicht lesen. Die Wände links und rechts sind manchmal sehr dicht, dann wieder weiter weg. Oben sei mehr Luft, sagt Dieter, wegen der Größe der Pferde. Aber das können wir nicht sehen, die Wagen haben ein Dach. Zu Fuß geht es weiter, 1470 Meter sind wir am Ende vom Mundloch entfernt. Die Schräglage der Flöze können wir sehen, ihre geringe Stärke erkennen, die 60 bis 70 cm kaum überstieg. Die Arbeit im Liegen, in einem engen Loch, ist unvorstellbar. »Ein Mann, ein Hammer und ran!« Das Abschleppen der Kohlekästen im Kriechen, bis die etwas höheren Gänge kommen …

Wir werden in zwei Gruppen geteilt, Dieter führt die wenigen Geräte vor, die hier einsetzbar waren. Seine Begeisterung auch für die Technik teilt sich mit. Die Durchlaufmaschine, die Schüttelrutsche, der Bohrhammer mit seinem ohrenbetäubenden Lärm. Ohne Ohrenschützer wurde natürlich alles gemacht. »Wenn unser Vater nach der Schicht nach Hause kam, konnten wir zwei Stunden lang nicht mir ihm reden«, hat der Sohn eines Steigers gesagt. In einem verwirrenden Labyrinth von Gängen laufen wir. Eine Länge – man höre und staune – von 1000 Kilometern sollen die Gänge in der Zeche Klosterstollen einschließlich der vier Tiefbauschächte haben. Ein Geologe habe dies anhand der Pläne der Stollen ausgerechnet. Nur gebückt können wir zeitweise gehen. Die Kleineren werden durch Gänge geschickt, die höchstens 90 Zentimeter an Höhe haben. Jetzt habe ich wirklich das Gefühl, in der Tiefe des Berges zu sein. 13 Jahre hat man gebraucht, um – mit Schlägel und Bergeisen – an die Kohlenflöze heranzukommen, 1869 war es soweit. Ich stehe vor dem ausgemauerten Teil mit der Jahreszahl 1871. Ich bin nicht allein, ich kann nicht allzu lange hier stehenbleiben. Aber ein Augenblick der Besinnung und des Nachdenkens bleibt mir doch. Wie viele Tausende von Menschen haben in den 100 Jahren des Klosterstollens ihren Lebensmut und ihre Arbeitskraft in diese Schächte hineingegeben! Welche Hoffnungen haben sie aufrecht gehalten? Die Solidarität der Kumpel wird wichtig gewesen sein. Eine ferne und fremde Welt ist das für mich, voller Respekt und Hochachtung stehe ich davor. Über das Schicksal des Einzelnen hat man wahrscheinlich nur selten in der Öffentlichkeit geredet. Das Leben und der Wohlstand einer Gesellschaft ruhen auf dem Fundament des Lebens so vieler unbekannter und ungenannter Menschen. Das alles darf nicht ins Vergessen geraten – das war sicherlich auch einer der bohrenden Gedanken, die zur Errichtung des Besucherbergwerks in Barsinghausen führten.

Eine Stunde lang sind wir hier unten herumgewandert. Dann sitzen wir wieder im Zug, sind in 15 Minuten draußen. Es ist inzwischen Abend geworden und die Rückkehr in die Hitze ist nicht mehr wie ein Schlag auf den Kopf. Die Rentabilitätsfrage, nicht das Ausgehen der Kohlenflöze war der Grund der Stilllegung der Zeche, sagt Dieter K. Das Wasser spielte dabei eine wesentliche Rolle, bis zu 30 Tonnen Wasser mussten für eine Tonne Kohle herausgepumpt werden. »Es ist noch jede Menge Kohle vorhanden.« Aber es wird sie keiner mehr herausholen.

*

Im Bergamtshaus von 1682 neben der Klosterkirche ist das Rathaus untergebracht. Bürgermeister Walter Z. gibt mir eine weitere Orientierung. Die Stadt Barsinghausen besteht aus der enormen Anzahl von 18 verschiedenen Ortschaften, bis Landringhausen, Groß Munzel, Ostermunzel und Holtensen im Norden reicht die Stadt. 102 Quadratkilometer sind es, 35 000 Einwohner wohnen in der Region. Wir spotten eine Weile über die Planungseuphorie einer ganzen Generation, zu der wir beide auch eine Zeitlang gehörten und in der sich historische Ignoranz mit Fortschrittsüberheblichkeit paarte. Es war die Zeit, in der der Ort Nordgoltern, in dem Walter Z. wohnt, »Barsinghausen 9« heißen sollte. Das Ausradieren der Geschichte ließ sich dann glücklicherweise doch nicht so leicht erledigen. Die Streulage der vielen Orte sei eines der Hauptprobleme der Stadt. Die kleinen Dörfer hätten fast keine Infrastruktur mehr. Ohne Auto sei nichts zu machen. »Die Leute wollen alle an den Deister, die Orte an der S-Bahn-Linie nach Hannover sind gefragt.« Die starke Prägung durch das Ackerland rund um Barsinghausen sei übrigens eine späte Entwicklung, meint er. Noch im 19. Jahrhundert sei diese Strecke zwischen Nordgoltern und Barsinghausen ein reines Waldgebiet gewesen. Über der Kohleförderung hätte ich fast den Sandsteinabbau vergessen. Walter Z. erinnert mich, dass das Opernhaus wie auch die Waterloosäule aus Deistersandstein gebaut sind. Gelb / schwarz / grün – Sandstein / Kohle / Wald: Das seien denn auch die Farben des Wappens dieser Stadt.

Die Frage nach den Neonazis, durch die Barsinghausen in den letzten Jahren gelegentlich in die Schlagzeilen gekommen ist, kann ich dem Bürgermeister nicht ersparen. Es sei ein importiertes Problem, ist seine Meinung. Man hätte sie ignorieren sollen. Eine Gratwanderung ist das alles, verstehe ich. Eine Versammlung habe er verboten, das könne der Bürgermeister. Darauf sei man auf das Gebiet einer anderen Stadt gezogen. Seit einigen Jahren ist aber Ruhe.

Ich wandere durch den inneren Bereich von Barsinghausen. Auseinandergezogen und zersplittert kommt mir das Zentrum vor. In die Klosterkirche St. Marien schaue ich hinein, die ich in meinen *Klosterfahrten* eingehend beschrieben habe. Stundenweise ist sie am Vor- und am Nachmittag geöffnet, das ist schön. Hinter den Kreuzigungs- und den Osterfenstern von Kurt Sohns steht gerade die Sonne, die Farben kommen wunderbar heraus. Vor der Kirche steht der Stein zum Gedenken an die Jüdischen Mitbürger. Eine starke jüdische Gemeinde gab es in Barsinghausen, die Synagoge ist in der Reichspogromnacht niedergebrannt und später abgerissen worden, Spuren davon sind nicht mehr da. Es gab sogar zwei jüdische Friedhöfe; die Grabsteine des älteren sind im Rathaus eingelagert und harren auf den Einbau in ein größeres Denkmal. 34 »Stolpersteine« zum Gedenken an die von den Nationalsozialisten ermordeten jüdischen Mitbürgerinnen und Mitbürger sind in der Stadt gelegt. Einer liegt direkt vor dem Kloster und erinnert an Marie Schmidt. Sie kam aus Hannover, war bei einer Verwandten untergetaucht und nahm sich, als ihre Deportation in ein KZ nicht abzuwenden war, am 18. Februar 1945 das Leben. Eine gut aussehende, junge Dame mit einer fantasievollen Kopfbedeckung finde ich in einem Flyer abgebildet. Welche furchtbaren Wege, welche Tiefen an Verzweiflung und Ausweglosigkeiten enthüllen und verbergen sich zugleich in diesen wenigen Hinweisdaten, die die Gedanken eines Wanderers durch die Stadt wirklich zum Stolpern bringen. Ein neues Kapitel müsste man beginnen, das die schlimmste Geschichtsperiode dieses Ortes wie auch aller anderen Orte und Städte im Calenberger Land beschreibt. Der

Rat der Stadt Barsinghausen hat eine eigene Stiftung gegründet, die Maßnahmen gegen Antisemitismus, Rassismus und Ausländerfeindlichkeit sowie eine nachhaltige und sichtbare Erinnerungskultur unterstützt: die Siegfried-Lehmann-Stiftung. Der häufig verliehene Siegfried-Lehmann-Preis, der von der Familie Lehmann gestiftet ist, verleiht diesem Erinnern noch einmal Nachdruck und Gesicht.

Kein Gang durch Barsinghausen ohne einen kurzen Besuch im Kloster! Die Tür zum Kloster ist immer offen, frei kann man durch den Kreuzgang laufen und schauen. Ein großer gelber Blumenstrauß steht im Kreuzgang, eine Kerze brennt. Im Andachtsraum »Beth El« ist die Abendandacht, ich höre vom Kreuzgang aus dem Gesang des Konvents und der Bibellesung zu. Habe ich eigentlich früher schon die vielen schönen Grabsteine studiert? Darunter ist die Grabplatte der Maria Caroline Seebach (1725–1784), die die Enkelin des Kammerdieners König Georgs I., des Mehmet von Königstreu, war und im Kloster Barsinghausen als Konventualin lebte. Eine Frau mit einem türkischen Aussehen steht mir vor Augen. Vor dem Kloster der Ziehbrunnen aus der 1. Hälfte des 17. Jahrhunderts, aus Deister-Sandstein ist er gemacht, das fällt mir jetzt natürlich auf. Es ist spät geworden, zur Freilichtbühne hoch steige ich in mein Auto. Laientheater wird dort oben gespielt, aber offenbar auf einem guten Niveau. Pfingsten geht es zumeist los: Ein Lustspiel für die Erwachsenen, ein Kinderstück für die Familien, jeweils etwa 20 Vorstellungen, teils nachmittags, teils am Abend. Als ich in das weite Areal hineingehe, findet gerade eine akustische Probe für die Abendvorstellung statt. Allein der lauschige Ort lohnt schon den Besuch. Und die Wege in den Deister locken. Aber auch für einen Besuch im Zechenpark ist es längst zu spät.

*

Die Leute von Barsinghausen orientieren sich im Deister am Nordmannsturm, hatte mir der Bürgermeister gesagt. Auch wenn der Turm auf dem Gebiet der Stadt Bad Münder steht – und die gehört zum Landkreis Hameln/Pyrmont. So machen wir uns an einem Tag im September zu zweit auf diesen Weg. Der Hochnebel am Vormittag lässt alle Konturen im Deister

© Arnulf zu Linden *Der Deisterkammweg*

verschwimmen, aber gegen 14.00 Uhr kommt die Sonne durch. Auf dem Parkplatz am Kamm, an dem die Region Hannover aufhört, stehen schon jede Menge Motorradfahrer, die wechselseitig ihre Maschinen begutachten und miteinander reden. Wie es dazu gekommen sei, dass die Strecke des Nienstedter Passes die Paradestrecke der Biker sei, frage ich. »Es hat sich so herumgesprochen«, sagen sie einfach. »Natürlich spielen die herrlichen Kurven eine Rolle.« Ob es bestimmte Zeiten für große Treffen gäbe? »Ja«, sagen sie, »am Vormittag von Heiligabend um 11.00 Uhr.« Weihnachten im Geknatter von Hunderten, vielleicht sogar Tausenden von Motorrädern, das muss doch ein ganz eigener Lobgesang zur Geburt des Weltenheilandes sein!

Zum Nordmannsturm sind es 2,0 km, sagt der Wegweiser. Die Straße ist asphaltiert und geht leicht bergauf. Immer wieder gibt es Schaukästen über Fauna und Flora, über den Stoffkreislauf im Wald, über Fließgewässer als Lebensadern, über die Fichten, die für Hildegard von Bingen ein Sinnbild der Kraft waren und die man vielleicht darum zum Weihnachtsbaum erkoren hat. Es ist schon herbstlich hier oben, die Luft ist feucht und kühl. Entfernungsangaben halten den Wanderer bei Laune: zum Nordmannsturm noch 1,3 km, noch 1 km, noch 0,5 km. Als ob man schon gewaltige Märsche hinter sich hätte! Schön, wie die schlanken Buchen mit ihrem Stamm hoch in den Himmel ragen, wie sich das Spiel des Lichtes breite Bahnen durch den leichten Nebel bricht. Nur zwei Menschen treffen wir auf dem ganzen Weg. Es ist eine geradezu hörbare Stille, die reine Luft kann man fast schmecken. Dann sind wir auf dem Kamm und sind da. Die Gaststätte hat sich um den Nordmannsturm herum gelagert. Gut essen kann man offensichtlich, von Kuchen über Eintopf bis zum Wildschweinbraten wird alles angeboten. Wir wollen aber vor allem auf den Turm. Gestandene und noble Leute waren doch diese Handwerksmeister wie der Maurer und Steinhauermeister Constantin Nordmann, der den Turm 1862/63 aus Sandsteinblöcken aus dem eigenen Steinbruch errichten ließ und nach der klaglosen Wiedererrichtung des Turms 1881, als er durch einen Blitzschlag zerstört worden war, die 10 Pfennig Eintritt den Armen in Barsinghausen und Hannover spendete.

Oben angelangt, sind wir zunächst enttäuscht. Der Turm ist von Bäumen zugewachsen. Nur nach Westen ist ein Höhenzug zu sehen, der Süntel soll es sein. Ganz schön hoch ist man hier, ich halte mich mehr in der Mitte, ich kenne den Sog in die Tiefe, der mich manchmal packt. Edith sagt: »Ich würde mich gerne in einen Liegestuhl legen und mich sonnen.« Die Sonne scheint kraftvoll und warm. Es ist überhaupt nicht windig. Hier oben bei starkem Wind zu stehen, das würde einen wegblasen. Aber heute: Eine herrliche Ruhe. Immer mehr können wir es genießen. Ein einzelner Ruf schallt weit durch den Wald. Unten in der Gaststätte ist es gemütlich. Auf einer Leiter, die quer durch den Raum geht, sind die Utensilien der Bauern aufgeschichtet. Die Obstweine werden gut sein, ich bestelle einen Stachelbeerwein. Und erzähle meiner Frau noch einmal die Geschichte von unserer Tante Lene, die kräftig dem Obstwein zugesprochen hatte, sich nur durch Entlangtasten an den Wänden aufrecht halten konnte, und in breitem Ostpreußisch vor sich hinredete: »Dass diese kleinen Beerchen doch sone Wirkung haben können ...« Aber so weit lassen wir es nicht kommen.

*

Von Barsinghausen nach Hohenbostel ist es nicht weit. Aber ich fahre doch meist auf der B 65, von der ich in Winninghausen links abbiege. Pastor Volker W. erkennt mich, als ich am Pfarrhaus klingele, drückt mir den Kirchenschlüssel in die Hand und wir können uns in aller Ruhe in der Thomas-Kirche umschauen. Von den plattdeutschen Inschriften, die – wie mein Kollege meint – aus der frühen Neuzeit stammen, hat man mir viel erzählt. Herrliche Predigten zu den großen christlichen Festen sind sie in einer Direktheit und Anschaulichkeit, wie es sie nur in dieser Sprache der Unmittelbarkeit und des Herzens gibt. Rundum an der Decke und an den Wänden entlang laufen die Fresken und die Inschriften, von Gethsemane über die Kreuzigung hin zu Auferstehung, Himmelfahrt, Pfingsten. »Wachet unde bedet dat gi nich in Anfechtung fallet«: So heißt es zu Gethsemane, und das ist noch dicht am Luthertext. »Gi söken Jhesum«, sagen die Engel am Grab zu Ostern. Am schönsten aber immer wieder die Botschaft der Himmelfahrt in dieser jubelnden Sprache: »Gott faret up mit Juchzen und der Herr mit hellen Posaunen« (Psalm 47). Noch über dem Eingang mit einer markigen Männergestalt die »Uperstalnung det Fleisches«. Tröstlich ist das alles, die Botschaft vom Kommen des Gottessohnes ist mitten im Leben der Bauern des Calenberger Landes.

Danach geht es hinauf zur Bantorfer Höhe. Über einen erheblichen Teil des Calenberger Landes geht hier der weite Blick. Unten der Ort Bantorf, rechts davon Hohenbostel. Dahinter die Autobahn, wie Spielzeugautos sieht der Verkehr aus, der ununterbrochen läuft. Windräder gliedern die Landschaft. Eine Topografie der weiten Blicke müsste man zusammenstellen, das Calenberger Land lebt davon. Wir laufen in Richtung Kammweg, ganz schön geht es bergan. Der Orkan »Kyrill« hat auf dem Kamm des Deisters richtig gewütet, in ganzen Arealen sind die Bäume einfach abgebrochen. Auch mit den Wurzeln sind viele Bäume herausgerissen. Große Bereiche sind schon neu gepflanzt, die grünen Schösslinge stehen neben schlanken hohen Stäben. Bis zur Kreuzbuche kommen wir: Ein großes Kreuz, ein Stein, der an die gefallenen Forstkameraden des letzten Krieges erinnert. Friedlich sieht der Ort heute aus.

Auf der Karte studieren wir, was wir uns eigentlich noch erwandern müssten. Die Wege im Deister scheinen endlos zu sein. Kommt die Redensart »über den Deister gehen« im Sinne von »verschwinden« von der Grenzmarkierung des »Taternpfahls«, über den die Zigeuner, die keiner haben wollte, von Hannover in die Grafschaft Schaumburg abgeschoben wurden und retour? »Über den Deister gehen«: Ein ganzes Buch kann man darüber schreiben, wie es Gudrun Wildhagen und Udo Mierau getan haben. Wer »über den Deister ging«, der war weg. Der Deister als Schicksalsgrenze – »zu Glück und neuem Leben oder zu Not und Untergang«? Die ›Hollandgänger‹, die im Sommer in den Häfen des Nachbarlandes arbeiteten, und die Seefahrer mussten »über den Deister gehen«. Die Auswanderer erhofften sich ein neues Leben in der Fremde. Oder geht die Redensart doch auf die Zeit der alten Sachsen zurück, deren Leben oder das Leben der fremden Eindringlinge manchmal auf dem heiligen Opferstein, der »Alten Taufe« endete? Aber vielleicht ist der Ursprung der Redensart auch so simpel, wie es die Nienstedter vermuten, die – da sie zum Kloster Barsinghausen gehörten – zum Gottesdienst »über den Deister gehen« mussten. Auch tröstliche Elemente hat die Redensart gehabt und hat sie vielleicht noch heute: »Der Deister wird zum Bestehen einer schicksalhaften Prüfung, eines Examens, einer Lebenskrise, einer Krankheit, eines Todeskampfes. Er ist (endlich) über'n Deister, er hat es endlich geschafft.« (Wildhagen/Mierau). Es ist erstaunlich und dann auch wieder nicht verwunderlich, ein wie breites Bedeutungsspektrum ein Gang über den Deister haben kann.

Was gibt es nicht alles noch zu entdecken! Die Wasserräder und die Wallanlagen der Heisterburg, die Teufelsbrücke, die Cäcilienhöhe, die vielen Kohleschächte und Steinbrüche, die »Mögebierstollen« und was es alles gibt. Aber das ist nichts mehr für heute. Über »Walhalla«, das aus einem Lokal zu einem Privathaus umgebaut wird und den »Hohenbosteler Klosterstollen«, der schon 1895 stillgelegt wurde, geht es zurück. Drei Stunden sind wir unterwegs gewesen, da haben wir eine Kaffeestunde in der »Waldgaststätte Bantorfer Höhe«

wohl verdient. Die Goldene Hochzeit von Freunden haben wir hier einst gefeiert. Der Wirt ist neu, hatte vorher ein Lokal in Barsinghausen, hatte genug von dem Stoßgeschäft der Gastronomie, aber seine Frau wollte die Waldgaststätte unbedingt übernehmen. Fünf Jahre geben sie sich. Aber sie haben ja gerade erst angefangen, und vielleicht kommen sie ja noch beide auf den Geschmack …

Am Anfang war das Licht

Springe und Völksen

»In Europa gehen die Lichter aus«, sagte der britische Außenminister Sir Edward Grey, als – nach dem Attentat auf den österreichischen Thronfolger in Sarajewo – Deutschland am 1. August 1914 Russland, zwei Tage später auch Frankreich den Krieg erklärte und am 4. August Großbritannien in den Krieg eintrat. Der Außenminister hatte nicht übertrieben. Dunkle Zeiten standen dem europäischen Kontinent bevor. Am Ende des 1. Weltkrieges waren zehn Millionen Tote und 20 Millionen Verwundete und Invaliden zu beklagen. Und: Europa sah nach dem Krieg anders aus als vorher. In vier Kaiserreichen führte der Krieg zur Auflösung der Monarchien, in Russland waren die Kommunisten an die Macht gekommen, und in Deutschland reichte die Erschütterung der gesellschaftlichen Kräfte, wie das Aufkommen des Nationalsozialismus bewies, weit über das Kriegsende von 1918 hinaus. Für lange Zeit waren in Europa die Lichter ausgegangen.

Es ist ein Charakteristikum unserer abendländischen Kulturgeschichte, dass sie theoretische wie praktische Orientierungsleistungen mit der Metapher des Lichts beschreibt. Wenn man einen Satz wie den des britischen Außenministers liest, weiß man, was der Ausbruch eines Weltkrieges für Europa bedeutet hat und bedeutet. Dahinter steht natürlich die materielle Qualität und Funktion des Lichts. Ohne Licht ist nichts zu sehen und nichts zu unterscheiden. Ohne Licht sind alle Katzen grau. Wenn das Licht ausgeht, weiß man nicht mehr, wo man sich befindet und wie es weitergeht. Deshalb heißt es auch am Anfang der biblischen Schöpfungsgeschichte in 1. Mose 1, dass Gott das Licht von der Finsternis schied. Das Licht ist eines der Grunddaten unserer kosmologischen Geschichte. Mit dem Licht beginnt das Leben. Von daher ist es auch verständlich, dass die Metapher des Lichts zur Ausdrucksform für alle lebensdienlichen und lebensnotwendigen menschlichen Erfahrungen wird. »Das Licht der Welt erblicken«, sagen wir, wenn ein Kind geboren wird. Das ist im wörtlichen wie im übertragenen Sinn gemeint: Die Weite des Lebens liegt vor dem neugeborenen Kind. Von dem »Licht der Vernunft« haben die Aufklärer geträumt. »Mehr Licht«: Mit diesen Worten soll Goethe gestorben sein. »Brüder, zur Sonne, zur Freiheit«, haben die Kommunisten gesungen. Ja, Licht wird zur Metapher für das Göttliche und für Gott. »Mache dich auf, werde Licht, denn dein Licht kommt«, sagt der Prophet Jesaja.

Seit der zweiten Hälfte des 19. Jahrhunderts aber ist eine Veränderung des Sprachgebrauchs festzustellen. Seitdem gibt es nicht nur »das Licht«, seitdem gibt es auch den Plural, gibt es »die Lichter«. Das künstlich erzeugte Licht gewinnt eine umfassende Bedeutung und eine eigene Dignität. Sicher gab es schon seit Jahrhunderten die Erfahrung der »Lichter«; eine Geschichte der Lichter zu schreiben, wäre ein spannendes Unternehmen. Die Fackeln hätten darin ihren Ort, die Kerzen, die Petroleumlampen, die Gaslampen und vieles mehr. Aber ein bestimmter Tag müsste doch herausgestellt und ganz besonders gewürdigt werden: Am 21. Oktober 1879 brannte die erste Glühlampe, wenn auch nur 40 Stunden lang. Einen Kohlenstoff-Faden hatte Thomas Alva Edison in ein Vakuum unter einer Glashaube eingesetzt, und die Glühlampe war erfunden. Nach einer kurzen Periode der Verfeinerung und Weiterentwicklung gingen die Glühbirnen in die Massenproduktion. Geradezu eine Revolution auf dem Gebiet der »Lichter« muss das gewesen sein, die ganze Konzerne ins Leben rief oder ins Wanken brachte. Der gewaltige Ölkonzern des John Davison Rockefeller erlebte so, dass das von ihm hergestellte Petroleum auf einen Schlag überflüssig wurde. Seine Raffinerien wurden offenbar nur dadurch gerettet, dass zur gleichen Zeit das Automobil den Pferdekarren ersetzte.

Auch in der Straßenbeleuchtung wurden überall die Gaslampen – zunächst auf elektrische Bogenlampen – umgerüstet. Innenräume, fensterlose Räume wurden auf ganz neue Weise nutzbar. Die angehenden und die ausgehenden Lichter bestimmten den Rhythmus der Städte und der Orte. Die

Nacht konnte durch die Lichter zum Tag gemacht werden. Erst seitdem hat es seinen Sinn und eine hohe Anschaulichkeit, ein bestimmtes Ereignis mit dem Ausgehen der Lichter zu assoziieren. Kriegsausbruch, das konnte wie ein Griff zum Schalter sein, durch den mit einem Schlag die Lichter verlöschen. Wie für die Ewigkeit gemacht, schien diese Erfindung des Thomas Alva Edison zu sein. Dass auch die Glühbirne nur eine – wenn auch lange – Episode in der Geschichte der Lichter ist, haben wir inzwischen mit Erstaunen und Überraschung gelernt. Ab 2012 werden – nach 130 Jahren – in der Europäischen Union, aus ökologischen Gründen, die Glühbirnen verboten sein.

*

In dieser »Geschichte der Lichter« beansprucht eine Stadt im Calenberger Land ein eigenes Kapitel. In Springe wurde am 20. April 1818 Heinrich Göbel geboren, der mit 30 Jahren nach Amerika auswanderte und dem, noch 25 Jahre vor Edison, eigentlich die Erfindung der Glühlampe zugesprochen wurde. Da ihm die materiellen Mittel fehlten, habe er seine Erfindung nicht wirtschaftlich umsetzen können. In allen Schriften über Springe, bis in die letzten Jahre hinein, tauchen vergleichbare Hinweise auf die epochale Erfindung Göbels auf. Nur zwei – verkürzte – Beispiele dafür: »Aus alten Glasröhren und Eau-de-Cologne-Flaschen gelang Göbel 1854 die Herstellung der ersten Glühlampe. Göbel verstand es nicht, die Erfindung industriell auszuwerten und so kam es, dass der Amerikaner Thomas Edison, der 25 Jahre später die Kohlenfadenlampe erfand und serienmäßig herstellen ließ, als Erfinder der Glühlampe galt« (Günter Haupt, *Springe in alten Ansichten*, 1978). Lapidar beginnt die ausführliche Darstellung der Lebensleistung Göbels in der *Geschichte der Stadt Springe* von Wilhelm Hartmann (1954) mit dem Satz: »Als Erfinder der ersten Glühlampe wird Heinrich Göbel aus Springe am Deister in die Geschichte eingehen.« Und noch 2004 ehrte die Deutsche Post Heinrich Göbel als Erfinder der elektrischen Glühlampe mit einer Sonderbriefmarke über 220 Cent mit einer Auflage von 15 Millionen: »150 Jahre elektrische Glühlampe«, so lautete die Legende der Briefmarke, und die Göbel-Lampe von 1854 wurde im Bild konfrontiert mit einer Glühlampe von 2004.

Mein nächster Besuch in Springe sieht mich also auf der Spurensuche nach dem Erfinder der Glühlampe. Ich fahre gerne nach Springe. Die Stadt hat, in der Burgstraße und um den Markt herum, einen schönen Stadtkern mit alten Häusern, die Gemütlichkeit und Gediegenheit ausstrahlen und vor denen man auch bei gutem Wetter behaglich vor einem Restaurant oder Café sitzen kann. Ich schaue kurz in das Rathaus hinein, auf dem früheren Hof der Grafen von Hallermund steht es. Der Ratskeller, ein ganzes Stück weiter oben, ist mitten im Dreißigjährigen Krieg 1636 als Rathaus erbaut worden, eine steinerne Freitreppe führt hinauf. In die St. Andreas-Kirche schaue ich hinein, ein Kollege bietet sich zu einer kurzen Führung an, als ich im Gemeindebüro um den Schlüssel bitte. Eine dreischiffige gewölbte Hallenkirche aus Bruchsteinen finde ich vor, aber am meisten interessiert mich doch die Innenausstattung der Kirche. Von Weitem sieht der Flügelaltar wie eine Arbeit aus der Gotik aus; mit Erstaunen höre ich, dass Carl Dopmeyer den Altar geschaffen hat. Hannover ist voll von Skulpturen von Carl Dopmeyer, er scheint in der zweiten Hälfte des 19. Jahrhunderts der am meisten beschäftigte Bildhauer in diesem Raum gewesen zu sein. Seine Arbeitsweise eines stilisierten Naturalismus, wie man sie auch an der Kanzel der St. Andreas-Kirche sehen kann, meine ich zu kennen. Aber hier erfahre ich, dass er 1825 in Springe geboren ist und dass er gotische Altäre so täuschend nachmachen konnte, dass man zweimal hinschauen muss, um die Unterschiede zu erkennen. Der Historismus hatte schon seine Bezugspunkte genau im Blick. Gravitätisch stehen Christus und die Apostel in den Nischen des Altars. Einen Altar aus der Minoritenkirche in Hannover soll Dopmeyer kopiert haben, der sich später im Provinzialmuseum befand. Im Bestandskatalog des Landesmuseums finde ich den Altar nicht mehr. Wo mag er geblieben sein?

Als das eindrucksvollste Haus in Springe erscheint mir das Amtsgericht. Ein zweistöckiger Fachwerkbau ist es, der 1775 errichtet worden ist; Einzelteile weisen auf eine noch frühere Entstehung hin. Und da werde ich auch sofort wieder auf die Spur von Heinrich Göbel gesetzt. In einer Nische des Amtsgerichts kommt sein Kopf aus der Mauer heraus. Oder genauer: Göbels Kopf schwebt über einer leuchtenden Figur. »Die

Befruchtung der Dunkelheit durch Mr. Flaschenlicht«, nennt der Künstler sein Werk. Im Rahmen eines großen Göbel-Festes samt Feuerwerk, Lichtinstallationen und vielen weiteren Aktivitäten ist die Arbeit 1993 enthüllt worden. Göbels 175. Geburtstag und sein 100. Todestag waren der Anlass dieser Festlichkeiten. Es scheint die letzte große Aktion der Stadt Springe gewesen zu sein, – wenn man von der Briefmarken-Ausgabe von 2004 absieht –, sich als Geburtsstadt des Erfinders der Glühlampe in Szene zu setzen.

Aber ich bin ja erst am Beginn meiner Spurensuche. Über das Geburtshaus Göbels in der Straße Zum Oberntor mit einer Gedenktafel, einem Kopfrelief und einer ständig brennenden Glühbirne aus dem Jahr 1929 (das »ewige Licht von Springe«) geht es über die Heinrich-Göbel-Straße hinauf zur »Göbel-Bastei«. Die Heinrich-Göbel-Realschule in der Adolf-Reichwein-Straße liegt etwas abseits, da muss ich jetzt nicht hin. Die Göbel-Bastei aber ist offenbar für ganz Springe ein Begriff. Sie ist einmal eine Straße, an der eine Reihe von Hochhäusern liegt. Dann kann man aber noch ein kleines Stück höher fahren, um zum unübersehbaren Göbel-Denkmal zu kommen. Auf der Höhe des Ebersberges, direkt an der Deister-Pforte, hat man einen 7,50 Meter hohen Obelisken errichtet, auf dem oben eine große stilisierte Glühbirne balanciert, die als Leuchtstoffröhrenanlage hoch über Springe steht, nachts zu strahlen beginnt und weit von der Talseite aus zu sehen ist. Da stehe ich nun am Fuße des Göbel-Turmes, schaue hinunter auf Springe, sehe die St. Andreas-Kirche und andere hochragende Gebäude und genieße den weiten Blick in die hügelige Landschaft hinein. Einen besseren Platz hätte man in Springe nicht finden können. Ich bin nie am Abend in Springe gewesen, aber Nachbarn versichern mir, dass die Beleuchtung noch immer funktioniert. Das ist wirklich eine Ehrung, wie sie kaum jemand anderem zuteil geworden ist, schießt es mir durch den Kopf. Am Fuße des Obelisken lese ich (manches ist schon etwas schwer zu entziffern): »Zu Ehren des Erfinders der elektrischen Glühlampe Heinrich Goebel geb. am 20. April 1818 in Springe gest. am 16. Dezember 1893 in New York errichtet am 26. Juni 1954 durch die Stadt Springe anläßlich der 100-Jahrfeier der Erfindung.«

Die Göbel-Bastei

Jetzt habe ich, wie ein Hund auf der Fährte, richtig Witterung aufgenommen. Möchte alles ganz genau wissen, lasse mich mit ein paar Inschriften und Hinweisen nicht mehr abspeisen. Im Museum, das auch dort unten auf dem Hallermundschen Burggelände steht, soll es einen Göbel-Raum geben. Da werde ich nähere Auskünfte erhalten können. Ein verwinkeltes Gebäude ist das »Museum auf dem Burghof«, mit vielen Abteilungen von der »Erdgeschichte« bis hin zu »Wald und Forst«. Die Göbel-Ausstellung ist klein. Über Heinrich Göbel erfahre ich eine Reihe zusätzlicher Daten. In der St. Andreas-Kirche ist er getauft, 1832 ist er auch dort konfirmiert. Interessant ist das Urteil eines Lehrers über ihn: Seine »sittliche Beschaffenheit« wird als »leichtsinnig« bezeichnet. Und: »Scheint einen erfinderischen Geist zu haben.« 1844 heiratet er, drei Kinder werden geboren, von denen der älteste Junge kurz nach der Geburt stirbt. Im November 1848 wandert die kleine Familie über Bremen aus und erreicht im Januar 1849 New York. Die Berufstätigkeit Göbels wird als »Uhrmacher« angegeben. Über sein Leben in Amerika ist wenig zu erfahren. Ausführlicher werde ich über die drei Patente informiert, die Göbel eingereicht hat; mangels Sachkenntnis kann ich nicht allzu viel damit anfangen. Aber natürlich ist die Göbel-Lampe von 1854 dokumentiert, wie auch der Nachruhm des »genialen Erfinders«, der in den 20er-Jahren des 20. Jahrhunderts einsetzt und 1954 und 1993 seine Höhepunkte in Springe erlebt. Gut zusammengefasst ist das alles in dem Huldigungsgedicht des Nürnberger Lehrers Franz Bauer, welches mit seinem antiamerikanischen Akzent zugleich seine eigene Entstehungszeit (1942) dokumentiert:

»Du gabst das Licht und hieltest dich verborgen,
Du wittertest Geschäft nicht, noch Verdienst.
Ein Spiel war dir, was andern schwere Sorgen
Um die Patente brachte und den Gewinnst. ...
Du aber gingst so still, wie du gekommen,
gingst aus dem Saal und aus der Welt davon,
du hast dir nicht, was dir gebührt, genommen;
du bliebst ein armer Deutscher ohne Lohn.«

Der »Lichtbringer« wird hier zu einer Heilsfigur stilisiert. Das verweist die »Geschichte der Lichter« noch einmal zurück auf die »Geschichte des Lichts«: in irrationale Bereiche wandert eine einfache Lebensgeschichte auf und davon. Mit Heinrich Göbel erwies das Thema »Licht« noch einmal seine ekstatische Kraft, und Springe ist der Ort, an dem dieses ausgetragen wurde.

Aber die größte Überraschung steht mir noch bevor. Am Ende der Göbel-Ausstellung liegt in diesem kleinen Raum der Hinweis auf eine Dissertation im Schaukasten, die im Jahr 2007 erschienen ist und die herausarbeitet, dass vieles von dem, was man Göbel zuschreibt – so gar nicht gewesen ist! *Die Göbel-Legende. Der Kampf um die Erfindung der Glühlampe* heißt das Buch des Springer Gymnasiallehrers Hans-Christian Rohde. Ich kann das alles so schnell gar nicht fassen. Hat sich um Heinrich Göbel von Jahrzehnt zu Jahrzehnt eine Legende gebildet, die nicht mehr nach der historischen Wahrheit gefragt hat? Für möglich halte ich das. Um viele historische Ereignisse und Persönlichkeiten kristallisieren sich, aus irgendwelchen Bedürfnissen heraus, Einstellungen und Sichtweisen, die sich in erstaunlicher Weise schnell verselbstständigen. Es gehört zum Wesen von Legenden, dass man nur noch nach der Plausibilität, aber nicht mehr nach ihrer historischen Wahrheit fragt. Ist also die Erfindung der Glühbirne durch Heinrich Göbel eine schlichte Legende? Einer Identifikationsfigur und einer breiten Wirkungsgeschichte würde damit der Boden unter den Füßen weggezogen. Und Hochachtung vor einem Museum, das mit der Darstellung einer Heldengeschichte zugleich deren Demontage betreibt.

Zu Hause stürze ich mich sofort auf das Buch von Hans-Christian Rohde. Sorgfältig und unter Benutzung aller erdenklichen, vor allem auch der amerikanischen Quellen ist darin das Leben, das Wirken und die Wirkungsgeschichte dieses deutschen Auswanderers aufgearbeitet. Ich finde keinen Ansatzpunkt für mögliche Einwendungen. Am Ende habe ich einen intensiven Einblick in den Kampf um die Erfindung der Glühlampe getan und bin restlos überzeugt, in der »Geschichte der Lichter« ein neues, aufregendes Kapitel kennengelernt zu haben.

So also stellen sich nach Hans-Christian Rohdes Recherchen die Dinge dar: Heinrich Göbel hatte, auch von seiner Ausbildung in Springe her, gewisse feinmechanische Fähigkeiten, war technisch interessiert und bemühte sich, durch kleinere Verbesserungen an den Erfindungen anderer durch die Anmeldung entsprechender Patente in die Zone wirtschaftlichen Erfolgs und Aufstiegs zu gelangen. Bei allen drei Patenten glückte ihm dieses nicht. Es gibt nicht den geringsten Beleg, dass Göbel vor 1879, also vor dem Erfindungsjahr der Glühlampe durch Edison, an der Lichterzeugung durch Elektrizität gearbeitet hätte Erst, als Göbel realisiert, welch eine revolutionäre Erfindung die Konstruktion der Glühlampe bedeutet, gibt er 1882 der New York Times ein Interview, in dem er behauptet, alle Patente zu besitzen, die zur Herstellung einer Glühlampe notwendig sind. Eine Behauptung, die Rohde schlicht als Hochstapelei beurteilt. Aber diese Aussage wird wieder erinnert, als die Firma Edisons, die »Edison Electric Light Company« 1893 gegen Konkurrenzfirmen, die auch mit der Glühlampe arbeiten, gerichtlich vorgeht. Die Anwälte von drei dieser Firmen benutzen Göbel, um Edisons Patent zu Fall zu bringen. Der große Erfinder Heinrich Göbel habe die Glühlampe schon lange vor dem Jahr 1879 erfunden, ist die Behauptung, für deren Richtigkeit man alle möglichen

Beweismittel, auch die Göbel-Glühlampe, vorlegt. Der sogenannten »Goebel-Defense« ist aber kein Erfolg beschieden. Es kommt zu einem Mammutprozess, der wegen der Fülle der Zeugenaussagen bis zum Ablauf des Edison-Patents 1894 nicht zu Ende geführt werden kann. Aber keiner der Richter habe Göbels Anspruch anerkannt. Heinrich Göbel war zu dieser Zeit schon ein alter Mann, war mehr Objekt als Subjekt der Ereignisse und verstarb im Dezember 1893 in New York.

Auch die weitere Ausbreitung der »Göbel-Legende« hat Rohde ausführlich dokumentiert. Sie läuft über einen persönlichen Gegner Edisons, dessen Tendenzartikel in Deutschland als wissenschaftlich unabhängige Fachbeurteilungen genommen werden. Lokalpatriotismus spielt dabei immer wieder eine große Rolle. Aber auch der Wunsch nach der »Überlegenheit deutscher Ingenieurleistung« (nach dem verlorenen 1. Weltkrieg) oder der erhoffte »Sieg des deutschen Idealismus über den amerikanischen Materialismus« (nach dem 2. Weltkrieg). Von den Einschätzungen des Dritten Reiches braucht man da gar nicht weiter zu reden. Am Ende wird Göbel zu einer »Kultfigur«, die zur Imagepflege instrumentalisiert wird. Eben: Eine Legende wird aus dem Lebenslauf dieses Mannes, der deutsche Mentalität und Tüchtigkeit nach Amerika mitnimmt und damit den eigenen Wunschvorstellungen näher steht als der historischen Wahrheit, der sie sich in ihren Ansätzen verdankt.

Verblüfft stehe ich vor diesem Sachverhalt einer Göbel-Legende. Die Identität Springes ist nicht identisch mit der Geschichte dieses Mannes, und unübersehbar ist in dieser Stadt der Wille, sich immer stärker als »Bildungsstadt« zu etablieren. Aber es ist nicht zu leugnen: Ein ganzes Stück der neueren Geschichte und auch der äußeren Gestalt der Stadt ist durch die Erinnerung an diesen Mann geprägt. Wie geht man damit um, wenn eine Stadt über viele Jahrzehnte hinweg einem Hochstapler aufgesessen ist? Rohde geht davon aus, dass die Geschichte von Heinrich Göbel als dem Erfinder der Glühlampe mit der Stadt Springe verbunden bleibt. Das Grundrecht der Meinungsfreiheit mache es unmöglich, solche Akzentsetzungen zu verbieten. Aber er schlägt vor:

»Wer sie jedoch zukünftig weiter erzählen möchte, sollte redlich sein und sie als eine Legende kennzeichnen – zumindest durch ein Augenzwinkern oder ein Lächeln.« In dieser Weise gehen schon heute, wie ich in Springe erlebt habe, die Kenner der genaueren Geschichte des Heinrich Göbel mit diesem Manne um. Ich selbst habe noch einen anderen Vorschlag: Die »Geschichte der Lichter« ist ein zu wichtiges Thema, als dass man eine Stadt, die sich zwischendurch als »Stadt des Lichts« verstanden hat, aus dieser Erinnerungsgeschichte einfach mit einem wissenden Lächeln entlassen möchte. Wäre es nicht möglich, Edison und den ganzen Kampf um die Glühbirne in die Erinnerung an die Anfänge mit aufzunehmen, und auch die künftige Entwicklung, die die Glühbirne zu einem historischen Fossil machen wird, nicht auszublenden? Das Licht und die Geschichte der Lichter rühren an die Grundlagen menschlicher Existenz. Überall werden »Feste des Lichtes« gefeiert, warum nicht und gerade auch in Springe? Dort hinein gehört dann auch die Lichtkunst, die in der Kunstentwicklung der Moderne eine immer größere Bedeutung gewinnt. Gedankliche und konzeptionelle Arbeit wird das erfordern. Wie sollte man aber diese von den Springern nicht einfach erwarten können!

*

Aber nun steht mir der Sinn nach anderen Dingen. Wer nach Springe fährt, muss natürlich auch im »Jagdschloss Springe« einkehren und den »Saupark« bei Springe besuchen. Auf andere Gedanken wird er dort schon kommen. Am Jagdschloss stehen viele Autos, die Jagd- und Forst-Akademie hält sicher wieder einmal eine Tagung oder Schulung ab. Das Museum im Hauptgebäude habe ich schnell durchschritten. Einheimisches Wild und Vögel, dicht an dicht. Der »Lavessaal« im klassizistischen Stil ist geschmackvoll (Bauzeit 1838/1842), der »Kaisersaal« (1878/80) groß und eindrucksvoll. Eines der Sommerkonzerte könnte man hier doch einmal besuchen. Aber die Ausstellung ist auch der rechte Ort, sich geschichtlich auf den Besuch des Sauparks einzustellen. Um mehr zu sehen und zu ahnen, als man mit seinen zwei Augen sieht.

Der Name »Saupark« macht mir schon im Vornherein klar, worum es bei der Entstehung dieses Geländes einmal ging. Die Verhütung des Wildschadens, den die Wildschweine verursachten, war das große Thema. Die Sauen wollte man natürlich haben, um sie zu jagen und zu erlegen. Auch die Küchen und herrschaftlichen Höfe waren am laufenden Nachschub von Wildfleisch interessiert. Aber die ständigen Klagen und Prozesse wegen der Schäden waren lästig. So tauchten im 19. Jahrhundert überall die Pläne der eingezäunten Jagdreviere auf. Der Tiergarten in Kirchrode war zu klein, um neben dem Damwild auch noch Wildschweine aufzunehmen. Ein Gebiet im Hildesheimer Bereich war im Gespräch; aber die Entscheidung fiel schließlich für ein Gebiet im Kleinen Deister in der Nähe des »Hallermundkopfs«, auf dem im Mittelalter die Burg der Grafen von Hallermund stand. Von 1836 bis 1839 wurde die 16 km lange Mauer aus Bruchsteinen gebaut, die noch heute da ist und die das Ausbrechen der Tiere verhindern sollte. Die Jagden konnten beginnen. Königlich-hannoversches Hofjagdrevier ist der Saupark Springe von 1839 bis 1866, Hofjagdgehege des Preußischen Königs und des Deutschen Kaisers von 1866 bis 1918. Die Zeit von 1918 bis zur Gegenwart ist ein eigenes Kapitel.

Das Jagdschloss Springe

Gejagt wurde, lange Zeit einmal jährlich, in einer großen repräsentativen Staatsjagd, vor allem nach der Methode der »eingestellten Jagd«. Wie diese Jagdart, durch die das Wild in Kammern zusammengepfercht, durch vorgegebene Bahnen herausgelassen und dann einfach »abgeknallt« wurde, den Jägern überhaupt irgendwelches Vergnügen bereiten konnte, wird mir immer rätselhaft bleiben. Immerhin hat, im Rahmen der Gutachten zur Errichtung eines eingezäunten Jagdgeheges, der Oberforstmeister von Beaulieu-Marconnay aus Marienrode, der der Gatte der Goethe-Vertrauten Gräfin Henriette von Egloffstein war, folgende bemerkenswerte Erklärung zum Thema »eingestellte Jagd« gegeben: Das Jagdvergnügen solle ja nicht den Jägern zugute kommen. Vielmehr solle solch ein Park dazu dienen, dass auf eine nicht zu anstrengende Weise der Regent zum Schuss käme, da diesem nur beschränkte Zeit zur Verfügung stünde! Das hat man dann gründlich befolgt. Dem »obersten Jagdherrn«, der zumeist der König oder der Kaiser selbst war, wurde eine Abschussquote von bis zu 100 Stück Wild (an einem oder an zwei Tagen) zugebilligt! Die »Strecke« der letzten Kaiserjagd im Jahre 1912, die vor dem Jagdschloss Springe niedergelegt wurde und bei der sich natürlich Kaiser Wilhelm II. – im Wettstreit mit dem österreichisch-ungarischen Thronfolger Erzherzog Franz Ferdinand – besonders hervortat, betrug zwei Altaihirsche, 34 Stück Damwild und 393 Stück Schwarzwild. Von der Dichte des Wildbestandes damals kann man sich heute überhaupt keine Vorstellung mehr machen.

Die Weimarer Zeit brachte in den Jahren 1927/28 dann den wichtigen Schritt, durch die Einrichtung eines Schutzgeheges für die Wisentzucht den Gedanken der Rettung einer bedrohten Tierart energisch nach vorne zu bringen. Der prachtvolle Wisentstier »Iwan«, den ich nur von Bildern kenne, scheint noch immer nicht vergessen zu sein. Das »Wisentgehege« hat nicht in der offiziellen Benennung, aber in der öffentlichen Anziehungskraft den »Saupark« längst in den Schatten gestellt. – Im Dritten Reich hat sich natürlich auch in Springe der »Reichsjägermeister« Hermann Göring breit gemacht. Nach dem Ende des 2. Weltkrieges hat es erstaunlicherweise und noch bis in die 70er-Jahre hinein eine Wiederaufnahme der Staatsjagden durch die jeweilige Niedersächsische Landesregierung gegeben. Aber diese Zeit ist ja nun wohl endgültig vorbei.

*

Die Sonne lockt und hält mich nicht mehr bei langen geschichtlichen Exkursen und in Museumsräumen. Nach endlos langen und dunklen Winterwochen ist sie in diesen Tagen endlich da, obwohl es für Ende März noch immer viel zu kalt ist. Ein Aufatmen überall, wohin man hört. Ich merke wieder einmal: Das Licht lässt mich nicht los in diesen Tagen in Springe, und die Sonne ist doch die Quelle, der Ursprung, ja die gewaltige Kraft des Lichts. Wo kämen wir hin, wenn es nur noch die dunkle und wolkenverhangene Zeit gäbe! Die Sehnsucht nach der Sonne treibt die Menschen im Urlaub in den Süden, und meine Frau und ich genießen es, heute einmal einen ganzen Tag im Freien und bei den Wanderungen in einem Tierpark zu verbringen. Der erste Parkplatz ist an einem Sonnabend und bei einem solchen Ausflugswetter natürlich voll und lässt uns Gedränge im Inneren des Springer Sauparks erwarten. Aber das Gelände ist groß, wir haben sogar manchmal das Gefühl von Leere, nur beim »Café-Wild« in der Mittagszeit drängt es sich und verursacht erhebliche Wartezeiten. Unser Eindruck bleibt zwiespältig an diesem Tag. Schön sind die knorrigen alten Eichen im vorderen Teil des Parks und die schlanken großen Buchen im hinteren Bereich. Vielleicht fallen sie gerade deshalb so stark ins Auge, weil noch keine Ansätze von Laub zu erkennen sind. Wie das bei großen Gehegen ist: Die Tiere muss man manchmal mühsam suchen. Einen Otter entdecke ich erst, als die Führerin einer Kindergruppe ihn aus seinem Versteck lockt. Das Damwild und die Wildpferde sind oft weit entfernt, und die Elche kann ich selbst mit unserem Fernglas kaum erkennen. Wildschweine haben wir in unserem Kirchröder Tierpark ständig vor Augen. Die Überfüllung durch Wild scheint uns jedenfalls nicht das Problem des heutigen Tierparks zu sein. Schön sind die beiden Wisentherden von je etwa 20 Stück; schwerfällig stakt der wuchtige Wisentstier an uns vorbei. Aber aufregende Tiere sind die Wisente an einem solchen Tag nicht, die Herde an der »Schönen Aussicht« döst nur so vor sich hin in dem wunderbaren Sonnenschein. 5000 Exemplare dieses größten europäischen Tieres gibt es inzwischen wieder weltweit, das am Anfang des letzten Jahrhunderts kurz vor dem Aussterben war. So belehrt uns eine Hinweistafel, die – im gleichen Wortlaut – an verschiedenen Orten steht. Dies Ergebnis bleibt ein ganz großes Verdienst der sorgfältigen Züchtung und Hege dieser Tiere, die ihr Zentrum in der polnischen Bialowiezser Heide hat. Das nehmen wir wirklich auf und nehmen es mit von diesem Tag.

Am »Duellplatz« kommen wir später noch vorbei, an dem der hiesige Landrat von Bennigsen im Duell mit dem Domänenpächter Falkenhagen aus Springe am 16. Januar 1902 den Tod durch einen Bauchschuss fand. Der Gewinner des Duells musste mit sechs Jahren Festungshaft büßen. Eine echte Effi-Briest-Geschichte aus dem Ende der Kaiserzeit ist das. Der ironisch-moralisierende Schlusssatz, den ich auf der Hinweistafel in der älteren Literatur noch finde, ist heute – die Zeiten sind humorloser geworden – leider nicht mehr da: »Der Kampf um das weibliche Geschlecht wird jetzt hier noch von Dam- und Rothirschen ausgetragen, die ihre verletzte Ehre auch ohne Todesfolgen zu retten wissen.«

Doch die »Flugschau« darf ich nicht vergessen. Wo haben wir überall Flugschauen gesehen: Auf der Burg Landskron oberhalb Villach in Kärnten, auf Burg Hohenwerfen im Salzburger Land und wo nicht sonst noch. Aber ich laufe immer noch sofort dorthin, sobald ich eine Vorführung angezeigt sehe. Überall lerne ich noch etwas Neues. Vom Frühling bis zum Herbst gibt es täglich zwei Flugschauen im Saupark in Springe, fünf bis sechs Vögel werden jeweils ausgewählt unter den 60 Exemplaren, die für eine Vorführung abgerichtet sind. Freiwilligkeit und die zu erspürende Lust an diesem Tag zum Fliegen ist oberstes Prinzip. Die Falkner, die die Flugschau leiten, sind alle rednerisch begabt und haben ihre einstudierten rhetorischen Mätzchen. Aber es macht Spaß, ihnen zuzuhören und erneut zu erleben, wie wenig man doch weiß. Diesmal soll uns der Unterschied zwischen »Grifftötern« und »Risstötern« beigebracht werden. Ganz begriffen aber habe ich es am Ende noch immer nicht. Viel schöner ist es, das Rütteln des Turmfalken mit Bewusstsein zu erleben oder den Segelflug des ungeschickten Mäusebussards, der zehn Versuche braucht, um einmal Erfolg zu haben. Den geräuschlosen Flug des Uhus lässt uns der Falkner in absoluter Stille erleben. Das ständige Flügelschlagen des Würgfalken wird zu einem auffälligen Merkmal der Erkennung. Höhepunkt natürlich immer: Die Adler. Diesmal ist es der Steppenadler, der dicht über die Köpfe der Kinder hinwegrauscht. Den Steinadler haben wir schon am Vormittag gesehen, als er in einem Seminar mit etwa 20 Tierfotografen von Baum zu Baum geradezu fegte. Dass dieser mächtige Vogel sogar Gemsen in der Felswand schlagen kann, will ich nach diesem Anblick gerne glauben. Ende gut, alles gut. Nach der Flugschau wollen wir an diesem Ort nichts mehr sehen und erleben, steigen ins Auto und fahren zum Abschluss am Spätnachmittag in den Hermannshof nach Völksen.

*

Es ist sicher ungerecht, einen ganzen Ort wie Völksen auf den Hermannshof zu reduzieren. Aber man hat nun einmal seine Geschichte überall im Land, und die ist von Zufälligkeiten und von eigenen Interessen bestimmt. Die Völksener mögen mir das nachsehen, wie auch die Bewohner und Bewohnerinnen aller Dörfer und Städte im Calenberger Land. Wenn ich durch Völksen komme, fahre ich fast automatisch in der Mitte des Dorfes links die kleine Straße zum Hermannshof hinauf, der nach dem Möbelfabrikanten Hermann Rexhausen benannt ist. Herrlich ist der Blick zurück über das Tal mit dem Dorf darin zum Kleinen Deister hinüber. Rexhausen hatte auch genügend Geld, um einen so bedeutenden Künstler und Architekten wie Bernhard Hoetger zu beschäftigen, der ein hervorragender Bildhauer war und in Bremen, Worpswede und an vielen anderen Orten so fantasievolle Bauten errichtet hat. Auf dem Hermannshof hat er 1920 das herrlich proportionierte »Grüne Haus« gebaut. Ein Steinhaus mit Holzverkleidung ist es, selten habe ich von Hoetger so geradezu klassisch anmutende Maße eines Bauwerks gesehen. Auch das entzückende kleine »Teehaus« hinten im Park hat er errichtet. Die Gesamtanlage des Gartens soll ebenfalls auf seine Planungen und Vorschläge zurückgehen; Apfelbäume hat man, wie mir erzählt wird, von Worpswede hierher transportiert und eingepflanzt.

Da der quirlige und sympathische Geschäftsführer des Vereins Kunst und Begegnung Hermannshof e.V. gerade im Krankenhaus ist, hilft sein 1. Vorsitzender Martin B. meiner Erinnerung auf. Denn ein Initialerlebnis habe ich mit dieser bedeutenden Kunstgesellschaft in der Region Hannover gehabt, und die hat es wieder mit dem Licht zu tun. In der dunklen Zeit des Jahres 2001, vom 19. November bis zum 2. Dezember, gestalteten Künstlerinnen und Künstler ab 17.00 Uhr bis in die Nacht hinein unter der Überschrift »Lux Aeterna« (Ewiges Licht) eine Schau entlang der Hauptstraße von Völksen mit Licht-Installationen und illuminierten Bildwelten. Lichtzeichen in einer dunklen Jahreszeit, die über sich selbst hinausweisen: Das war die Zielvorstellung dieser Ausstellung. Ich bin von Hannover hinübergefahren, bin durch den ganzen Ort gewandert, habe geschaut, war begeistert, und habe in manchen Vorträgen einen Hinweis auf diese Ausstellung als eine Möglichkeit der religiösen Kunstvermittlung aufgenommen, die man so nur in der Kommunikationsdichte und der abendlichen Ruhe und Beleuchtung eines Dorfes durchführen kann. Da waren im Schaufenster eines Bäckerladens zarte, rotglühende Gebilde zu sehen, die von utopischen oder auch vorzeitlichen Lebensformen erzählten, die es geschafft hatten, menschliche Vernichtungsstrategien zu überdauern. Da war im Schaufenster eines Schlachters ein Himmelsbild, in das der Betrachter eintauchte, es als Finsternis wahrnahm und dann als Unendlichkeit, als Universum, als Meerestiefe. So konnte man durch die ganze Einkaufsstraße von Völksen gehen und sah in jedem Schaufenster faszinierende Lichtwelten, die auf den ersten Blick den Betrachter fesselten und sich erst auf den zweiten Blick entschlüsselten. Als Mittelpunkt der Ausstellung »Lux Aeterna« war mitten in der Kirche von Völksen ein Leuchter der Lichtkünstlerin Yvonne Goulbier aufgehängt. In Rom hatte sie, rund um die Peterskirche und den Vatikan, in Andenkenläden kleine Heiligenfiguren aufgekauft, die – angestrahlt – ein phosphoreszierendes und geradezu überirdisches Licht von sich gaben. Wie aus großem Kitsch große Kunst werden kann, konnte man in der Kirche von Völksen studieren.

Auch im Jahr 2008 bin ich wieder durch die Weite der Parkanlagen am Hermannshof marschiert und habe bei den

»Künstlertagen« im November die Raum-, Ton- und Lichtinstallationen auf mich wirken lassen. 2009 wird die ganze Saison unter das regionale Hauptthema »Garten« gestellt. Im »Haus im Park«, dem eigentlichen Versammlungs- und Ausstellungshaus des Hermannshofes, wird man – von Alain Resnais bis zu Stanley Kubrick und David Lynch – Filme, eben »Lichtspiele« sehen können, die irgendwie den »Garten« zum Thema haben. Und das »Gemüseorchester« aus Wien wird spielen, das mit Instrumenten aus Gemüse – Musik macht.

»Licht lockt die Besucher auf verwunschene Pfade und in eine andere Welt«, so erläuterte der Katalog eine Installation von Gudrun Lischkewitz bei der Ausstellung der »Künstlertage 2008« auf dem Hermannshof. Ob man nun »das Licht« meint oder »die Lichter«: Über das Materielle hinaus weist das Licht auf Bereiche, die außerhalb des Sichtbaren und Begreifbaren liegen. So wird der Mensch weiter davon leben, dass das Licht in die Welt gekommen ist und kommt, und wird leben, solange es ihm scheint.

Parklandschaften

Gehrden – Langreder – Eckerde – Großgoltern – Erichshof – Everloh – Lenthe

Es ist keine Frage: Gehrden ist eine Stadt mit Zukunft. Bürgermeister Hermann H. und Kämmerer Helmuth T., denen ich im neuen Rathaus gegenübersitze, müssen mich davon nicht lange überzeugen. Der Bürgermeister ist noch nicht lange im Amt, der Kämmerer kennt sich in historischen Fragen am besten aus. Gehrden sei mit seinen 11000 Einwohnern ein typischer und begehrter Wohnstandort im ›Speckgürtel‹ von Hannover. Die Menschen wohnen gerne in Gehrden, das weiß ich auch von Freunden. Freilich: Ein permanenter Berufsverkehr fließt morgens nach Hannover und abends wieder zurück. Darin liegt für die Stadt natürlich auch ein Problem. »Uns fließt Kaufkraft ab«, sagt Hermann H. Aber Natur, Wirtschaft und Kultur haben in Gehrden in den letzten Jahren gewonnen. Die Landschaft wandelt sich durch Anpflanzungen, auch der Gehrdener Berg war noch bis vor Kurzem kahl. Vielfältige Konzerte finden im Bürgersaal des Rathauses und in der Kirche statt, ein Kunstverein macht Ausstellungen. »Die Familienstadt im Grünen« lautet das Logo. Das Robert-Koch-Krankenhaus als der größte Arbeitgeber in Gehrden sei in der Region gut etabliert. Die Gynäkologie habe einen guten Ruf. Die Früherkennung von Herzinfarkten (Chest-Pain-Station) sei ein wichtiger und bemerkenswerter Zweig der Arbeit in der Klinik.

So weit scheint alles seinen normalen und guten Gang zu gehen. Aber dem neugierigen Besucher, der von der wunderbaren Lage der Stadt am Gehrdener Berg absolut überzeugt ist, fällt auch anderes auf. Bis zum Jahre 1961 fuhr die Straßenbahnlinie 10 von Hannover über Empelde und Benthe nach Gehrden und von dort weiter nach Leveste, Langreder und Barsinghausen. Lag es nur an der Einstellung dieser direkten Verbindung oder gab es auch noch andere Gründe? Ich gewinne den Eindruck, dass die Hannoveraner vor 1960 in ganz anderer Weise auf Gehrden hin ausgerichtet waren und Gehrden früher einmal d e r beliebteste Ausflugsort für die Menschen aus der Großstadt war. Nehmen wir nur die Geschichte des »Berggasthauses Niedersachsen« direkt auf dem Gehrdener Berg. 1898 wurde dort von der damaligen Hannoverschen Straßenbahngesellschaft ein großes Ausflugslokal gebaut, und Julius Trip, der Gartendirektor von Hannover und einer der führenden Gartenarchitekten seiner Zeit, bekam den Auftrag, eine weitläufige Parkanlage zu entwerfen. Die Fotos des Lokals zeigen ein gewaltiges Gebäude mit einem großen Turm, das sicherlich Raum für viele Hundert Gäste bot. Und Trip baute nach seiner Methode des »zonierten Landschaftsgartens« symmetrische Anlagen vor den Gebäuden, die eingebettet waren in malerische Parkszenarien und weite Durchblicke in die Landschaft und auf den Deister ermöglichten. Eine Steintreppe führte den abfallenden Hang hinab. Eine Nebenlinie der Straßenbahn fuhr direkt bis zum Fuß der Treppe, wurde allerdings schon 1917 wieder eingestellt. Bereits in den 50er-Jahren wurde schließlich, aus welchen Gründen auch immer, offenbar der Zustrom der Gäste aus Hannover geringer. 1955 wurde das »Berggasthaus Niedersachsen« geschlossen. 1961 wurde die Straßenbahnverbindung nach Hannover insgesamt eingestellt. 1965 riss man das große Berggasthaus samt Turm nieder. Im Stuhllager des früheren Gasthauses, in der »Remise«, die stehengeblieben war, wurde später ein außerordentlich verkleinertes, anspruchsvolles Restaurant unter dem gleichen Namen aufgemacht. Dies hat seine Besucher, wie ich feststellte, durchaus weiterhin auch aus Hannover. Aber wir haben dreimal auf unseren Spaziergängen versucht, eine Erholungspause in diesem Hause einzulegen. Einmal heißt es schon draußen »ausgebucht«. Die Kellnerin lässt sich nicht erweichen: »Wir haben schon zwei Gruppen, mehr schaffen wir nicht.« Beim nächsten Mal wird drinnen eine Hochzeit gefeiert, da gehören wir nun wirklich nicht mit hinein. Bei einem dritten Versuch kommen wir auch nicht in das Restaurant, aber das Wetter ist wenigstens so, dass wir draußen schnell eine Schokolade trinken können. Bis 2008 hat das Gebäude noch der Üstra in Hannover gehört. An der Tripschen Gartenanlage ist auch schon gearbeitet worden, das sieht man.

Aber das Flair der früheren Parklandschaft, wie ich das – in ganz anderer Weise natürlich – in dem ebenfalls von Trip angelegten Maschpark hinter dem Rathaus in Hannover kenne, stellt sich auf dem Gehrdener Berg in keiner Weise wieder ein. Immerhin halten nebenan die unverdrossenen Idealisten Karin und Robert die Holländermühle für Kinderbesuch und Kinderspiele samt kleinem Zoo und den Flohmarkt für neugierige Erwachsene geöffnet.

Erfahrungen des Abbruchs im Gehrden der 60er-Jahre mache ich auf Schritt und Tritt. Da ist das früher so beliebte »Waldschlößchen« am Fuße des Gehrdener Berges mit der originellen »Räuberhöhle«, von der man heute noch in der Stadt erzählt. Auch das »Waldschlößchen« wurde in jener Zeit geschlossen und abgerissen, ein großer Wohnblock mit modernen Appartements steht heute an dieser Stelle. Der Burgberg ist ein weiteres Kapitel dieser Geschichte. Vom Parkplatz unterhalb des Trafo-Häuschens auf dem Kamm des Gehrdener Berges geht es rechts steil in die Höhe. Eine wildromantische Gegend ist das mit tiefen Gräben, hohen Wällen und einer wunderbaren Einsamkeit. Eine Burg soll auf diesem Berg gestanden haben. Dass es eine »Fluchtburg der Cherusker« war, des Germanenstammes, der im Jahre 9 nach Christus gegen Varus

© losch

Freitreppe der Tripschen Parkanlage

kämpfte und später in den Sachsen aufging, gehört wohl in das Reich der Legenden. Die Freilegung von zwei frühfränkischen Gräbern aus der Zeit um 600 am Fuße des Burgbergs lässt sich offenbar leichter mit den befestigten Wallanlagen in Einklang bringen. Aber von all dem sind auch nur noch die Erdaufschüttungen und die Verteidigungsgräben sichtbar. 1898 hat man einen achteckigen Turm von 20 Metern Höhe auf dem Burgberg gebaut, der noch heute steht. Im folgenden Jahr kam ein Restaurant hinzu. Das hat sich nicht lange halten können, ab 1924 nutzte dann die Leibniz-Schule in Hannover das Gebäude als Landschulheim. Auch diese Nutzung ging 1961 zu Ende, und das hing nun wahrscheinlich direkt mit dem Ende der bequemen Transportmöglichkeiten von Hannover nach Gehrden zusammen. Ein Auto besaß eben noch nicht jedermann. Die Fenster des Gebäudes sind heute vermauert, auf dem Dach wachsen Bäume. Der Turm ist renoviert, am 1. und 3. Sonntag im Monat kann man ihn innerhalb von zwei Stunden besteigen und in die Landschaft schauen – wenn das Laub der Bäume nicht die Sicht versperrt. 177 Meter über NN ist man hier hoch.

Schließlich ist da noch der Ottomar-von-Reden-Park: unterhalb des Krankenhauses eine kleine, zum Rittergut gehörende Parkanlage. Der Gutsbesitzer hatte auch das ganze Gelände des Krankenhauses dem »Landkreis Hannover«, heute der »Region« geschenkt. Im Park stand das Herrenhaus des Gutes, die Franzburg. Ein breit ausladender, symmetrischer, doppelgeschossiger Bau mit ausgebautem Dachgeschoss und Eingangsvorsprung (Risalit) war die Franzburg. 1967 wurde sie abgerissen, die Gründe des Abrisses sind mir nicht bekannt. Ein Spielplatz befindet sich jetzt an dieser Stelle. Eine einheitliche Planung wurde so zerbrochen. Seltsam, wie man eine Leerstelle in einem Park als Wunde empfinden kann. Mir geht es so, wie es Kaspar Klaffke und Gesa Klaffke-Lobsien beschreiben: »Eine wunderbare Allee wartet … auf einen neuen, starken Bezugspunkt. Alte Bäume stehen groß und verlegen herum« (aus: *Streifzüge durch die Gartenregion Hannover*). Zu einer Parklandschaft gehören sinnvolle Zuordnungen von Gebäuden und Bäumen, merke ich. Durchblicke muss es geben und Ausblicke. Gerade der Englische Park lebt von ständig neuen Überraschungen. Wo sich nichts Unvorhersehbares mehr ergibt, stellt sich Langeweile ein. Auch Ereignisse mit Event-Charakter können Fehlendes nicht ersetzen, können es nur für kurze Zeit vergessen machen. Das »Life & Garden Festival«, das Anfang Mai im Von-Reden-Park begangen wird, macht Menschen neugierig und aufmerksam. Aber als ich es im Jahre 2008 besuche, versinkt es gerade in der Tristesse eines Dauerregens. Glücklicherweise ist das nicht alle Jahre so. – Die Entwicklung einer Stadt wie Gehrden hat Brüche, wird mir immer mehr bewusst. Gerade auch an den Stellen, an denen für einen Besucher wie mich die stärksten Potenziale zu Hause sind. Woher kommen die Abrissorgien der 60er-Jahre in dieser und sicher auch in vielen anderen Städten? Hatte man die Vision eines Neuanfangs, zu dem dann doch nicht die Kräfte reichten? Die Wunden und die Zerstörungen in einer Stadt zu entdecken wird mir immer wichtiger. Nicht, um einen Ort herunterzuziehen. Sondern um die Stellen zu entdecken, die Pflege und Heilung brauchen.

Das ist ganz anders an einem Ort, an dem die Jahrhunderte ineinander greifen und ablesbar werden. In Gehrden ist das nur bei der Margarethenkirche möglich. Auch da ist nicht alles harmonisch und wie aus einem Guss, auch da sind Ungereimtheiten, Rätsel, Brüche. Aber sie fordern zur Auseinandersetzung heraus. Da ist der Turm der Margarethenkirche. Er hat die Zerstörung der Stadt und der Kirche im Krieg zwischen den Städten und den Welfen im Jahre 1467 überstanden. Wie mag die romanische Kirche ausgesehen haben, mit der zusammen der Turm im 13. Jahrhundert errichtet wurde? An Zeiten, die ständig den Krieg hinein in die Städte trugen, erinnert dieser Turm. Ein Wehrturm natürlich, mit Schießscharten, auch ein Fluchtort. Die Schleifrillen am Eingang geben, wie an vielen Orten, Rätsel auf. Wurden dort die Waffen zum Kampf geschärft? Oder nicht viel eher: Wurden die Waffen beim Eintritt in die Kirche symbolisch stumpf gemacht? Um zu demonstrieren: An dieser Tür hört jede Fehde auf!

Die Losung der Evangelischen Kirche: »Zuverlässig geöffnete Kirchen« ist im Calenberger Land bisher nur an wenigen Orten verwirklicht, aber sie ist schon seit Langem in Gehrden angekommen. Noch nie habe ich vor einer verschlossenen

Margarethenkirche gestanden. Im Bogenfeld über dem Eingangsportal, im Tympanon, der segnende Christus auf dem göttlichen Thron. Eine archaische, gedrungene Gestalt, und das Buch des Lebens ist immer dabei! Im Inneren der Altar und der Taufstein aus der alten Kirche, die Taufe aus Sandstein zeigt noch spätromanische Ornamente. Der Anbau des Seitenschiffs, der bei der Renovierung 1909 nach Plänen von Conrad Wilhelm Hase hinzugefügt wurde, scheint mir nicht so ganz geglückt; die ungelenke Ausbuchtung macht mir einmal mehr bewusst, wie sinnvoll die Symmetrie der alten Kirchenbauten war. Aber die Orgel brauchte halt ihren Platz. Beherrschend im Raum das Altarfenster des Togolesen und Beuys-Schülers El Loko, an den ich mich noch aus seinen Loccumer Jahren erinnere. Die mächtige Farbsymbolik des Afrikaners scheint mir für unsere Glaubenserfahrung fast zu ungebrochen zu sein. Die anderen Farbfenster des Hamburger Malers Gerhard Hausmann geraten daneben nahezu in den Hintergrund. Vor allem das Altarfenster rechts zur Wüstenwanderung des Volkes Gottes verdient indes ein genaueres Studium, und die kräftige Lutherrose im Rundfenster über dem Haupteingang hat mein besonderes Wohlgefallen.

Draußen setze ich mich noch eine Weile auf die Lyra-Bank neben der Kirche, die früher einmal in der Nähe des »Waldschlößchens«, oberhalb des »Felsenkellers« stand. Ja, der Justus Wilhelm Lyra, der von 1877 bis zu seinem Tode 1882 Pastor in Gehrden war und auch hier begraben ist. Zu jener Zeit war die unvergleichlich schwungvolle Melodie des Frühlingsgesangs »Der Mai ist gekommen« zu den Versen von Emmanuel Geibel schon komponiert. Ein »Liederfrühling« hatte den gerade 20-jährigen Komponisten des Sturm und Drang aus Osnabrück erfasst, als er als Student in Berlin zu dem von ihm 1843 herausgegebenen Liederbuch »Deutsche Lieder nebst ihrer Melodien« 14 Vertonungen beisteuerte. Die nationale Welle hatte ihn ebenso ergriffen. Unter seinen bekanntesten Vertonungen ist auch »Zwischen Frankreich und dem Böhmerwald, da wachsen unsere Reben«. Seit seiner Tätigkeit als Pastor aber war wohl seine musikalische Inspiration dahin. Der verstorbene Musikprofessor Heinrich Sievers, der sich in der hannoverschen Musikwelt am besten auskannte, hat gemeint, dass Lyras späteren geistlichen Werke

»ohne schöpferische Intuition« seien. Ich kenne sie nicht und kann mir kein Urteil darüber erlauben.

Doch den Schwung des Mailiedes will ich mir zu Herze nehmen und noch einmal mit meiner Frau über die Berge von Gehrden wandern. Wir haben unser Auto an der alten Ziegelei an der Straße in Richtung Leveste abgestellt und wandern durch die Felder. Dieses unglaubliche Phänomen: das Grün der sprießenden Saat, das Gelb des Rapsfeldes. Langgestreckt der Deister, dunklere Flecken zeigen die Tannen- oder Fichtenwälder an, das hellere Grün der Buchen leuchtet in der Sonne. Eine junge Reiterin trabt auf einem Schimmel an uns vorbei, wir wechseln ein paar Worte. Wir hören Posaunenklänge: Himmelfahrt und 1. Mai fallen in diesem Jahr auf einen Tag. Meine Frau vermutet Vatertagswanderer, ich tippe auf einen Gottesdienst. Diesmal bin ich im Recht. Auf der Margarethenwiese hält die Gehrdener Gemeinde ihren Gottesdienst ab. Leider kommen wir zu spät, hören noch das Nachspiel, dann packen die Bläserinnen und Bläser ihre Instrumente ein. Aber wir sind noch früh genug, um – bei Wasser und Kuchen – eine Zeitlang mit den Frauen und Männern der Gemeinde zu reden. Dann geht es weiter in den Wald des Gehrdener Berges hinein. Überall ist es hügelig, immer neue Ausblicke gibt es nach allen Seiten. Ein Weg führt an einem früheren Rübenfeld den Berg hinauf. Der Gedenkstein mit dem schönen Herder-Wort: »Ein Traum, ein Traum ist unser Leben …« Rechts geht es den Kniggenberg nach Lemmie hoch. Der erste Mann aus Lemmie, dem wir begegnen, überrascht uns mit der Begründung für die gute Wohnqualität des Dorfes: »Es kann ruhig regnen, hier auf dem Berg läuft das Wasser sofort ab.«

Dann wieder durch den Wald in Richtung Gehrden. Rechts taucht das Krankenhaus auf, dann die Bismarckstraße. Gleich am Anfang fragen wir uns durch zur Begräbnisstätte der Redenschen Familie. Eine Ruine am Weg scheint etwas anzuzeigen, aber dahinter ist wüstes Gelände. Wir bleiben hartnäckig, gehen weiter, schon stehen wir vor dem kleinen Privatfriedhof, als romantische Ruinenlandschaft ist er angelegt. Das Grabmal des Ottomar von Reden, des Stifters des Krankenhausgeländes, liegt rechts (1888–1959). Frische Blumen zeigen an, dass man dieses Mannes noch gedenkt. Aus der Verankerung gerissene Grabplatten an anderer Stelle, der Vandalismus kennt keine Pietät. Am Eingang ein schönes Epitaph des Godehard von Reden von 1571, unter dem Kreuz das Ehepaar mit den beiden Kindern. Die hatten damals noch Geschmack und Stil und eine darstellbare Glaubenstradition! Die finden wir dann auch auf dem Jüdischen Friedhof hinter dem Niedersachsen-Park. 74 Grabsteine sollen es sein, ich will sie nicht alle zählen. Der Wald wächst in den Friedhof hinein. Krumm und schief stehen die Steine. Die Erdverbundenheit gehört zum jüdischen Glauben ebenso wie die lastende Erfahrung der Geschichte des Judentums in Deutschland und in Europa. Wie es Martin Buber einmal über den Jüdischen Friedhof von Worms sagte: »All die Asche, all die Zerspelltheit, all der lautlose Jammer«, alles das ist Israel. »Aber der Bund ist uns nicht aufgekündigt worden.«

*

Den Umweg über Langreder machen wir, um noch einmal die Inschriften an dem Herrenhaus hinter dem weitläufigen Gutshof zu entziffern. Die von Klenckes haben das schöne ebenmäßige Gutshaus 1734 gebaut, die von Iltens haben es 1904 renoviert. In der Mitte steht der Spruch, den ich aus dem Lateinunterricht noch kenne: *Ducunt volentem fata, nolentem trahunt.* Wer hat diesen klugen Satz nur gesagt, dass die Willigen das Schicksal führt, die Störrischen aber mit sich schleift? Erst das Nachschlagen zu Hause bringt die Lösung: Eine Weisheit der Stoa ist es, der alte Seneca hat den Satz in seinem 107. Brief geschrieben. Was waren diese Adeligen doch für humanistisch gebildete Leute! Oder gehörte das eher zum Repräsentationsbedürfnis?

Aber ehe ich der Versuchung erliege, den Antworten auf solche oder andere Fragen in der Geschichte der verschiedenen Besitzerfamilien des Gutes Langreder nachzugehen, sind wir schon an einem Ort und in einem Park, von dessen Existenz ich bis vor Kurzem noch überhaupt nichts wusste. Etwas abseits an der Straße zwischen Leveste und Großgoltern liegen Ort und Gut. Früher mag das alles bekannter gewesen sein, als der historische Hellweg an Eckerde vorbeiführte. Heute ist die Parkanlage des Gutes ein Geheimtipp. Das kann man sich aber in den Kalender schreiben: Am 1. Sonnabend des Monats von Mai bis Oktober führen die Hausbesitzer persönlich durch den Park. Auch kuriose Erfahrungen werden sie dabei machen. Als ich mit Anno von H. auf dem Gutshof beieinander stehe, kommt ein Mann auf seinem Fahrrad herangebraust und fragt den Gutsherren ungeniert: »Wem gehört das Zeug?« Der will sich ausschütten vor Lachen.

Die von Heimbergs gehören zu den ältesten Adelsfamilien Niedersachsens. Ein Anno von Heimberg war schon im 12. Jahrhundert Kämmerer Heinrichs des Löwen. Seit dem 16. Jahrhundert ist das Rittergut Eckerde im Besitz der Familie, wird aber erst seit 1882 selbst bewirtschaftet. Das heutige zweigeschossige Gutshaus aus massivem Mauerwerk in Renaissance-Form stammt auch aus dieser Zeit (1890), im Februar 1889 war der Vorgängerbau, ein Fachwerkhaus, vollständig abgebrannt. Nur vorne rechts im Turm, an dem eine Wappentafel von 1580 hängt, ist eine Wendeltreppe, die noch aus alter Zeit stammt. »Gerade Wege – güldene Wege« ist das Motto der Familie. Anno von H. erläutert mir, was sich in der Parkanlage von Eckerde in den letzten Jahren zugetragen hat. »Der ganze Park war zugewachsen«, sagt er. Keine Blickachse mehr. Die Teiche völlig verschlammt. »In einem historischen Garten muss man hinausschauen können.« Eine Bestandsaufnahme musste her, und ein Erhaltungskonzept, Michael Rohde hat es 1998 abgeliefert. Darin ist jeder Baum des Parks einzeln aufgelistet, davon habe ich mich selbst überzeugt, mit Umfang von Stamm und Kronen und Bemerkungen zum Erhaltungszustand. Auf fast 500 Bäume summiert sich der Bestand, mit einem großen Anteil (fast 200) alter Eichen. Danach begann die Arbeit, auch mithilfe von Stiftungsgeldern. Säuberung und Durchforstung des Parks, Entschlammung der Gräben und der Teiche. So weit sind wir gekommen, als Karin von H. ihren Mann zum Mittagessen ruft. Ich werde allein durch den Park wandern, und darf mich hinterher im Haus noch einmal bei ihnen melden. Über eine kleine Steinbrücke geht es links zum Mausoleum. Ob Conrad Wilhelm Hase es gebaut hat, ist ungewiss, die Unterlagen sind verbrannt. Vor der Tür steht ein großer Blumenstrauß, der den Eingang auf eine sympathische Weise verwehrt. Rechts davon die »Hudebuche« (Hütebuche):

vier Bäume sind zusammengewachsen und werfen viele Buchecker für die Schweine ab. Die Bäume werden immer größer, riesige Eichen wachsen in den Himmel, man kommt sich richtig klein unter diesen Bäumen vor. Links die Gärtnerei. Ein Bussard schreit. Die Bäume lichten sich zu einer Wiese, dann wieder gewaltige Eichen. Der Bach, der durch den Park läuft, ist ausgetrocknet, die kleinen Holzbrücken führen über leere Betten. Der Blick weitet sich, man schaut hinaus auf die Felder und auf den Deister. Allmählich finde ich mich zurecht. Der Wassergraben ist jetzt breit, auf dem Wasser schwimmt Entenflott. Unter einer Blutbuche ein Ensemble mit Stühlen und einem Tisch vor einer Wiese. Auf der Rückseite des Gutshauses bin ich angekommen, alle Wege führen jetzt dorthin. Ich wage es, über eine große Brücke auf die Steinveranda zu gehen und zurückzuschauen. Die gewaltige Trauerweide, an der ich eben vorbeigegangen bin, ist von hier aus fast versteckt. Blumen rund um das Haus, die roten und die weißen Rosen blühen noch.

Während meiner Wanderung durch die Parklandschaft von Eckerde haben mich Lautsprecheransagen begleitet, leise eine Weile und dann wieder übersteuert. Des Rätsels Lösung wird mir klar, als ich mit Karin und Anno von H. hinterher auf der Veranda sitze. Proben für die »Oper auf dem Lande« laufen im Park, die Tontechniker sind heute dran. Karin von H. hat für sie Butterkuchen und Kaffee bereitgestellt, ich partizipiere gerne daran. Ihre Idee ist es gewesen, das Haus und den Park für eine Opernaufführung zu nutzen. Unser früherer hannoverscher Opernintendant Hans-Peter L. hat das Konzept entwickelt. *Figaro trifft Papageno* heißt die lockere Szenenfolge aus den beiden Mozartopern, und er selbst tritt, natürlich als Emanuel Schikaneder, sozusagen als Ideenlieferant und Gastgeber auch auf. Die beiden Vorstellungen am nächsten Wochenende sind ausverkauft, so hole ich mir die Erlaubnis, mit meiner Frau bei der Generalprobe dabei zu sein. Lange sitzen wir noch auf der Veranda. Es ist im Augenblick wieder still im Park, die Sonne scheint, es ist eine einzige Idylle. »Wer macht die Arbeit?«, frage ich. Die beiden schauen mich an. »Wir natürlich«, sagen sie. Die Frau hat vor allem die Arbeit mit den vielen, vielen Blumen. »Auf der Bank da drüben wird man Sie wohl selten sitzen sehen?« Sie nicken einfach.

Dann ist am nächsten Freitag die Generalprobe der »Oper auf dem Lande«. Es ist kühler geworden, es ist auch schon September, aber die Sonne scheint noch kräftig am Nachmittag. Als sie untergeht, verziehen sich viele und wir auch. Das halbe Dorf spielt mit. Die Feuerwehr regelt den Verkehr. Der Heimatchor macht das Catering bei den Aufführungen in der Pause. Von ihm habe ich inzwischen auch das »Eckerder Heimatlied« bekommen mit den schwungvollen Versen, die nahezu eine Utopie beschwören: »Mein Heimatort ist Eckerde in dieser schönen Zeit, vergessen sind die schweren Jahr, die Not und auch das Leid. Das Schicksal hat mich hier verbannt an diesen kleinen Ort. Hier reicht ein jeder dir die Hand und hat ein gutes Wort.« (Text und Lied: Lieselotte Katz und Reni Stanke). Einen Sektempfang gibt es erst einmal für alle Mitwirkenden der nächsten Tage. Dann geht das Spiel auf Haupt- und Nebenbühne los. Das ganze Gutshaus spielt mit, das Orchester ist auf einer Veranda im ersten Stock platziert. Bei den Ensembles singen immer einige der Sängerinnen und Sänger aus den Fenstern. Es ist schön, wie die Oper in den Park eingepasst ist. Papageno und Papagena begegnen sich auf der Brücke über dem »Hausgraben« und kuscheln sich anschließend in ein Gebüsch hinein, wo sie keiner sieht. Ein Vogelfänger in einem Park, in dem auch während der Aufführung die Vögel singen, hat nicht nur durch seine fantasievolle Kleidung, sondern auch durch seinen Beruf eine hohe Plausibilität. Und die Gräfin aus dem *Figaro* wirkt in ihrem weißen Kleid wie eine Braut, die nach der Trauung im Park spazieren geht. – Man kann auf kommende Jahre und kommende Aufführungen gespannt sein.

*

Auch auf dem »Rittergut Großgoltern« ist die Kunst eingekehrt. Im frisch renovierten Kuhstall haben Frank B. und seine Frau eine Galerie eingerichtet, die thematische Ausstellungen mit Künstlerinnen und Künstlern aus Berlin über Hannover bis Barcelona und Mallorca plant und durchführt. Die Ausstellung »WasserWerke« ist uns noch in lebhafter Erinnerung, die gerade laufende Ausstellung »Bestandteile« haben wir noch nicht gesehen. »Per-seh« nennt sich die Galerie: Kunst spricht für sich, auch jeder Betrachter findet seinen eigenen Zugang. Ein großer Saal für Konzerte nebenan ist auch gerade fertig geworden. Am »Kultursommer« auf dem Gut wirken offenbar die Besitzer zielgerichtet mit.

Auf dem Erichshof fährt Hartmut S., der hier sein Atelier hat, eben mit dem Gabelstapler umher, um schwere Steinrollen zu transportieren. »Requiescat in te«, nennt er seine Skulptur, die er gerade säubert und die früher in Potsdam vor der Peter-und-Paul-Kirche gestanden hat. Bei vielen seiner Skulpturen dieses prekäre Gleichgewicht von Stahl und Stein, eindrucksvoll auch diese. Er stellt mich dem Eigentümer des Erichshofes vor. Feldfrüchte und Obstplantagen sind die beiden Standbeine der Arbeit auf dem Gut. 80 Tonnen Erdbeeren werden im Jahr geerntet, und ein Kilo nehme ich mir natürlich auch nach Hause mit. Im Atelier des Künstlers viele Arbeiten von Bernhard Heiliger, der sein Lehrer war und dessen geistiger Erbe Hartmut S. wohl ist. Auf einem Tisch der Heiliger-Kopf von Theodor Heuß, der mir – wahrscheinlich nur durch den Dargestellten – so bekannt vorkommt.

*

Mein erstes Gefühl, als ich vor dem berühmten Sippenaltar in der Kapelle von Everloh stehe, ist Enttäuschung. Ich habe die brillanten Fotos von dem Altar in der Festschrift zur 125-Jahr-Feier der Kapelle Everloh gesehen und habe ein ähnliches Bild erwartet. Nun sehe ich: Die Farben sind abgeblasst, die Fassung ist dringend überholungsbedürftig, der ganze Altar müsste restauriert werden. Aber man sieht sich ein, merke ich, der Altar wird von Minute zu Minute interessanter. Eine spannende Entwicklungslinie beschreibt Günter Meyer in seinem Kommentar zum Sippenaltar in der bereits erwähnten Festschrift. Der Altar stammt aus der Zeit, in der das Bürgertum – zumindest in den Städten – den Adel in seiner gesellschaftlichen Vorrangstellung ablöst. Das Interesse an der eigenen Herkunft, an den Genealogien springt vom Adel auf das Bürgertum über und wird auch auf die Heilige Familie übertragen. Die Zeit zwischen 1500 und 1550 wird zur Blütezeit der Sippenaltäre, auf denen die gesamte Verwandtschaft des Jesuskindes wie bei einem Familientreffen beieinander ist. Der Sippenaltar von Everloh passt genau in diese zeitliche wie auch geschichtliche Linie hinein. Dem Hildesheimer Benediktiner-Meister wird der Altar zugeschrieben; der anonyme Bildschnitzer aus der Schule Tilman Riemenschneiders wird nach einem Benedikt-Relief in der Hildesheimer St. Godehardi-Kirche so benannt. Zwischen 1510 und 1530 ist er nachweisbar. Der Altar von Everloh, dessen beiden Seitenflügel verloren gegangen sind, ist wahrscheinlich für das Kloster Wennigsen entstanden. Eine »Domina« dieses Klosters, Margarete von Haselhorst, hat ihn 1595 wiederum dem Gutsherren Lüpke des Gutes Erichshof geschenkt, als Dank dafür, dass er die Klosterfrauen in unruhigen Zeiten gegen Räuber und Marodeure schützte. So kam der Schnitzaltar in die nächstgelegene Kapelle von Everloh. Um einen Tisch herum ist die ganze Verwandtschaft Jesu versammelt. Abenteuerliche Wege bis tief in die Legenden hinein sind die Künstler und die Theologen des 16. Jahrhunderts gegangen, um die lückenlose Verwandtschaft Jesu zu ermitteln. Im Mittelpunkt des Altars steht die Heilige Anna, die Mutter der Maria, die sich zärtlich zu Maria und dem Jesusknaben beugt. Da nun im Neuen Testament von *drei* Marien die Rede ist – außer der Mutter Jesu auch noch Maria, die Tochter des Kleophas, sowie

© losch

Die Kapelle in Everloh

Maria Salome – hat man der Anna drei Männer zugeschrieben (von denen man ›natürlich‹ auch die Namen weiß), und jede der drei Marien stammt aus einer dieser Ehen. Halbschwestern sind also die drei Marien, und deren (mehr oder weniger zahlreiche) Kinder werden zu Cousins und Cousinen (welchen Grades auch immer). Alle drei Männer der Anna sind dann auch über ihr in dem Altarbild abgebildet. Ich höre hier auf, die vielen Personen des Altars näher zu beschreiben. Zu einem einzigen Familienbild werden die Frauen und Männer der biblischen Geschichte. Wie hoch muss doch die Familie damals im Kurs gestanden haben!

Immer stärker dringe ich beim Anschauen des Altars in die Einzelheiten ein. Die drei Kinder unten sind als Erwachsene verkleidet, und welche Spiele spielen sie? Der Tisch in der Mitte ist plastisch gestaltet, man kann direkt darunter greifen. Maria Salome ist die hübscheste der drei Marien, die Mutter Jesu hat eher etwas Behäbiges, Bäuerliches, vielleicht etwas Calenbergisches an sich. Der schräge Blick des Joseph ist ausdrucksstark: Ist das Misstrauen oder Wachsamkeit? Wer hat einen Bart (Joseph) und warum andere nicht? Liebevoll wenden sich Elisabeth und Zacharias einander zu. Zwei Bücherständer stehen auf dem Tisch, das Buch vor Anna liegt platt darauf. Wie kunstvoll ist doch der Faltenwurf an den Ärmeln! Tolle Halstücher haben alle Frauen. Der Mann von Maria Kleophas sieht aus wie Luther – kann das um 1520 herum schon sein? Die Seitenfiguren des Hl. Augustinus und der schönen Barbara mit dem Schwert. Ist sie als Patronin der Bergleute gemeint und gab es damals schon den Bergbau im Calenbergschen und in Wennigsen? – Fragen über Fragen. Aber auch Begeisterung und Freude beim Betrachten des Sippenaltars von Everloh. Conrad Wilhelm Hase hat die Kapelle gebaut, und beweist einmal mehr sein Gespür für die Intimität von Räumen.

*

Lenthe ist für mich eine eigene Welt. Ich fahre entweder auf das Obergut oder auf das Untergut, stelle meinen Wagen irgendwo ab und fühle mich zu Hause. Obwohl ich auf privatem Gelände bin, das vergesse ich nie. Woran das liegt? Vielleicht sind es alte Erinnerungen. In meiner Zeit als Superintendent von Linden gehörte Lenthe noch zu diesem Kirchenkreis, ich saß mit dem Patron der Kirchengemeinde Lenthe, Kurd von L., in mehreren Gremien zusammen. Seine vornehme Zurückhaltung und sein klares Urteil haben mich beeindruckt. Oder sind es die Erfahrungen der letzten Jahre? Zweimal habe ich einen Gottesdienst im Rahmen der Ausstellungen »Neue Kunst in alten Gärten« im Park des Unterguts gehalten. Mit meiner Frau und guten Freunden habe ich die Parklandschaften der beiden Güter von einer Seite bis zur anderen durchschritten und meine alles gut zu kennen. Vor allem aber, vermute ich, ist es die offene, herzliche und gastfreundliche Art, in der die beiden Eigentümerfamilien ihren Gästen begegnen, die die Besucher schnell in Lenthe heimisch werden lässt.

Meine Gespräche beginne ich im Untergut. 1588 ist der – sicher schon seit Jahrhunderten existierende – lenthesche Besitz in dem Ort zwischen zwei Brüdern in Obergut und Untergut aufgeteilt worden. Mit Kurd von Lenthe (1863–1899) starb die lenthesche Linie auf dem Untergut aus: »Die lenthesche Linie auf dem Untergut ist im Mannesstamme erloschen«, so heißt das in der Sprache der Juristen. Wenn eine Frau den Namen weiterführt, wird das adelsrechtlich nicht anerkannt. Ob sich das wohl noch lange halten lässt? Aber das ist ein eigenes Kapitel. Julia von Lenthe heiratet einen von Stockhausen, deren Tochter heiratet einen von Richthofen, so kommt das Gut an den heutigen Besitzer. Die Familie stammt aus Schlesien. Mit Dr. Hans Jürgen Freiherr von R. ist man sofort im Gespräch. Natürlich müssen wir erst einmal über den »Roten Baron« reden, über den der Film gerade in den Kinos läuft. Dieser Manfred von Richthofen sei ein Vetter seines Großvaters gewesen. Ritterliche Kriegsführung habe er durchzuhalten versucht, die am Ende des 1. Weltkriegs natürlich obsolet geworden war. Das rot angestrichene Flugzeug und die vielen Geschichten, die man von diesem von Richthofen erzählen kann, deuten zudem auf Abenteuergeist. Zur Preview des Films sei die ganze große Richthofen-Familie nach Berlin zum Potsdamer Platz eingeladen worden. Mit dem Film sei man einigermaßen zufrieden gewesen, die Absurdität des

Krieges sei gut herausgekommen, die Liebesgeschichte müsse man schlucken. Hans Jürgen von R. hat Volkswirtschaft studiert, als Assistent seinen Doktor gemacht und seinen Beruf auch bis zu seinem Ruhestand vor drei Jahren ausgeübt. Das sei ihr Modell, darin sei er sich mit dem Besitzer des Obergutes einig: Die Eigentümer übten einen auswärtigen Beruf aus und stellten für die Güter einen Verwalter ein. 1980 sei ihm der Betrieb übertragen worden. 1988, genau 400 Jahre nach der Trennung der beiden lentheschen Bereiche, seien die beiden Güter wieder in einer Gütergemeinschaft zusammengeführt worden. Man habe nur einen Angestellten, einen – glücklicherweise hervorragenden – Verwalter, alles andere sei ausgelagert. 310 Hektar hätten sie zusammen, das sei auch nur eine bäuerliche Größenordnung. Ein reiner Ackerbaubetrieb, keine Viehhaltung mehr. Vor drei Jahren sei die Biogasanlage in Betrieb genommen, auf der Basis von Mais wird Strom und Wärme erzeugt. Das will ich mir aber später gerne zeigen lassen.

Dann sind wir bei dem Prunkstück des Untergutes, dem Landschaftspark. Hans Jürgen von R. holt eine Karte von 1790 heran: Der Teich ist schon da, die große Wiese auch, aber keinerlei gärtnerische Gestaltung. Zwischen 1830 und 1840 hätten die damaligen Vorfahren die Anlage des Parks begonnen. Deren Konzept war, den Park völlig gegenüber den Feldern zuzubauen, keinerlei Einsicht sollte möglich sein. Heidi und Hans Jürgen von R. hätten ein anderes Konzept entwickelt. In dieser Anfangszeit seien sie oft nach England gefahren, nach Sissinghurst etwa. Hätten die Großzügigkeit der englischen Gärten kennengelernt, die Ausblicke in die Landschaft. »Die alten Bäume muss man zur Geltung bringen, der Park muss zur Landschaft hin geöffnet sein.« Also: 25 bis 30 Jahre lang nur roden ohne Ende. Flieder, Haselnuss: alles weg. Aber auch neu pflanzen. Seit 1993 ist im Park ein Eichenarboretum angelegt. Ein Musiker hatte Eichensamen aus aller Welt in Hobbytätigkeit zusammengetragen, 90 verschiedene Eichensorten waren es, Heidi und Hans Jürgen von R. stellten ihren Park für die Anpflanzungen zur Verfügung. In Gruppen seien sie ursprünglich zusammengefasst gewesen, nordamerikanische, europäische, asiatische Eichen. – Die Vorhaben in den Parkanlagen hören niemals auf. Ein Wegenetz gehört zu einem historischen Garten, das es hier freilich nie gegeben hat. Ob man das alles, konzeptionell wie finanziell schafft, muss offen bleiben. Ich staune immer mehr, was sich alles hinter den so selbstverständlichen Erscheinungen der Dinge und Anlagen verbirgt. Dabei haben wir ein Lieblingsprojekt der beiden, bei dem vor allem die Ehefrau sehr engagiert ist, noch nicht berührt. Die geschlossene Hofanlage mit Gebäuden aus unterschiedlichen Jahrhunderten, mit einer betonten Mitte aus Grünbereich und Kastanienbäumen, umfasst auch einen Schafstall. Der Ausbau des Schafstalles forderte ein Nutzungskonzept. »Nur zu erhalten, das ist zu wenig.« Ein Ort für die ganze Vielfalt der Veranstaltungen ist der Schafstall geworden. Konzerte im Rahmen des Kultursommers der Region finden im Schafstall statt. Geburtstage, auch aus dem Dorfe, werden hier gefeiert. Der dörfliche Adventsmarkt beweist seine Anziehungskraft. An Heiligabend führen die Konfirmanden um 16.00 Uhr im Schafstall ihr Krippenspiel auf. Und nachdem der Verein »Neue Kunst in alten Gärten« gegründet wurde und alle zwei Jahre über Monate hinweg die beiden Parks an den Wochenenden für den Besuch der Ausstellung geöffnet sind, wird die Remise nebenan zu einem Ausstellungsrestaurant. Heidi von R. backt Kuchen, verkauft ihn selbst, begrüßt mit ihrem Mann die Gäste, führt die Gespräche. So haben auch meine Frau und ich das nun schon oftmals kennengelernt.

Dann setzt sich Hans Jürgen von R. in mein Auto, wir fahren hinaus zur Biogasanlage. Die ersten Dinge begreife ich noch schnell. Die beiden großen Silos von 100 Metern Länge und 45 Metern Breite sind eindrucksvoll. Kolben und Pflanzen werden zusammen gehäckselt und gestapelt, mit dem Trecker fährt man darüber, um keine Lufträume zu haben. 180 ha Mais werden angebaut, mit 9000 Tonnen Ernte kann man rechnen. Jeweils 20 bis 25 Tonnen werden aus dem Silo herausgebracht und in die Anlage hinübergeschafft. Das Weitere muss ich dann mehr glauben, als dass ich es ganz begreife. Drei riesige Behälter stehen da: Ein Fermenter, ein Nachgärer, ein Endlager. Ein Prozess der ständigen Verflüssigung sei das Ganze, höre ich. Ein geschlossenes System. Der Abfall kommt als Dünger wieder auf den Acker. 500 Kilowatt werden stündlich produziert und in das Netz von E.ON Avacon eingespeist. Das warme Wasser kommt teilweise wieder in das Getreidelager, wird aber auch in die Fernwärmeleitung des Dorfes eingeführt, an die 24 Häuser angeschlossen sind. »Wir brauchen keine Gaspreis- und Strompreiserhöhungen zu fürchten«, sagt Hans Jürgen von R. Die Anlage läuft automatisch, muss allerdings immer wieder eingehend gewartet werden. Der Verwalter ist rund um die Uhr ansprechbar, Störungen sind häufig. Das Ganze ist natürlich durch die hohen Bankkredite ein erhebliches Anlagerisiko, das man nur gemeinsam tragen kann. Man sei aber guten Mutes.

*

Der Blick aus dem Wohnzimmer des Kurd von L. und seiner Frau fällt auf die riesige Platane im Park des Obergutes, deren Umfang ich nicht annähernd zu schätzen wage. Simone von L., die von Beruf Landschaftsplanerin ist, taxiert das Alter der drei alten Platanen im Park auf 220 Jahre. Nur durch eine Tür und einen Gang muss man gehen, um aus der Wohnung von Friedrich von L. und seiner Frau Simone in die Wohnung der alten Herrschaften zu gelangen. Die gute dörfliche Anstandsregel, dass man zum Besuch der Altenteiler den Hut aufsetzen müsse, braucht man offenbar auf dem Gut der Lenthes nicht mehr zu praktizieren. Zu viert sitzen wir in der Sofaecke beieinander.

Schon meine erste Frage verstrickt uns in lange gemeinsame Überlegungen: »Warum gibt es im Calenberger Land so viele Rittergüter?« Die Fruchtbarkeit des Bodens kann es nicht sein, die gibt es auch an anderen Orten. Die Antworten kreisen am Ende um die Feststellung, dass die alten adeligen Familien über Generationen hinweg im Dienst der Landesherrschaft gestanden haben. Die Landesfürsten haben sich in besonderem Maße in Hannover auf die Landstände gestützt, und dies besonders auch in den 150 Jahren, in denen die Welfen als Könige in England saßen und von dort aus die hannoverschen Lande regierten. Auf der Basis eines Lehens konnten so die Ministerialen ihren Besitz über Jahrhunderte hinweg absichern und bestätigen lassen. Wobei Friedrich von L. darauf hinweist, dass alle Rittergüter nur einen Landbesitz haben, der 100 bis 150 ha nicht übersteigt und in keinem Verhältnis steht zu den Gebäuden, die davon zu unterhalten sind. Ohne einen anderen Hauptberuf sei das alles gar nicht zu machen. Im Vergleich mit den ostdeutschen Gütern, welcher nach der Wende wieder möglich ist, könne man im Calenberger Land gerade einmal von Familienbetrieben reden. Ich wage da gar nicht mehr die Güter meiner ostpreußischen Heimat zu erwähnen, die es unter 4000 bis 5000 ha überhaupt nicht gab.

Damit sind wir bei einem nächsten Thema, ich bin bei Kurd und Friedrich von L. auch an der richtigen Adresse. Denn Kurd von L. war seit 1963 Landschaftsrat der Ritterschaft Calenberg-Grubenhagen, sein Sohn ist ihm darin ab 1993 gefolgt und ist gegenwärtig als Vorsitzender der ersten Kurie sogar »Präsidierender Landschaftsrat«. Was »Landschaften«, »Kurien«, »Ritterschaften« sind, ist einem historisch und juristisch nur unzureichend gebildeten Zeitgenossen kaum begreiflich zu machen. Ich versuche es Schritt für Schritt. Ich verstehe, dass die »Ständeversammlung« der alten Zeit einen Widerpart zum Landesherrn bildete und seinem Anspruch, eine allumfassende, absolute Macht auszuüben, mehr oder weniger wirksame Widerstände entgegensetzen konnte. Um das Steuerbewilligungsrecht ging es da beispielsweise oder um das Recht, in Kriege einzutreten oder sie zu beenden. Ein Element der Gewaltenteilung waren die »Landschaften«, und ein wesentliches Element der Landschaften waren die »Ritterschaften«, also die Gesamtheit der 140 Rittergutsbesitzer, als Körperschaften öffentlichen Rechts. – Wie geht man mit historischen Relikten um? Man kann das alles abschaffen, mit dem zutreffenden Argument, dass die Landschaften, die Ritterschaften und die Ständeversammlung keine politische Funktion mehr haben. Die Niedersächsische Verfassung hat einen anderen Weg eingeschlagen. Sie hat die historischen Landschaften als konstitutives Element betrachtet, hat ihnen eine Bestandsgarantie im Hinblick auf die Vergangenheit und im Hinblick auf die Zukunft eine Integrationsaufgabe gegeben. Denn die Landschaften und die Stände haben zwar nichts mehr zu sagen, aber sie haben – Vermögen. Da gibt es Institutionen, die durch die Initiative der Stände gebildet worden sind und die noch heute bestehen. Die »Landschaftliche Brandkasse« ist eine solche Institution, die 1749 aufgrund der Initiative des damaligen Präsidenten der Calenberg-Grubenhagenschen Landschaft, Abt Ebell aus dem Kloster Loccum, gebildet worden ist und ein Jahr später von dem hannoverschen Kurfürsten bestätigt wurde. Eine wirksame Hilfe für die Menschen angesichts der ständigen Haus- und Stadtbrände war damit geschaffen. An dieser Stelle atme ich beim Zuhören tief durch. Denn für mich schließt sich hier ein Kreis. Da ist eine gesellschaftliche Initiative ins Leben gerufen worden, die zum ersten Mal wirksam den unglaublichen Nöten der Menschen begegnen konnte, die sich durch die Feuerwalzen landauf landab ereigneten, und die ich am Beispiel der Städte Pattensen und Eldagsen in diesem Buch bereits geschildert habe. Hier wurde gemeinschaftlich einer Not entgegengetreten, die alle – die Großen wie die Kleinen – vernichten konnte. Übrigens: Die »Landschaftliche Brandkasse« hat sich später mit der »Provinziallebensversicherung Hannover« zur »Versicherungsgruppe Hannover« (VGH) zusammengeschlossen, und die VGH, die kennen nun fast alle. Und auch die »Börse« gehört der »Calenberg-Grubenhagenschen Landschaft«. Ein unerschöpfliches Thema sind solche historischen Überreste, die wie Inseln aus unergründlichen Tiefen aufzutauchen scheinen. Nachtragen will ich, dass in der ersten Kurie auch die Kirchen vertreten sind. Dass es eine zweite Kurie gibt, die aus Vertretern der Städte, und eine dritte Kurie, die von Vertretern des ländlichen Grundbesitzes gebildet werden. Die Gesamtversammlung der Kurien nennt sich irritierenderweise ebenfalls »Landtag«. Der Abt von Loccum als Repräsentant der Landschaften spielt darüber hinaus eine Rolle, die anscheinend nirgendwo ganz genau beschrieben und festgeschrieben ist. Und Friedrich von L., der in seinem Hauptberuf Rechtsanwalt und Notar ist, begleitet das alles in nebenberuflicher Tätigkeit. Kümmert sich auch um die entsprechende Stiftung, die Aufgaben auf dem Gebiet der Kultur- und Heimatpflege, der Wissenschaftsförderung und der sozialen Verantwortung wahrnimmt.

Damit sind wir wieder in Lenthe angekommen. Das Gespräch springt hin und her, orientiert sich an den Stichworten, die ich mir aufgeschrieben habe. Ich werfe den Namen Ernst Ludwig Julius von Lenthe (1744–1814) in die Runde, und Kurd von L. stimmt ein Loblied an auf diesen Vorfahren, der noch vor der Ablösungs-Gesetzgebung des Ministers Stüve

(1831) die Befreiung der Bauern gegen heftigen Widerstand auch der Standesgenossen in seinem Bereich durchsetzte. Ich finde, solche Menschen darf man nicht vergessen. Wir vergessen natürlich auch Werner von Siemens samt seinem Bruder Wilhelm (»Sir William Siemens«) nicht. Diesen großen Pionier der Elektrotechnik, über den man mindestens ein ganzes Kapitel schreiben müsste und der im Nachbarhaus 1816 geboren wurde. Sein Vater hatte damals das Obergut gepachtet. Die Geschichte von der Mutprobe des kleinen Werner, wie er mit einer Gerte den bissigen Ganter des Pastors in die Flucht schlägt, ist weithin bekannt. Neu ist mir die Geschichte vom Abschied des Vaters Christian Ferdinand Siemens aus Lenthe, die Kurd von L. zur allgemeinen Erheiterung erzählt. Es war ein harter Winter, Hirsche waren auf der Suche nach Futter vom Deister auf die Felder des Gutes geraten und hatten großen Schaden angerichtet. Erbost hatte Vater Siemens einige Hirsche eingefangen, sie in seine Scheune gesperrt und eine Botschaft an die Hofkammer in Hannover geschickt (die offenbar das Jagdrecht hatte), man solle die Hirsche abholen. Die Regierung in Hannover hängte ihm daraufhin einen Prozess an, den Vater Siemens auch verlor. Siemens verabschiedete sich daraufhin aus den hannoverschen Landen und zog nach Mecklenburg. »Im Hannoverschen darf man eher einen Menschen erschießen als einen Hirschen«, soll Christian Ferdinand Siemens die ganze Angelegenheit wütend kommentiert haben. So berichtet es jedenfalls Werner von Siemens in seinen »Lebenserinnerungen«.

Wie wir von dieser Geschichte auf den Lenther Altar aus dem frühen 16. Jahrhundert über das »Martyrium der 10000« gekommen sind, der jetzt in der Kapelle von Northen steht, weiß ich nicht mehr. Aber natürlich: Wie kommt diese uralte Märtyrerlegende nach Lenthe? Früher hat man in dem Mittelschrein, auf dem nahezu unbekleidete Männer unter der beifälligen Betrachtung von orientalischen Fürsten vom Felsen gestürzt werden, eine Darstellung von Kreuzzugsereignissen gesehen. 10000 gefangene Ritter seien bei einem Kreuzzug in eine Felsspalte geworfen worden. Auf einen solchen Gedanken zu kommen, ist bei der »ritterlichen Vergangenheit« des Calenberger Landes auch naheliegend. Wahrscheinlich handelt es sich aber doch um die bildnerische Wiedergabe einer um das Jahr 1100 entstandenen Legende, wonach im 2. Jahrhundert Legionäre unter ihrem Anführer Achatius, die zum Christentum übergetreten waren, vom Berge Ararat gestürzt worden seien. Auch das bringt sofort lebhafte aktuelle Assoziationen in Bewegung. Bleibt aber natürlich weiterhin völlig ungeklärt, wie ausgerechnet diese Legende in Lenthe Fuß fassen konnte. Denn auch die Lenther Kirche ist dem »Gedenken der 10000 Ritter« gewidmet.

Dann kommen wir zum Abschluss doch noch einmal auf wirtschaftliche Fragen. Ich vermisse seit Jahren den süßlichen Geruch der Zuckerrüben, der sich früher im Herbst über das Calenberger Land verbreitete. Das hänge vor allem mit der Stilllegung der Weetzener Zuckerrübenfabrik zusammen, werde ich belehrt. Aber seit die WTO, die World Trade Organization, Länderkontingente für den Anbau von Zuckerrüben festgelegt hat, um den Ländern der Dritten Welt eine Chance zu geben, sei der Anbau von Zuckerrüben drastisch zurückgegangen. Das, wofür das Calenberger Land früher berühmt gewesen wäre, gäbe es so nicht mehr. Auch die Fabrik in Groß Munzel sei schon stillgelegt, alles müsse nach Nordstemmen gehen. Man bleibe aber dabei, würde auch gerne mehr Zuckerrüben anbauen. Verhandlungen mit Nordstemmen laufen gerade, ob man nicht Zuckerrüben zur Reinigung in die dortige Fabrik liefern und sie dann wieder zurückholen könne, um sie in die Biogasanlage einzuspeisen. Die Zuckerrübe liefere weit mehr Energie als Mais. Die Dreckrückstände der Zuckerrüben könnten die Anlagen nicht verkraften. Aber die gelben Rapsfelder, die als Ersatz in der Fruchtfolge sich jetzt vermehrt auf den Calenberger Feldern finden: Sei das nicht auch sehr schön?

Besuche in Lenthe können nicht enden ohne einen Gang durch die Parkanlagen der beiden Güter. Ich krame in meinem Gedächtnis, welcher der vielen Parkgänge sich am intensivsten in meine Erinnerung eingegraben hat, und weiß es dann. Es ist der 23. August 2008, und es ist die Preview zur neuen Ausstellung »Moderne Kunst in alten Gärten«. Mitglieder des Vereins und Freunde haben sich zu einer Vorbesichtigung zusammengefunden, um sich von den beiden Kuratoren der Ausstellung, Hannes Malte Mahler und Hartmut Stielow, sachkundig führen zu lassen. Es ist ein total regnerischer Tag, in Strömen hat es vorher noch geregnet, im Augenblick hält es sich einigermaßen. Hans Jürgen von R. mustert unser Schuhwerk: »Da sieht man, wer mit Parks und Gärten umgehen kann und wer als Tourist kommt.« Ich habe festes Schuhwerk, aber eine helle Hose an und ärgere mich. Entsprechend sieht die Hose nachher aus. Die beiden Ehepaare der Besitzerfamilien tragen hohe Gummistiefel.

Gleich am Eingang zum Park des Untergutes stehen die wunderbaren »Vögel« der polnischen Altmeisterin Magdalena Abakanowicz, zu denen ich später – wie ich mich bei diesem Rundgang entschließe – den Gottesdienst halten werde. An der Süntelbuche vorbei, die man kaum durchdringen kann und unter der schon Hochzeiten gefeiert wurden, geht es zur Grotte, die von zwei Künstlern zur Tribüne ausgestaltet worden ist. Ich staune immer wieder, wie genau die beiden Kuratoren die beiden Parks kennen und wie sorgfältig die Kunst in die Landschaft eingepasst ist. Es lässt sich nicht alles schildern, was einem auf diesen Wegen begegnet. Der wilde Lattenbau des Matthäus Thoma unterbricht den Rundweg um den Teich. Fischstapel und ein Wildschwein tauchen auf (Carl Emanuel Wolff), und Hans Jürgen von R. erzählt, wie sehr die Wildschweine den Mais nebenan lieben und sich auch durch einen Elektrozaun nicht aufhalten lassen, den Park von Zeit zu Zeit durchzupflügen. Die Aktion, die Pavel Schmidt mit den kitschigen Baumarktfiguren am Ende der Eichenallee plant, muss der Ausstellungseröffnung am nächsten Tag vorbehalten bleiben. Hinüber geht es in den Park des Obergutes. Mitten auf dem Weg hinter dem Gutshaus steht der riesige Schirmpilz, der aus kleinen roten Ziegelstücken gearbeitet ist (Reiner Seliger), eine Arbeit, die mir ganz besonders gefällt. Und wie leicht schwingt sich doch die Eisenbrücke vom Herrenhaus über das Wasser hinweg, ein Meisterstück hat Georg Ludwig Friedrich Laves da geliefert. Es ist, als gehöre die Brücke zur Kunstausstellung mit dazu. Andreas Gehlen hat aus Holz einen Rückzugsort mit Raum und Ruhe gebaut (»Schmuck-Eremit«), die mönchische Dimension darf in solchen Gärten absolut nicht fehlen. Die alten Platanen beeindrucken mich einmal mehr, Netze aus filigranem Edelstahldraht hängen in den Bäumen und schaffen glänzende Reflexe (Axel Anklams

»Boreaden«). Die Laubanfälligkeit haben die Kuratoren zu ihrer eigenen Überraschung nicht bedacht. Schließlich: Timm Ulrichs, der Künstler mit den unglaublichsten Einfällen, hat um die eigene Achse rotierende junge Birken in die Erde gebracht. Hartmut S. schafft es tatsächlich, den störanfälligen Mechanismus für uns noch einmal wieder in Gang zu bringen. Und während wir aus dem Park des Obergutes hinausgehen, tanzen die drei Birkengruppen ihren stillen Tanz einfach so vor sich hin. Einen angemesseneren Abschied von Lenthe kann man sich gar nicht denken.

Paradies und Nachtigallen

Stemmen und der Stemmer Berg

Nein, Stemmen ist nicht der irdische Name für das Paradies. Als wir das erste Mal in Stemmen einkehren, unser Auto an der Mauer des Gutshofes parken und den Weg zu einer Anhöhe hinaufgehen, brennt die Sonne so gnadenlos auf uns herab, dass wir erschöpft die nächste Bank aufsuchen. Aber auch die steht in der prallen Sonne, nach wenigen Minuten glühen wir noch mehr und müssen weiterziehen. Das Weizenfeld mit dem Klatschmohn links ist schön, auch das Haferfeld mit den seidigen Ähren. Der Blick geht weit. Aber uns steht nicht der Sinn danach, die Schönheiten der Erde auf uns wirken zu lassen. Nur aus der Sonnenglut heraus, das ist der einzige Gedanke. Die Bäume oben auf dem Berg geben auch nur wenig Schatten, das Windrad steht still, die Ziegen und Pferde haben sich in den Stall verzogen. Entgegenkommende Dorfbewohner fragen wir nach dem Namen dieses Berges. Das »Paradies« sei das! Wir schauen uns überrascht und erstaunt an. Das Paradies haben wir uns anders vorgestellt. »Nein«, sagen wir, als wir wieder unten sind. »Stemmen ist nicht der irdische Name für das Paradies.«

Als Jahn Friedrich Freiherr von R., der Besitzer des Gutes, den Plan für eine neue Siedlung im Dorf vorlegt und wenige Meter aus dem Naturschutzgelände zur Siedlungsfläche umwidmen lassen möchte, da wird er mit Unterschriftenlisten aus dem Dorf und mit Aktionen gezwungen, die Pläne wieder ad acta zu legen. Zwölf Jahre habe er umsonst gekämpft. Dabei hätte die neue Siedlung ihm einen kleinen Spielraum verschaffen können, die enormen Lasten, die zur Substanzerhaltung des Gutes auf ihm liegen, ein wenig besser bewältigen zu können. Wir spüren, wie der Groll über diese Sache noch immer tief in seiner Erinnerung sitzt. Nein, Stemmen ist nicht der Orientierungspunkt für einen irdischen Garten Eden. Wenn es zum Schwur kommt, denkt auch hier jeder und jede nur an sich selbst und an den eigenen Vorteil. Andererseits: Wenn ich mit dem Gutsherrn durch das Dorf gehe, dauert es seine gute Zeit, bis wir ans Ziel kommen. An jeder Ecke, an jedem Gartenzaun wird ein Schwätzchen gehalten. Die Kontakte und die Kommunikation scheinen lebhaft zu sein in diesem Dorf. Es gibt schöne Häuser und Straßen in Stemmen, und dass der Ort 1996 die Auszeichnung »Schönstes Dorf im Landkreis Hannover« errungen hat, kommt nicht von ungefähr. Die Beziehung zwischen Gut und Dorfbevölkerung scheint, anders als in anderen Dörfern, weithin zu stimmen. Wichtige Dorffeste finden auf dem Gutshof statt und Schilder wie »Betreten verboten« oder »Privatgelände« wird man am Eingang zum Gut vergebens suchen. Stemmen ist, wie man in sterilem Amtsdeutsch heute sagt, für die Konkurrenz unter den Orten »gut aufgestellt«. Durch die vielen Arbeiten der leider verstorbenen Autorin Alma Seidel ist die Geschichte des Dorfes so umfassend erschlossen, wie ich es nur selten an anderen Orten erlebe. Außerdem gibt es wunderbare Geschichten wie die vom Paradies zu erzählen. Und so will ich Stemmen bei meinen Berichten über die Fahrten im Calenberger Land eine besondere Reverenz erweisen und diesem Dorf mit seinen knapp 800 Einwohnern ein ganzes Kapitel widmen. Auch im kleinen Radius enthüllt sich, wenn man genau hinschaut, eine ganze Welt.

Also zunächst die Geschichte mit dem »Paradies«. Da stand über 230 Jahre lang auf der höchsten Stelle des Stemmer Berges eine kleine Windmühle. Windmühlenberg hieß die Anhöhe konsequenterweise. Stemmen gehörte lange Zeit zum Amt Blumenau, und durch den Mühlenzwang war den hiesigen Bauern die Verpflichtung auferlegt, ihr Korn in der Wassermühle Blumenau mahlen zu lassen. Lang und schwierig waren die Wege dorthin und lang oft die Wartezeiten, wie bei allen andere Mühlen. Auch aus der Mühlenpraxis haben Alltagserfahrungen ihren realen Ursprung verloren und sind sprichwörtlich geworden: »Wer zuerst kommt, mahlt zuerst.« Die Stemmer wollten ebenfalls nicht immer die Letzten sein. Nach langen Verhandlungen erhält der damalige Stemmer Gutsherr die Erlaubnis, auf eigene Kosten auf seinem Gut eine Windmühle zu bauen. Das muss um das Jahr 1700 herum gewesen sein. Damit sind die Auseinandersetzungen um den

Mühlenzwang natürlich nicht zu Ende, aber das interessiert mich nun nicht mehr. 1928 zerstört ein Unwetter mit Sturmböen und Hagel nicht nur die ganze Ernte auf den Feldern, sondern auch die Windmühle auf dem Berge. Damit beginnt eine neue Episode in der langen Geschichte des Windmühlenberges. Das brach liegende Mühlengelände lockt wegen der wunderbaren Aussicht wohlhabende Hannoveraner an. Umbauten und Neubauten werden getätigt, sogar ein Tennisplatz wird angelegt. 1940 wird Frau Magda Lameyer Eigentümerin des Geländes. Die Lameyers gehören zu den angesehensten hannoverschen Familien, seit mehr als 100 Jahren haben sie ein Juweliergeschäft in der Georgstraße, einer der Vorfahren darf sich sogar »Hofjuwelier« nennen. Frau Lameyer ist Witwe, wählt den Windmühlenberg zu ihrem Zweitwohnsitz, lässt sich nahezu täglich von ihrem Chauffeur von Hannover nach Stemmen herausfahren und züchtet Blumen auf dem Gelände, die sie verschenkt.

Vom 8. auf den 9. Oktober 1943 erfolgt der verheerende Luftangriff auf Hannover. Frau Lameyer verliert ihre Stadtwohnung und das Geschäft, und zieht ganz nach Stemmen. Dort sind längst, seitdem die deutschen Truppen Belgien und Frankreich überrannt haben, Kriegsgefangene der beiden Länder im Dorf und arbeiten auch auf dem Windmühlenberg. Frau Lameyer behandelt sie offenbar gut, versorgt sie sogar mit zusätzlichen Lebensmitteln. Und als die Gefangenen von Menschen im Dorf gefragt werden, wo sie eigentlich arbeiten, da vermeiden sie den Zungenbrecher »Windmühlenberg« und antworten einfach: Wir arbeiten »im Paradies«. Und das Wunderbare an dieser Geschichte ist dann auch noch, dass die Stemmer die humanitäre Haltung der Magda Lameyer akzeptieren, die die Gefangenen primär als Menschen, nicht als Feinde behandelt. Sie übernehmen diesen Namen von den Kriegsgefangenen in ihren eigenen Sprachgebrauch, ein neuer Flurname ist geboren, vom »Windmühlenberg« redet heute keiner mehr. Den Stemmern sind die guten Kontakte der Magda Lameyer zu den fremden Soldaten sowie ihre Sprachkenntnisse noch einmal sehr zugute gekommen, als im April 1945 die Amerikaner in Stemmen auftauchten und ihr Quartier in dem Hause auf dem Windmühlenberg nahmen. Wenn die Plünderungen durch ehemalige Zwangsarbeiter auf den Höfen überhand nahmen, musste man nur Frau Lameyer benachrichtigen, und schon sauste ein amerikanisches Militärkommando vom »Paradies« zum Dorf hinunter und stellte die Ordnung wieder her. 1952 ist Magda Lameyer wieder ganz nach Hannover gezogen, und bald darauf an einer schweren Krankheit gestorben. Ihr Bild im Historischen Museum in Hannover, das Emil W. Herz 1927 gemalt hat, zeigt eine blendend aussehende Frau, zurückhaltend und doch ganz dem Betrachter zugewandt. Diese Schönheit aus gutem Hause hat in Stemmen wirklich etwas bewegt!

Eine zweite Geschichte muss ich erzählen. Sie handelt von Elias Friedrich Schmersahl, der vor gut 250 Jahren von 1746 bis 1755 Pastor in Stemmen war, und den man noch heute im Dorf den »Kartoffelpastor« nennt. Ob Elias Friedrich Schmersahl diese Bezeichnung gefallen hätte, weiß ich nicht. Ich habe da eher meine Zweifel. Ich weiß, dass er vor allen Dingen ein »Gottesgelehrter« sein wollte. Dafür hat er sozusagen Tag und Nacht gearbeitet. Ich habe mich mehrere Tage nacheinander stundenweise in die Landesbibliothek in Hannover gesetzt, habe mir seine Schriften kommen lassen, und habe nicht wenig gestaunt über diesen Mann und über seine geradezu ungeheure Produktivität. Eine Fundgrube zur Theologiegeschichte des 18. Jahrhunderts sind die Schriften dieses Dorfpastors aus Stemmen.

Aber zunächst einige Daten zu seinem Leben. Elias Friedrich Schmersahl wird am 2. April 1719 in Dannenberg an der Elbe geboren. »Die Vorfahren dieses Gelehrten sind guten Theils geschickte Musici gewesen«, schreibt einer seiner zeitgenössischen Biografen. Der Vater war Rektor der Schule in Dannenberg, natürlich daneben auch Kantor und Organist, und soll auch im Bauen von Klavieren und Orgeln geschickt gewesen sein. Der Vater stirbt, als Elias Friedrich vier Jahre alt ist; er bekommt einen Vormund. Wird vom Küster unterrichtet, geht auf die Stadtschule in Dannenberg, lernt Klavier und Orgel. 1734 kommt er auf die berühmte Schule an der Michaeliskirche in Lüneburg, an der vor gut 30 Jahren Johann Sebastian Bach ebenfalls Internatsschüler war. Die Musik hat Vorrang, neben dem Singen in der Kurrende lernt der junge Schmersahl Violine, Bratsche, Cello, Flöte. Also ein musikalisches Allround-Genie. Aber auch fließend Latein lernt er dort natürlich. 1737, da ist er 18 Jahre alt, geht Schmersahl auf die Universität nach Jena, hört dort Vorlesungen über Mathematik, Philosophie, Theologie, lernt Hebräisch, Chaldäisch, Syrisch, Samaritanisch, auch Französisch. Wird Mitglied der Lateinischen Gesellschaft in Jena und macht seinen Magister in der philosophischen Fakultät, was heute mit einem Doktor vergleichbar wäre. In Göttingen will er sich der Universitätslaufbahn widmen. Sein Vormund ist dagegen, beordert ihn nach Dannenberg zurück, er soll das Pfarramt kennenlernen, 1741 wird er unter die Kandidaten des Predigtamtes in Hannover aufgenommen. Aber er ist noch viel zu jung, um eine Pfarrei zu erhalten. Als Hauslehrer in Dannenberg und Springe bildet er sich weiter. Dann kommt endlich der praktische Einsatz: Das Hannoversche Konsistorium ernennt ihn zum Feldprediger im Regiment des Oberst von Block. Er wird in der »Neustädter Marktkirche« ordiniert. – Ich habe erst gedacht, die zeitgenössischen Biografen kennen sich in Hannover nicht aus und versetzen die Marktkirche permanent in die Neustadt. Bis ich schließlich merke, dass man damals die Neustädter Hof- und Stadtkirche St. Johannis in Hannover – in Analogie zur »Altstädter Marktkirche« – die »Neustädter Marktkirche« nannte.

Schmersahl zieht mit dem Regiment an den Rhein, lernt viele Städte in Südwestdeutschland kennen, hilft mit, die Kaiserwahl und Kaiserkrönung Franz von Lothringens 1745 in Frankfurt am Main abzusichern. Die vielen Menschen, die er auf diesem Militäreinsatz trifft, werden ihm hilfreiche Verbindungen schaffen. 1746 ist er in Hannover zurück. Dann ist, von heute aus gesehen, der große Augenblick seines Lebens da: Er wird Pastor in Stemmen »ohnweit Hannover«. Der damalige Gutsbesitzer und Patron der Kirchengemeinde, der »Königl. und Churfürstl. geheime Rath und Oberhofmarschall zu Hannover, Franz Johann von Reden Exzellenz«, präsentiert ihn dem Konsistorium in Hannover. Schmersahl hält seine Zensurpredigt in der »Neustädter Marktkirche«, bekommt die Stelle, wird am 12. Sonntag nach Trinitatis 1746 durch den zuständigen Superintendenten und in Anwesenheit aller Honoratioren eingeführt. Wenige Wochen später heiratet er die Tochter eines Ratsherren aus Dannenberg. Acht Kinder werden dem Ehepaar geschenkt, davon werden allein fünf in Stemmen geboren. Die neun Jahre in Stemmen sind für Elias Friedrich Schmersahl wirklich wie eine Zeit im »Paradies«. Die Gemeinde ist klein, dadurch wahrscheinlich nicht allzu gut dotiert, aber der Patron wird das auszugleichen gewusst haben. Schmersahl ist auch in der Gemeindearbeit kein fauler Mann. Am Montag und Freitag führte er »Betstunden« ein, in denen er die Bibel erklärte. Bei 1. Mose 1 fing er an, der Reihe nach ging er durch die fünf Bücher Mose, die Samuelisbücher, die Bücher der Könige, die Bücher der Chronik, auch durch den Hiob, und war bei seinem Weggang gerade bis zum Psalter gekommen. Aber er hatte Zeit, die er zu nutzen wusste. Die »Allgemeine Deutsche Biografie« drückt das so aus: »Als Mann von vielseitiger Begabung, Gelehrsamkeit und Belesenheit benutzte er die Muße seines Pfarramtes zu allerlei literarischen Arbeiten.« Sein gewaltiges schriftstellerisches Werk, das ich gleich charakterisieren will, hat er in den Stemmer Jahren geschaffen. Die Nächte werden für ihn oft kurz gewesen sein. Allein bis zum Jahr 1753, also noch vor dem Ende der Stemmer Zeit, listet Johann Anton Trinius 39 Artikel, Abhandlungen, gedruckte Predigten und Bücher Schmersahls auf. Nach seinem Weggang aus Stemmen versiegt dann seine literarische Produktivität in starkem Maße.

1755 verlässt Elias Friedrich Schmersahl Stemmen und geht als Garnisonsprediger nach Celle. Das scheint kein guter Entschluss gewesen zu sein – aber hinterher weiß man es immer besser. Er wird in der Garnisonsgemeinde viel stärker gefordert, das schränkt seine literarische Arbeit von vornherein ein. Dann aber gerät die Familie in die Verheerungen des Siebenjährigen Krieges hinein. Friedrich II. hat, verbunden mit Großbritannien und Hannover, einen Präventivkrieg begonnen, um Österreich – mit Russland und Frankreich als Verbündeten – an der Rückgewinnung der Schlesischen Gebiete zu hindern. Die Franzosen haben im Juli 1757 die Briten und Hannoveraner bei Hastenbeck geschlagen und Teile Hannovers, auch Celle besetzt. Nun rückt Herzog Ferdinand von Braunschweig mit der Hannoverschen Armee gegen die Franzosen vor und belagert Celle. Elias Friedrich Schmersahl sitzt am 13. Dezember 1757 an seinem Schreibtisch im Garnisonspfarrhaus am Wall und bereitet eine Bußpredigt für den

Adventssonntag vor. Da geht eine Kanonade los, eine Kugel trifft das Pfarrhaus und setzt es in Brand, hinterdrein stürmende hannoversche Soldaten werfen zusätzliche Brandsätze hinein. Schmersahl entkommt mit seiner Familie – zwei der kleinen Kinder müssen noch auf dem Arm getragen werden – notdürftig bekleidet nur mit Mühe und Not aus dem brennenden Haus. Sie müssen sich noch um zwei Jungen sorgen, die nicht im Hause waren, aber glücklicherweise unversehrt wieder auftauchen. Es verbrennt alles: Alle Bücher, Manuskripte, Aufzeichnungen, Register. Die Arbeit eines Gelehrtenlebens geht in Flammen auf. Elias Friedrich Schmersahl bleibt gefasst, schreibt an seinen Freund: »Gott kanns nicht böse meinen. Er ist und bleibt unser weislich vorhersehender Herr.« Aber außer einer Reihe von Predigten und kleineren Abhandlungen publiziert Schmersahl dann nicht mehr viel. Am 16. April 1775 ist er gestorben.

Wer war nun dieser Elias Friedrich Schmersahl, wie beurteilt der Theologe den Theologen? Nach meiner Einschätzung war er ein Aufklärungstheologe reinsten Wassers. Vernunft und Offenbarung mussten auf jeden Fall in Einklang gebracht werden, die Offenbarung muss vor dem Forum der Vernunft bestehen können, die Forderung nach einem »vernünftigen Glauben« finde ich auf jeder Seite seiner Werke. Zwei Beispiele will ich dafür geben.

Im Jahr 1751 veröffentlicht Schmersahl eine Schrift über *Die natürliche Erklärung der Geschichte Sauls mit der Betrügerin von Endor.* Schon der Titel deutet an, wie Schmersahl die Geschichte sieht. Man wird sich dunkel erinnern: König Saul ist nach dem Tod des Propheten Samuel verunsichert, wie es mit seinem Königtum weitergehen wird. Zumal David der große Kriegsheld und der Liebling des Volkes Israel ist. Saul begibt sich zu einer Totenbeschwörerin nach Endor und fordert sie auf, Samuel aus dem Totenreich heraufzuholen. Dies geschieht am Ende, und Samuel verkündet Saul dessen Untergang und den Übergang der Königsherrschaft in die Hände Davids (1. Samuel 28). Schmersahl macht nun die Totenbeschwörerin zu einer heidnischen Priesterin und zu einer Betrügerin, die mit einem Manne zusammenarbeitet, der die Erscheinung Samuels aus dem Totenreich täuschend echt spielt. Nach der Art der heidnischen Orakel wird der Orakelspruch so doppeldeutig abgefasst, dass der Ratsuchende sich heraussuchen kann, was er mag. Saul wählt sich die negative Variante aus. – Die rationale Erklärung der biblischen Wunder und Erscheinungen ist bei den Aufklärungstheologen gang und gäbe. Aber Schmersahl beschwört natürlich mit seiner Auslegung der Geschichte, für die es überhaupt keine Anhaltspunkte gibt, einen jahrelangen Streit herauf, der ihn auch mehrfach zu Gegendarstellungen nötigt und den er schließlich aus der Einsicht, dass er die hochgehenden Wogen nicht glätten kann, selbst beendet.

Die Predigten Schmersahls greifen mit Vorliebe Themen der geistigen Welt des Menschen auf. Ich wähle als Beispiel eine seiner Stemmer Predigten über *Die nöthige Wachsamkeit der Menschen in Ansehung der sündlichen Gedanken.* »Der Mensch ist erschaffen, glückselig zu sein. Seine Natur besitzt den Trieb, sich vollkommener zu machen.«: Mit solchen allgemeinen Sätzen über die Bestimmung des Menschen beginnt Schmersahl seine Predigt. Die Einschränkung wird bald folgen: »Ehe wir es aber meinen, arbeiten wir an unserer Unglückseligkeit. Das Heil wird im Verderben, die Vollkommenheit in der Unvollkommenheit gesucht.« Man merkt: Dieser Prediger liebt die Philosophie und kennt sich in den Diskussionen seiner Zeit aus. Nur, ob er damit seine bäuerliche Gemeinde erreicht, wage ich zu bezweifeln. Auch die Anregungen und Aufforderungen, die er der Gemeinde vorlegt, tragen diesen Charakter des philosophischen Gedankens: »Wir müssen für die Erstickung der bösen Gedanken Sorge tragen«, sagt der Prediger. »Wir müssen keinem Gedanken, zu welchem wir die größte Neigung in uns verspüren, sogleich trauen.« Kann eine Gemeinde wissen, was der Prediger damit meint? Ein Kollege hört daraus eher die philosophischen Leitsätze seines großen Meisters Christian Freiherr von Wolff heraus, für den Gott in der Potenzierung des menschlichen Intellekts ergriffen werden kann und Gottes Eigenschaften wie Sündlosigkeit und Liebe zu Konstruktionselementen der menschlichen Existenz werden können. Ich vermute: Die Stemmer Gemeinde wird diese sicher eine Stunde dauernden hochgeistigen Reden geduldig über sich ergehen gelassen haben. Weil sie den Mann mochte, mochte sie vielleicht auch seine Predigten.

Da sitze ich nun also vor dem großen Stapel der Bücher des Stemmer Pastors in der Landesbibliothek, blättere die Bände durch und lese mich hier und dort fest. *Zuverlässige Nachrichten von jüngstverstorbenen Gelehrten* (1748–50) ist eines der umfangreichen Werke, die er in Fortsetzungen hat erscheinen lassen. Noch voluminöser ist die *Geschichte jetztlebender Gottesgelehrten* (1751 f), die Schmersahl ebenfalls ständig weitergeschrieben hat. An die 100 Theologen der verschiedensten Richtungen hat er in den beiden Werken bearbeitet, welch eine Leistung! Ich schmunzele vor mich hin, als ich in der Vorrede zum 3. Heft der *Geschichte jetztlebender Gottesgelehrten* entdecke, wie wütend Elias Friedrich Schmersahl werden kann, wenn seine Ehre als Dorfpastor angegriffen wird. Ein anonymer Kritiker hatte dies öffentlich getan. Schmersahl »kanzelt« ihn ab: »Der liebe Mann muß theils in einer Gegend wohnen, wo eine gar zu dicke und schwere Luft ihn ängstlich machet … theils zu der niedrigsten Sorte des menschlichen Geschlechtes gehören.« Hat der Kritiker nicht mitbekommen, »daß viele Gottesgelehrten höchsten Ranges auch Dorfprediger gewesen sind«? Die Verwünschung dieses unverständigen Mannes gipfelt in dem großen Wunsch: »Hätte doch unser erhabener Geist (mehr) Landpfarren zu vergeben!«

Schmersahl schildert in seinen Werken vor allem die Arbeit der für ihn vorbildhaften Theologen. Aber er beschäftigt sich auch mit denjenigen, denen seine heftige Abneigung gilt. Der Aufklärer und Vernunftfreund kann natürlich mit Pietisten absolut nichts anfangen. Am auffälligsten ist mir, wie hartnäckig er den Grafen von Zinzendorff, den Gründer der »Herrnhuter Brüdergemeine«, mit seiner Missbilligung verfolgt (in sieben Fortsetzungen!). »Die vernünftige Welt«, schreibt Schmersahl schon in seinem ersten Artikel, »siehet die Religionsunternehmungen dieses verführerischen Lichtes, das sich mit Gewalt zu den Gottesgelehrten gedrungen hat, mit innigstem Ekel an«. Deutlicher kann man es wohl nicht sagen! Von den »Greueln der herrnhutischen Sekte« redet er, von »wunderlicher Seelsorge«. »Allenthalben zeigte er ein übel zustimmendes Wesen«, schreibt er, als er die Beziehung des Grafen zu dem Kardinal-Erzbischof von Paris beschreibt. Dass diese Freundschaft die Einführung evangelischen Lied- und Gebetsgutes in den französischen Katholizismus mit sich brachte, konnte Schmersahl nicht wissen. Seinen Zorn über diesen Verführer hätte auch das sicherlich nicht besänftigt. Und wenn der Stemmer Pastor wüsste, dass heute viele von uns den Tag mit der Lesung der Herrnhuter Losungen beginnen und wir im Gottesdienst Zinzendorfs Lieder »Herz und Herz vereint zusammen« oder »Jesu, geh voran, auf der Lebensbahn« singen: Ich wüsste nicht, was wir von ihm zu hören bekämen!

Wer aber nun denkt, er wüsste über Elias Friedrich Schmersahl im Großen und Ganzen Bescheid, der irrt sich. Denn dieser Stemmer Pastor hat noch eine andere Seite. Er war nicht nur Kopf und Geist, er hatte auch eine zupackende und naturliebende Seite, die er offenbar als Ausgleich zu seiner gedanklichen Betätigung dringend benötigte. Die Lebensbeschreibung des Magisters Elias Friedrich Schmersahl, die sein Freund Johann Christoph Ludewig herausgegeben und die ursprünglich von ihm selbst geschrieben worden ist (die Worte: »von ihm selbst aufgesetzt« sind in den späteren Ausgaben getilgt und der Stil ist entsprechend verändert), sagt dies so: »Weil unser Pastor zu Stemmen auf dem Lande lebte, so reizten ihn solche Aufenthalte, gleich anfangs auf den Acker- und Gartenbau besonders acht zu haben, und liebte es, zumal wenn er vom Studieren ermüdet war, seine Ermunterung wieder zu suchen. Nach und nach gab er endlich einen der fleißigsten Naturforscher überhaupt ab.« Und so schrieb Schmersahl also nicht nur über Gott, die Seele und den Geist, über Zinzendorf, Mosheim und Erythropel, sondern auch über die Vernichtung der vorjährigen Feldmäuse, über Flachsanbau und Eichenzucht, über Raupen und Erdflöhe, über Maulwürfe und Schweinemast. Wie mag das auf die Bauern im Dorf gewirkt haben, wenn sie von ihm nicht nur über Gott und die Bibel, sondern auch über den Vorzug der mageren vor den fetten Jahren bei bestimmtem Witterungseinfluss belehrt wurden? Elias Friedrich Schmersahl ist denn doch auch so richtig ein Vertreter der vielgescholtenen »Polypragmosyne« (Vielgeschäftigkeit) vieler Landpfarrer, vor der in der Literatur des 18. Jahrhunderts immer mehr gewarnt wurde.

Und die Sache mit dem »Kartoffelpastor«? In der Lebensbeschreibung des Stemmer Pastors von mehreren hundert Seiten umfasst der Hinweis darauf nur wenige Zeilen. Dieser nimmt Bezug auf einen Artikel, den Schmersahl über die »Tartuffeln« geschrieben hat. Dahinter steckt folgende Geschichte: Schmersahl hatte die Kartoffel, die von den Indianern Lateinamerikas über Spanien und Italien nach Deutschland gekommen war, anscheinend während seiner Zeit als Feldprediger kennengelernt. Er baute sie in seinem Garten an, und als man die Ergebnisse sah, machten es ihm alle im Dorf nach. Erst im Siebenjährigen Krieg wenige Jahre später ordneten einige Landesfürsten, um den drohenden Hungersnöten zu begegnen, den Anbau der Kartoffel in größerem Umfang an. Elias Friedrich Schmersahl ist zumindest hier ein Vorreiter gewesen, sein Name ist mit dem eines »Kartoffel-Pastors« verbunden geblieben und wird mitten im Dorf auf einem großen Gedenkstein in dieser Weise festgehalten. Und dass die Kartoffel mitten in das Stemmer Wappen kam, ist nur dadurch verhindert worden, dass es nicht gelungen ist, die Kartoffel in überzeugender Weise – zu zeichnen. Ja, denke ich, so ist es anscheinend im Paradies. Da hat man Dutzende von Büchern und Abhandlungen geschrieben, hat sein Leben lang kluge Predigten gehalten, ist Mitglied der Wissenschaftlichen Gesellschaften von Erfurt, Duisburg, Halle, von Göttingen, Greifswald, Jena und Augsburg gewesen. Und wird am Ende in seinem Dorfe wegen einer Kartoffel gerade so eben noch erinnert.

*

Mit Jahn Friedrich von R. muss ich mir natürlich die Kirche anschauen, in der Elias Friedrich Schmersahl gewirkt hat. Aus dem Jahr 1497 ist sie, die Jahreszahl steht über dem Eingang. Draußen das Epitaph mit dem ersten protestantischen Pastor von Stemmen und mit einem berühmten Namen: Reimarus. Die Kirche sei früher kleiner gewesen, sagt mein Begleiter. Christoph Blume, der damalige Gutsbesitzer habe sie im 17. Jahrhundert – also noch vor Schmersahls Zeiten – erweitern lassen und gewaltige Emporen eingebaut. Welche Vater von Rössing wieder habe beseitigen lassen. »Wenn der Patron auf der Empore sitzen will, dann genügt die kleine neben dem Altar«, habe er gesagt. Blume hat sich sinnigerweise auch auf dem Altarbild noch verewigen lassen, das von einem niederländischen Künstler um 1650 herum gemalt worden ist. Ein Abendmahlsbild, man staunt über die Vielzahl der Köpfe, die sich auf einem Bild unterbringen lassen, und ganz links ist er, mit grauem Haar und Spitzbart, unverkennbar anders. Werner Brenneisen hat in den 60er-Jahren des letzten Jahrhunderts sechs kleine Fenster in Grisaille-Technik angefertigt, von Gethsemane und der Verleugnung über die Kreuzigung bis zur Auferstehung. Ein kleiner, besinnlicher, konzentrierender Ort ist die Kirche von Stemmen. Ich fühle mich darin wohl.

Auf einem Schleichweg geht es hinauf zum Gut. Ich muss mir nicht merken, wer alles und wie lange Eigentümer des Gutes gewesen ist. Von einer Hand in die andere scheinen Gutsherrschaft und Patronat lange Zeit gegangen zu sein. 1244 ist das Dorf erstmals erwähnt, da wird es schon den Hof an der Stelle des Gutes gegeben haben. Im 17. Jahrhundert dann: Arndt von Wobersnow, Christoph Blume, schließlich die von Redens. Am Vorbau des Gutshauses steht der Name des ersten Besitzers aus der Familie: »Ernst Friedrich von Reden/Engel Elisabeth von Reden, seine eheliche Hausfrauwen, Anno 1672« – wie schön das mit der »frauwen« klingt! Den Vornamen »Engel« entdecke ich noch an einem anderen

© losch

Die Kirche in Stemmen

Haus im Dorf ... Über Franz Johann von Reden (1679–1758) habe ich schon geredet. Ende des 18. Jahrhunderts geht der laufende Wechsel wieder los: Friedrich Otto von Reden verkauft das Gut an den Oberhauptmann Börries von Münchhausen, der an den Oberkommerzienrat Dietrich Heinrich Ehlermann. Über Bernhard Sturzkopf kommt das Gut an Friedrich Kaufmann. Und damit kommen die von Rössings ins Spiel: Tochter Luise heiratet Curt Hildebrand Freiherr von Rössing, der den Betrieb seit 1877 leitet. In der vierten Generation wird Stemmen nun von dieser Familie geführt. Das Gutshaus selbst stammt, als Dreiflügelanlage, aus der Zeit der Weserrenaissance.

Doch damit genug der adeligen Vergangenheit. Aber nein, eine Geschichte muss ich noch erzählen, die zu dem Selbstverständnis dieser Familie gehört. Die Mutter meines Begleiters ist eine geborene Marwitz, den von der Marwitz gehörte Schloss und Gut Friedersdorf im Oderbruch seit dem 17. Jahrhundert. Die Geschichte, die Theodor Fontane in seinen *Wanderungen durch die Mark Brandenburg* erzählt, handelt von Johann Friedrich Adolf von der Marwitz und spielt im Siebenjährigen Krieg. Friedrich II. hat nicht vergessen, dass es die Sachsen waren, die Schloss Charlottenburg im Vorjahr

Das Rittergut Stemmen

ausgeraubt hatten, und gibt beim Einmarsch in Sachsen 1760 Schloss Hubertsburg zur Plünderung frei. Oberst Marwitz soll den Befehl des Königs ausführen. Bei der ersten Nachfrage des Königs lautet die Antwort des Obersten »Nein.«. Die zweite Nachfrage, ob die Plünderung erfolgt sei, erhält die gleiche Antwort; der König erfragt den Grund. »Weil sich dies allenfalls für Offiziere eines Freibataillons schicken würde, nicht aber für den Kommandeur von Seiner Majestät Gendarmes.« Ehrbegriffe einer vergangenen Zeit? Die Kupferstiche, die Jahn Friedrich von R. von Schloss Friedersdorf herübergeholt hat, hängen oben im Flur.

Dann steigen wir in sein Auto, und links geht es den Hohlweg hinauf auf den Stemmer Berg. An der riesigen Umfassungs- und Stützmauer aus Bruchsteinen fahren wir entlang; bedingt durch die Hanglage ist sie auf der einen Seite nur einen Meter hoch, beugt man sich über die Mauer, geht es vier Meter in die Tiefe. Von einer 1000 Meter langen Mauer ist das Gut umgeben, was die Vorgänger sich dabei gedacht haben, weiß er auch nicht zu sagen. Ungeheuer schwierig sei es, das alles zu erhalten. Im letzten Jahr habe er die Mauer von den Pflanzen säubern lassen, jetzt müsste es im Grunde schon wieder sein. Er hält an: »Die Sonne steht den ganzen Tag auf der Mauer, der Stein wird zersetzt, es zerbröckelt alles.« Die Natur erobert sich die Kultur so enorm schnell zurück. Mir fallen einzelne Baumgruppen im Gelände auf. Das seien die Luftlöcher der Steinkohlenflöze, einer seiner Vorgänger habe Steinkohleabbau betrieben.

Wir stehen oben auf dem Stemmer Berg. Man kann darüber streiten, von welcher Stelle man den schönsten Blick über das Calenberger Land hat. Ich denke, ich würde dem Stemmer Berg den Spitzenplatz geben. Ein Panoramablick über 360 Grad. Vorne rechts der Benther Berg, dann die Silhouette Hannovers. An der Marktkirche kann man in der untergehenden Sonne sogar die Uhr blinken sehen. Seelze. Das Steinhuder Meer. Neustadt, Wunstorf, Bad Nenndorf. Über eine Länge von 25 km erstreckt sich der Deister, in ganzer Ausdehnung ist er von hier aus zu sehen. Man kann es verstehen, dass König Ernst August um 1840 Gut und Stemmer Burg für sich erwerben wollte und dringend mit Oberkommerzienrat Ehlermann verhandeln ließ. Der verlangte 260000 Taler in Gold, die doppelte Summe des Schätzwertes. Der König resignierte. Noch einmal streckte das Königshaus seine Fühler aus, als Georg V. einen Standort für den Bau der späteren Marienburg suchte. Bernhard Sturzkopf, der damalige Besitzer, lehnte von vornherein ab. Wir steigen wieder ins Auto und fahren quer über die abgeernteten Felder zum »Paradies« hinüber. Aus dem »Paradies« ragen die Pappeln heraus, das ist wie in der Toscana. Der Sendemast soll für Handys und ähnliche Geräte sein. Auf dem eingezäunten Gelände baut die Familie K. das Haus von Frau Lameyer und ihrer Nachmieter für ihre Bedürfnisse um. Wir fahren durch das »Paradies« hindurch: Ein Blick auf den Gehrdener Berg. Dort, wo die Windräder sind, soll man bei klarem Wetter den Brocken sehen. Wir fahren wieder über Felder zurück. Der Lichtstreifen der untergehenden Sonne, ein traumhafter Abend ist das heute. Der Blick auf den Deister: Barsinghausen, Kirchdorf, Egestorf. Auf den leeren Feldern gehen die Katzen auf Mäusejagd, sie werden gute Beute machen. Meiner Frau muss ich das alles unbedingt zeigen.

Darum geht's am nächsten Tag noch einmal auf den Stemmer Berg. Es sind sozusagen die letzten Minuten, oben hört man schon den Traktor fahren, die Felder werden umgepflügt, dann kommt man nicht mehr dorthin. Herrlich von unten die Silhouette des Treckers auf dem Kamm des Berges, er scheint in den Himmel hineinzufahren. Eine kleine Lektion in Landwirtschaft bekommen wir auf dem Weg. Mit vier Landwirten hätten sie sich in einer Kooperative zusammengeschlossen, Progranus (»Für den Halm«) heißt die Firma. Zum Gut der von Rössings gehören nur 150 ha, zusammen hätten sie – einschließlich Pachtflächen – fast 1000 ha, dafür lohne sich die Anschaffung von großen Maschinen. Die Erntefolge bei ihnen: Raps, Weizen, Zuckerrüben. Der Weizen werde immer wichtiger für die Ernährung, eine große Nachfrage komme aus China, der Umschwung der Essgewohnheiten vom Reis weg mache sich bemerkbar. Dann sind wir oben bei dem Traktor, Jahn Friedrich von R. hält den Fahrer an. Roland F. ist Schwabe, hat früher bei Telekom Telefonanlagen gefertigt, bei einem Ernteeinsatz ist er auf den Geschmack gekommen. Wir stehen vor einem »Exaktgrubber«, 43 Schare sind in acht

Reihen geordnet, die Stoppeln werden aufgerissen und mit der Erde wieder verbunden. Drei Bildschirme hat er, die alles über Satellit automatisch steuern. Gewaltige Räder hat die Maschine, über Mannsgröße sind sie hoch. Genau programmiert muss das alles mit der Energie sein, wenig verbrauchen, kein Gas geben. Edith klettert auf den riesigen Trecker hinauf: Ein erhabenes Gefühl sei es, sagt sie, dort so hoch oben zu sitzen. Ein absoluter Spezialist ist Roland F. inzwischen – »Ich käme damit überhaupt nicht zurecht«, sagt Jahn Friedrich von F. 150.000 Euro kostet solch ein Trecker, 50.000 Euro kommen für den Grubber noch hinzu, das kann man sich als Einzelbauer überhaupt nicht leisten. Mit dem Rübenroder schaffe er 1½ Hektar in einer Stunde, sagt Roland R. Die Begeisterung für die Technik in der Landwirtschaft stellt fast unsere Begeisterung für die wunderbare Aussicht ringsherum in den Schatten.

*

Im Paradies singen die Nachtigallen. Oder genauer gesagt: Etwas unterhalb des »Paradieses« singen sie. Ich werde den Tag nicht vergessen, an dem ich zum ersten Mal – mit Bewusstsein jedenfalls – Nachtigallen singen hörte. Es war Anfang Juni 1999. Völlig entnervt stiegen wir um Mitternacht im Spreewald aus dem Auto. Ich hatte aus Versehen die Adresse unseres Feriendomizils zu Hause auf dem Schreibtisch liegen gelassen. Ich wusste nur noch, dass es eine Mühle war, kein Name, kein Ort. Nun finde man einmal die richtige Mühle im Spreewald! Mithilfe eines Polizisten in einem Lokal, der sich plötzlich erinnerte, hatten wir es – nach stundenlangem Suchen – doch geschafft. Wie gesagt: Wir stiegen aus dem Auto, und blieben gebannt auf der Stelle stehen. Da war ein unglaubliches Tönen in der Luft. Es war wie in einem Zauberwald. Erst ein mächtiges Schlagen, dann ein volltönender Gesang. Das ging sofort nach innen. Wir hatten keine Ahnung, was das sei. Allmählich kam die Erleuchtung: Nachtigallen sind es. Wir sind in einem Wald voller Nachtigallen. Von dieser Stunde an sind wir jeden Abend spät hinausgegangen, um an den bestimmten Stellen auf den Gesang der Nachtigallen zu lauschen.

Die Nachtigall: Der Vogel der Romantik und der Vogel der Sehnsucht. »Du tönest mir mit deiner süßen Kehle/Die Liebe wach«, dichtet Ludwig Hölty, der sensible Sänger des »Göttinger Hainbundes« aus Mariensee. Die Nachtigall singt mitten in der Nacht, und – sie singt schön. Singt sie vom Paradies? Von einer »Romantik der Nachtigallen« hat Heinrich Heine geträumt, weil ihr Gesang so schön, so kraftvoll und – so diesseitig sei. So ganz auf die Erde bringt die Nachtigall uns zurück. Wir haben in diesem Jahr lange auf die Nachtigallen warten müssen. Die Telefonverbindung zwischen Hannover und Stemmen ist in lebhafter Aktion. Singt sie schon? Die Nächte sind zu kalt.

Am 25. April morgens kommt die Nachricht aus Stemmen: Die Nachtigallen singen. Wir fahren am Spätnachmittag hinüber, die Nachtigallen sollen auch tagsüber zu hören sein. An der Gutsmauer links gehen wir hoch, umkreisen das kleine Waldstück am ehemaligen Steinbruch, in dem Jahn Friedrich von R. morgens den Gesang hörte. Es ist alles still. Nur eine Mönchsgrasmücke singt vor sich hin. Ich will gerade sagen: »Die Nachtigallen hören eben nicht auf unser Kommando« – da legt sie los. Verhalten erst, dann kommt die Nachtigall immer mehr in Fahrt. Ein Schluchzen, Pfeifen, Schlagen. Eine immense Bandbreite besitzt der Gesang des kleinen Vogels. Wir stehen gebannt und lauschen. Nach zehn Minuten verstummt die Nachtigall so plötzlich, wie sie begonnen hat. Sie hat ihre Pflicht und Schuldigkeit getan, denkt sie sicher, das muss genug sein. Wir gehen noch miteinander durch den schmalen Gang der »Schweinerehre«, durch die früher die Schweine zur Mast in den Wald getrieben wurden, hoch zum »Paradies«. Der Boden auf den jungen Weizenfeldern ist knochentrocken, bald muss Regen kommen. Aber man ist in Stemmen offenbar guten Mutes. Unser Begleiter zeigt auf das grüne Laub der Eichen und die kahlen Äste der Esche und prägt uns die alte Bauernregel ein: »Grünt die Eiche vor der Esche, hält der Sommer große Wäsche.« Es sind auch schon Wolken am Himmel. Wir schauen auf Gut Dunau hinunter, auf Hannover in der Ferne, auf den Benther und den Gehrdener Berg. Als wir durch das »Paradies« gehen, beginnt eine andere Nachtigall mit ihrem Gesang. Dann sitzen wir wieder wie damals auf der Bank im »Paradies«. Diesmal in leichter

Brise und unter Schatten spendenden Wolken, schauen über die grünen Getreidefelder und die gelbe Rapsblüte auf den Deister. Vielleicht ist Stemmen doch der Name für das Paradies. Man müsste dort wohnen, um es sicher zu wissen. Aber vielleicht wüsste man es selbst dann niemals genau.

Literatur

(Einmal aufgeführte Werke werden in anderen Kapiteln nicht wiederholt.)

Zur Einleitung

Calenberg. Von der Burg zum Fürstentum. Hrsg.: Historisches Museum am Hohen Ufer Hannover. 1979

Hans Werner Dannowski: Klosterfahrten. Zwischen Harz und Heide, Weser und Leine. 2. Auflage 2009

Die Rittergüter der Calenberg-Grubenhagenschen Landschaft. Hrsg.: Calenberg-Göttingen-Grubenhagensche Ritterschaft. Unter Mitwirkung der Eigentümer, bearbeitet von Victor Jürgen von der Osten. 1996

Carl-Hans Hauptmeyer: Calenberg. Geschichte und Gesellschaft einer niedersächsischen Landschaft. 1983

Zur Leineaue

Bernd Adam, Michael A. Flechtner: Die St.-Vitus-Kirche in Wilkenburg. 2001

Hermann Diels (Hrsg.): Die Fragmente der Vorsokratiker. 1957

Helmut Flohr: Das Slot Coldingen. O.J.

Helmut Flohr: Bauernhöfe, Fliegerbomben, Kirche und ein Dorfbrunnen. Ein Spaziergang durch Grasdorf. 2008

20 Jahre Förderverein Kapelle Harkenbleck e.V., 10. März 2003

Förderverein Mausoleum Graf Carl von Alten e.V.: Das Mausoleum in Sundern. O.J.

Alexander von Humboldt: Ansichten der Natur. Reclam Nr. 2948

Klaus Mlynek, Waldemar R. Röhrbein (Hrsg.): Geschichte der Stadt Hannover. Band 1. 1992

Henning Rischbieter (Hrsg.): Hannoversches Lesebuch. Band 2. 1978

Anke Sawahn (Hrsg.): Arnum. Von der Schenkung zum vorstädtischen Ort. 1990

Julie Schröder: Der Nutzungs- und Strukturwandel der Leineaue südlich von Hannover im ausgehenden 19. und 20. Jahrhundert. 2001

Welt- und Kulturgeschichte. Lexikon »Die Zeit«. Bd. 01: Anfänge der Menschheit und Altes Ägypten. 2006

Heinz Wiegmann: Hemmingen damals, mit Bildern und Texten aus Wilkenburg. 1987

Heinz Wiegmann: Hemmingen-Westerfeld, vom Bauernhof zur Großgemeinde heute. Bd. 2. 1990

Helmut Zimmermann: Zwischen Maschsee und Eilenriede. 1985

Zu Ronnenberg/Empelde/Benthe

Elisabeth von Falkenhausen, Gesa Klaffke-Lobsien, Margit Eulig: Hannovers Natur entdecken, erleben, verstehen. 1998

Jutta und Jörg Fuß: Die Michaeliskirche zu Ronnenberg und die Bonifatiuskapelle. 1990

Gerd Heinz Mohn: Lexikon der Symbole. 1998

W. Müller, G. E. Baumann: Kreuzsteine und Steinkreuze in Niedersachsen, Bremen und Hamburg. 1988/1997

Stadt Ronnenberg: RonnenbergTour. Rad-Wandern in Ronnenberg (Benthe, Empelde, Ihme-Roloven, Linderte, Ronnenberg, Vörie, Weetzen). O.J.

Zu Bennigsen/Steinkrug

Sascha Aust, Simon Benne, Marcus Buchholz, Heinz Koberg, Martin-G. Kunze: Kirchen – Klöster – Kapellen in der Region Hannover. Mit Fotografien von Thomas Langreder. 2005

St. Martin Bennigsen 1907–2007. Ein Kirchenführer. Herausgegeben von der Ev.-luth. Kirchengemeinde Bennigsen-Lüdersen

Gemeindebrief. Evangelisch-lutherische Kirchengemeinde Bennigsen-Lüdersern. Mai bis September 2008

Ulrich Manthey, Klaus Vohn-Fortagne: Die Industriegeschichte des Deister-Süntel-Raumes. 1996

Hermann Oncken: Rudolf von Bennigsen. 2 Bände. 1910

Zu Pattensen und Eldagsen
Christa Aurich: Die Kirche St.-Lucas in Pattensen. O.J.
Detlef Brandes: Antonius Corvinus. Leben und Werk des Calenberger Reformators. O.J.
Werner Hofmann: Das entzweite Jahrhundert. Kunst zwischen 1750 und 1830. 1995
Heinrich Jürgens: Baugeschichte der niedersächsischen Kleinstädte im Calenberger und Hildesheimer Land, insbesondere der Stadt Pattensen an der Leine. 1940
Andreas Kleine-Tebbe: Zur mittelalterlichen Baugeschichte der Lucaskirche in Pattensen. In: Hannoversche Geschichtsblätter, NF Band 52/1998, S. 137–170
Kunstdenkmälerinventare Niedersachsens. Bd. 19: Die Kunstdenkmale des Kreises Springe. Neudruck 1978
Wolfgang Kunze: Leben und Bauten Herzog Erichs II. von Braunschweig-Lüneburg. 1993
Peter Sloterdijk: Sphären I. Blasen, Mikrosphärologie. 1999
Eckard Steigerwald: Pattensen. Zur Geschichte und Entwicklung einer Calenberger Kleinstadt. 1986
Friedrich-Wilhelm Wiegmann: 1200 Jahre St. Alexandri Eldagsen. 1996

Zum Knigge-Land
Anke Bethmann, Gerhard Dongowski: Adolph Freiherr Knigges Umgang mit der Utopie. In: Hannoversche Geschichtsblätter, NF Band 48/1994, S. 219–331
Rolf Reiner Maria Borchard: Hannoverscher Klassizismus. Georg Ludwig Friedrich Laves. 1989
Jürgen Eyssen, Dietmar Storch: Niedersächsisches Lesebuch. 1983
Gustav Gewecke: Reise in Kniggen Land. Bredenbecker Chronik (1255–1970). 1970
Adolph Freiherr von Knigge: Über den Umgang mit Menschen. Herausgegeben von Gert Ueding. 1977
Adolph Freiherr von Knigge: Die Reise nach Braunschweig. Ein komischer Roman. Neuauflage 1956
Adolph Freiherr Knigge: Benjamin Noldmanns Geschichte der Aufklärung in Abyssinien. Die Andere Bibliothek: 2006
Adolph Freiherr Knigge: Joseph von Wurmbrands … politisches Glaubensbekenntnis mit Hinsicht auf die Französische Revolution und deren Folgen. 1792

Paul Raabe (Hrsg.): »... in mein Vaterland zurückgekehrt«. Adolph Freiherr Knigge in Hannover 1787–1790. 2002
Henning Rischbieter: Hannoversches Lesebuch, 1. Band. 2. Aufl. 1978

Zur Marienburg/Schulenburg/Feste Calenberg

Isabel Maria Arends: »Gothische Träume«. Die Raumkunst Edwin Opplers auf Schloß Marienburg. 2005
Dieter Brosius: Georg V. von Hannover – der König des »monarchischen Prinzips«. In: Niedersächsisches Jahrbuch für Landesgeschichte, Band 51/1979, S. 253–291
Gisela Bungarten, Jochen Luckhardt: Welfenschätze – gesammelt, verkauft, in Museen bewahrt. 2007
Hannovers Schicksalsjahr 1866 im Briefwechsel König Georgs V. mit der Königin Marie. Bearbeitet von Geoffrey Malden Willis. 1966
Edgar Kalthoff: Die Geschichte der Burg Calenberg. In: Niedersächsisches Jahrbuch für Landesgeschichte, Band 50/1978, S. 321–346
Gottfried Kiesow: Schloß Marienburg. Große Kunstdenkmäler, Heft 178. 1975
Karl Schlögel: Im Raume lesen wir die Zeit. Über Zivilisationsgeschichte und Geopolitik. 2005
Schloß Marienburg. Hrsg.: Verwaltung SR.K.H. des Prinzen von Hannover. 2005
Peter Steckhan: Welfenbericht. 150 Jahre Familiengeschichte der Herzöge zu Braunschweig und Lüneburg dokumentiert in Photographie und Film. 2008

Zu Barsinghausen

Deister Bergbau-Museum: Energie geladen. Wege der Deisterkohle. 2005
Ralf Orlowski: Der Deister. Fotografien. 2007
Rüdiger Safranski: Romantik. Eine deutsche Affäre. 2007
Karl H. Schneider und Studierende: Mitten im Aufschwung kam das Aus. Die Stillegung des Steinkohlenbergbaus am Deister in den 50er Jahren. Hrsg.: Stadt Barsinghausen. 1998
Gudrun Wildhagen, Udo Mierau: »Über den Deister gehn«. Bd. 1. 1996

Zu Springe und Völksen

Wilhelm Hartmann: Geschichte der Stadt Springe am Deister. 1954

Günter Haupt: Springe in alten Ansichten. 1978

Ernst Munzel: Der Saupark bei Springe. Geschichte eines hannoverschen Jagdreviers. 1971

Hans-Christian Rohde: Die Göbel-Legende. Der Kampf um die Erfindung der Glühlampe. 2007

Die Zeit. Welt- und Kulturgeschichte, Band 12. 2005

Zu Gehrden

125 Jahre Kapelle Everloh. Mit Beiträgen von Karl August Ruppel, Hartmut Stielow, Günter Meyer, Otto Reverey, Friedrich Strauß, Gerd Finger, Liesel Doll. 2003

Gehrden und seine Ortschaften in alten Ansichtskarten. Herausgegeben vom Philatelistenverein Gehrden e.V. 1997

Kaspar Klaffke, Gesa Klaffke-Lobsien, Thomas Langreder: Streifzüge durch die Gartenregion Hannover. 2009

Helmut Knocke, Hugo Thielen: Hannover Kunst- und Kultur-Lexikon. 1994

Neue Kunst in alten Gärten. Katalog zur Ausstellung im Obergut und Untergut Lenthe. 2006

Neue Kunst in alten Gärten. Katalog zur Ausstellung im Obergut und Untergut Lenthe. 2008

Gottfried Piper: Gehrden und die Musik. 1994

Robert Pohlhausen: Ansprache zum 75. Geburtstag von D. Horst Hirschler. 2008 (unveröffentlicht)

Michael Rohde: Der Gutspark von Heimberg in Eckerde bei Hannover. Bestandsuntersuchung und Erhaltskonzept

Helmut Temps: Gehrden. Kleiner Führer durch Alt-Gehrden. 1998

Robert Thiele: Landschaften in Niedersachsen. In: KommunalPraxis Niedersachsen, Nr. 3/99, S. 72–75

Hans Erich Wilhelm, Friedrich Meier: Zur Geschichte der Dörfer Lenthe und Northen. 1994

Zu Stemmen:

Allgemeine Deutsche Biographie. 31. Band. Neudruck 1970

Evangelisches Kirchenlexikon. Herausgegeben von Heinz Brunotte und Otto Weber. 1995

Ingrid und Wolfgang Ewig: Stemmer Bilderbogen. 1993

Theodor Fontane: Wanderungen durch die Mark Brandenburg II. Das Oderland. Aufbau-Taschenbuch: 2001
Hans-Walter Krumwiede: Kirchengeschichte Niedersachsens. Bde. 1 und 2. 1996
Johann Christof Ludewig: Lebensgeschichte des Herrn M. Elias Friedrich Schmersahls. 1765
Elias Friedrich Schmersahl: Zuverlässige Nachrichten von jüngstverstorbenen Gelehrten. 1759/50
– Geschichte jetztlebender Gottesgelehrten. 1751/52
– Die natürlichste Erklärung der Geschichte Sauls mit der Betrügerin zu Endor. 1751
Alma Seidel: Die Stemmer Windmühle. 1987
– Ein Lesebuch für Jung und Alt. 1990
– Kirche in Stemmen. Teil A und B. 1988
– Elias Friedrich Schmersahl, Pastor in Stemmen. O.J.
– Schule in Stemmen. 1988
– Stemmen. Chronik eines Dorfes im Landkreis Hannover. 1993
Johann Anton Trinius: Beytrag zu einer Geschichte berühmter und merkwürdiger Gottesgelehrten auf dem Lande. Bd. 2. 1753

Hans Werner Dannowski

Dann fahren wir nach Hannover

Ansichten und Eindrücke aus einer Stadt

Mit acht Collagen von Siegfried Neuenhausen

164 Seiten, 12,8 x 21,0 cm
Leinen mit Schutzumschlag
ISBN 978-3-87706-569-3
€ 19,90

»Eigentlich wollte ich nur erzählen«, so schreibt Hans Werner Dannowski in seiner Einleitung. Daraus entstanden ist ein subjektiver Führer durch Hannover, der den Lesenden ganz neue Seiten der Stadt offenbart.

»Ein Buch mit Collagen von Siegfried Neuenhausen, das informativ ist und kurzweilig, mit leichter Feder geschrieben und doch tiefgründig.«
Evangelische Zeitung – Region Hannover

Hans Werner Dannowski

Hannover – weit von nah

In Stadtteilen unterwegs

208 Seiten, 25 Abbildungen
12,8 x 21,0 cm
Leinen mit Schutzumschlag
ISBN 978-3-87706-653-9
€ 19,90

Der Autor nimmt den Leser mit auf Streifzüge durch Stadtteile Hannovers. Er berichtet von ihrer Entwicklung und der Geschichte einzelner Gebäude, Straßen und Plätze.

»Hans Werner Dannowski beobachtet sehr genau. Er versteht es meisterlich, die Atmosphäre einzufangen. Seine Spaziergänge führen ihn immer wieder zu den Menschen, die in den Stadtteilen leben. Das Buch ist geprägt von tiefer Verbundenheit mit der Stadt und ihren Bewohnern.«
Leine-Zeitung

Stand August 2009. Änderungen vorbehalten.

schlütersche